普通高等教育新工科人才培养机械系列规划教材
重庆市精品课程推荐教材

机械制图与CAD基础习题集

王 昶 路世青 主 编
魏书华 乔慧丽 副主编

中国铁道出版社有限公司
CHINA RAILWAY PUBLISHING HOUSE CO., LTD.

内容简介

本习题集与王昶、路世青主编的《机械制图与 CAD 基础》教材配套使用，主要内容包括：制图的基本知识与技能，点、线、面的投影，立体的投影，轴测投影，组合体的三视图，机件的表达方法，标准件及常用件，零件图，装配图，计算机二维绘图基础，计算机三维建模基础等。

本习题集适合作为普通高等院校机械类和近机类专业机械制图配套教材，也可供相关工程技术人员参考使用。

图书在版编目（CIP）数据

机械制图与 CAD 基础习题集/王昶，路世青主编．—北京：中国铁道出版社有限公司，2019.8（2024.10 重印）
普通高等教育新工科人才培养机械系列规划教材　重庆市精品课程推荐教材
ISBN 978-7-113-26028-6

Ⅰ．①机…　Ⅱ．①王…　②路…　Ⅲ．①机械制图-AutoCAD 软件-高等学校-习题集　Ⅳ．①TH126-44

中国版本图书馆 CIP 数据核字（2019）第 14191 号

书　　名：机械制图与 CAD 基础习题集
作　　者：王　昶　路世青

策　　划：曾露平　　　　**编辑部电话：**（010）63551926
责任编辑：曾露平　钱　鹏
封面设计：一克米工作室
封面制作：刘　颖
责任校对：张玉华
责任印制：樊启鹏

出版发行：中国铁道出版社有限公司（100054，北京市西城区右安门西街 8 号）
网　　址：https://www.tdpress.com/51eds/
印　　刷：三河市兴达印务有限公司
版　　次：2019 年 8 月第 1 版　2024 年 10 月第 7 次印刷
开　　本：787 mm×1 092 mm 1/8　**印张：**11.5　**字数：**281 千
书　　号：ISBN 978-7-113-26028-6
定　　价：29.80 元

1-3　平面图形尺寸标注(直接从图量取,取整数)及圆弧连接

姓名		班级		学号	

1. 标注下面平面图形的尺寸(直接从图中量取,取整数)。

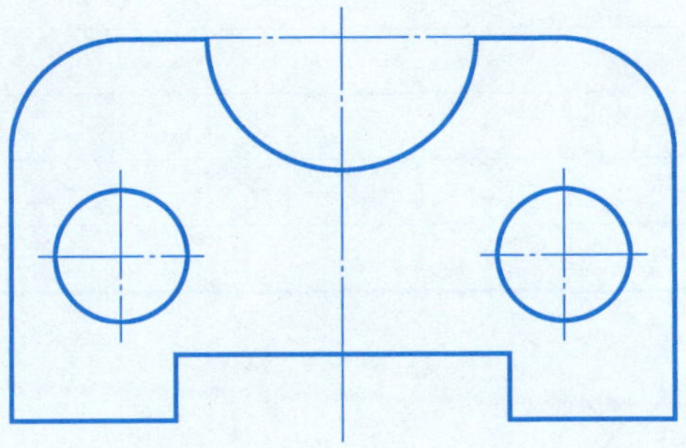

3. 请在右边抄画左边图形,不标注尺寸。

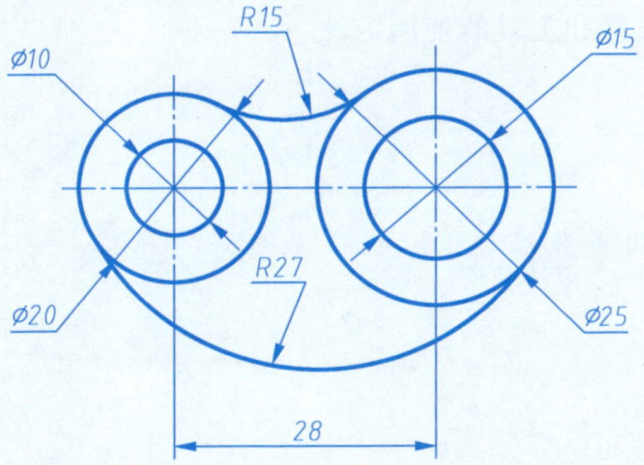

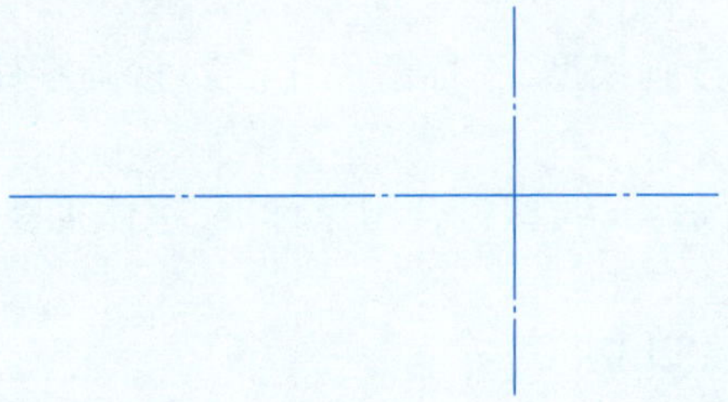

2. 标注下面平面图形的尺寸(直接从图量取,取整数)。

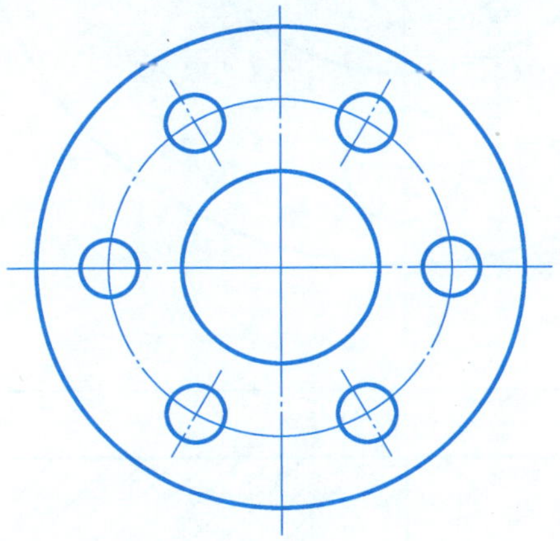

4. 请在右边画左边图形,不标注尺寸。

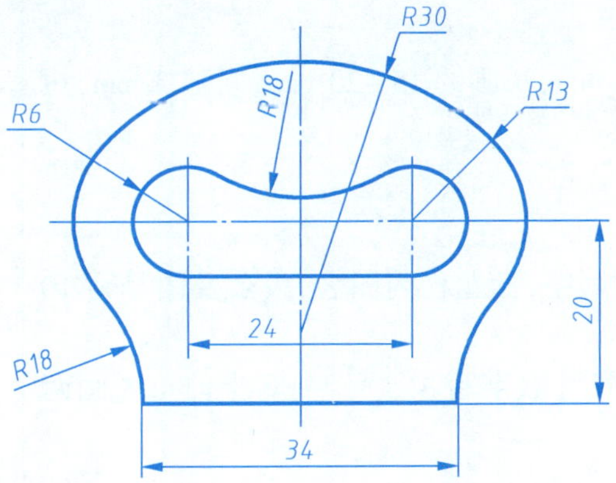

一、目的、内容与要求

1. 目的：初步掌握国家标准《机械制图》的有关内容，学会绘图仪器和工具的使用方法。

2. 内容：(1)抄画线型，不标注尺寸；(2)抄画零件轮廓，并标注尺寸。

3. 要求：布置适当，线型符合国家标准，字体工整，连接光滑，图面整洁。

二、图名、图幅、比例

1. 图名：基本练习。

2. 图幅：A3 图纸。

3. 比例：1∶1。

三、绘图步骤及注意事项

1. 绘图前应对所画图形仔细分析研究以确定正确的作图步骤，特别要注意零件轮廓线上圆弧连接的各切点及圆心位置必须正确作出，在图面布置时还应考虑预留标注尺寸的位置。

2. 线型：粗实线粗度为 0.7~1 mm，虚线长度约为 6 mm，间隙为 1 mm，长画约 15~20 mm，间隙 3 mm，短画约 0.25 mm。

3. 字体：图中汉字均为长仿宋体并可按字体大小先打好格子然后写字；标题栏内图名、校名及图号写 10 号字，姓名写在制图栏内，学号写在姓名下面一格，都用 5 号字。图中尺寸数字写 3.5 号字，写字前可先画两条平行线，以保证尺寸数字高度一致。

4. 箭头：宽 0.7~1 mm，长为宽的 6 倍。

5. 完成底稿，经仔细校核后方可加深。加深时先圆弧后直线，圆规的铅芯比画直线的铅芯软一号。

(1)

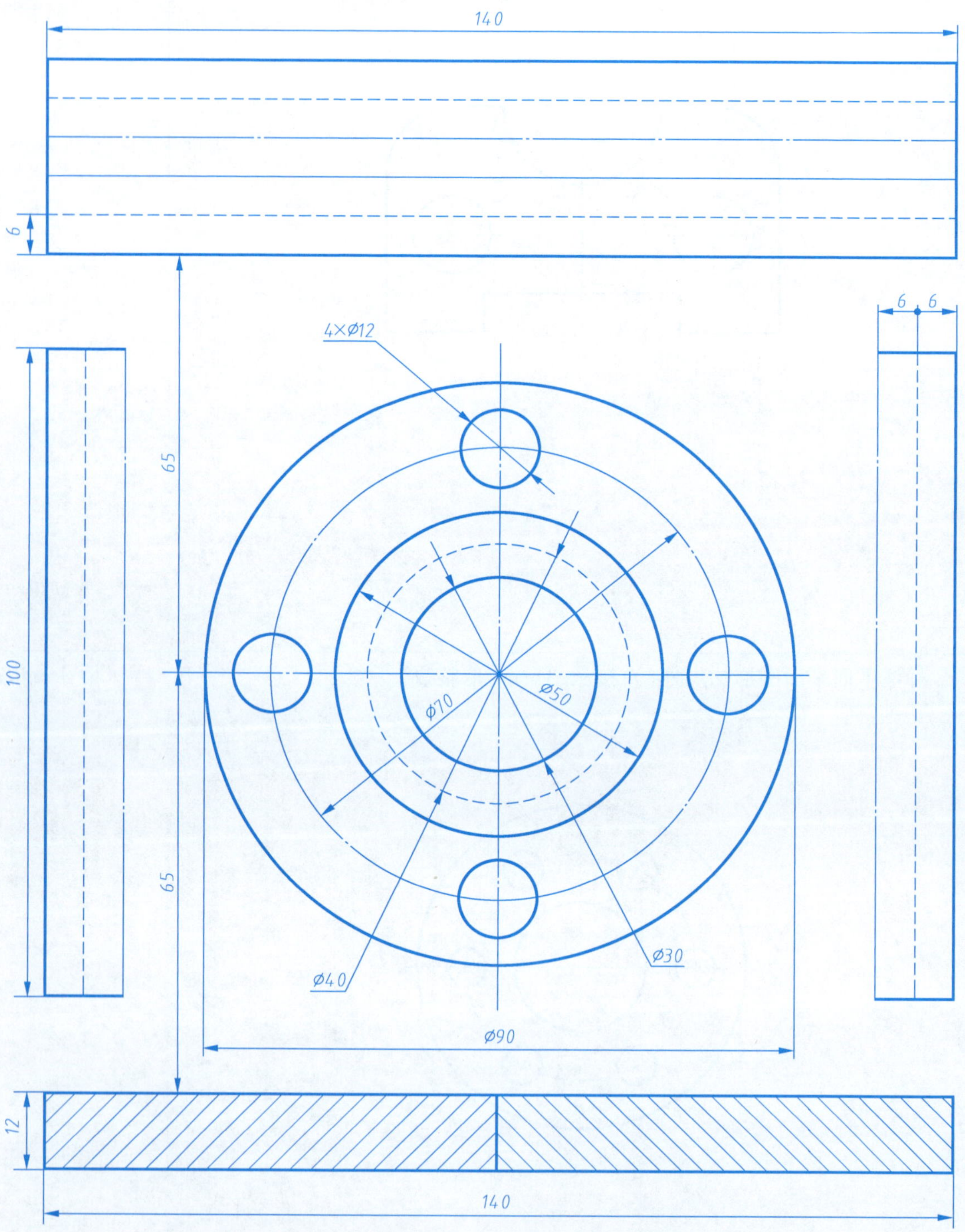

(2)

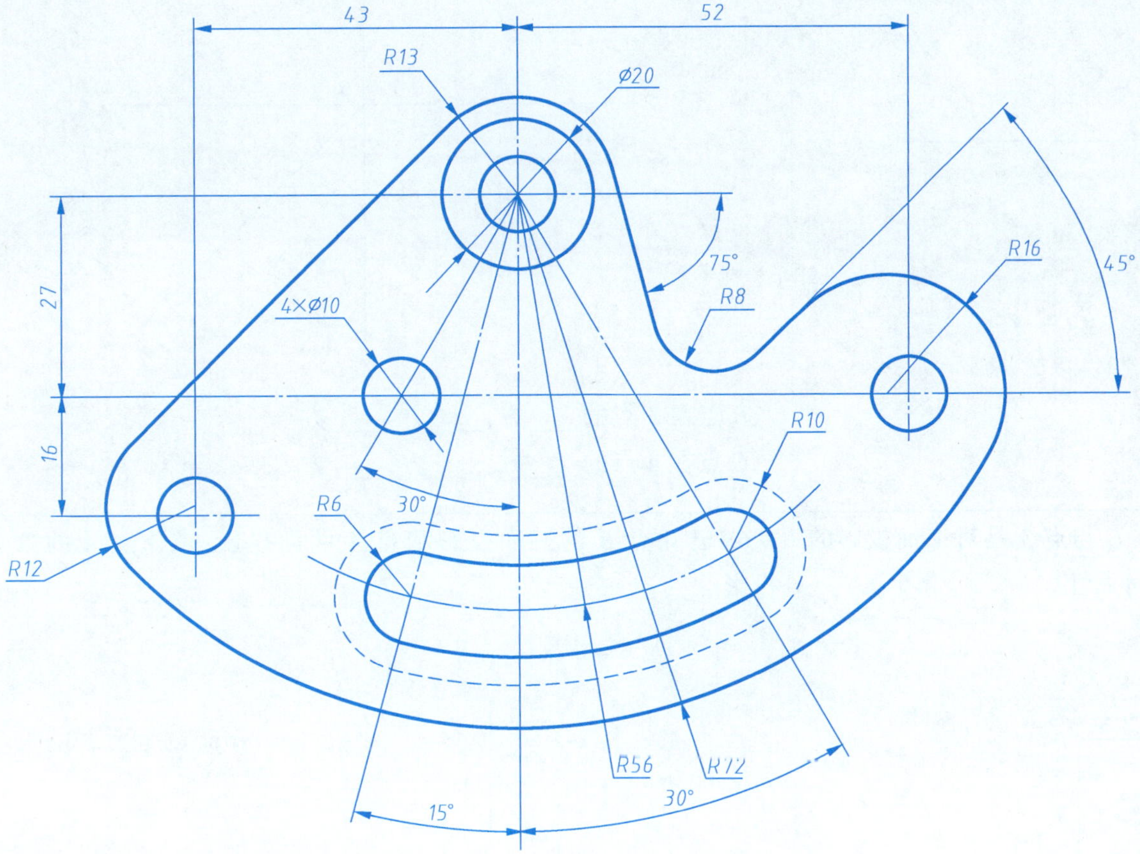
43
52
R13
ϕ20
75°
45°
R16
R8
27
4×ϕ10
16
R10
R6
30°
R12
R56
R72
15°
30°

(3)

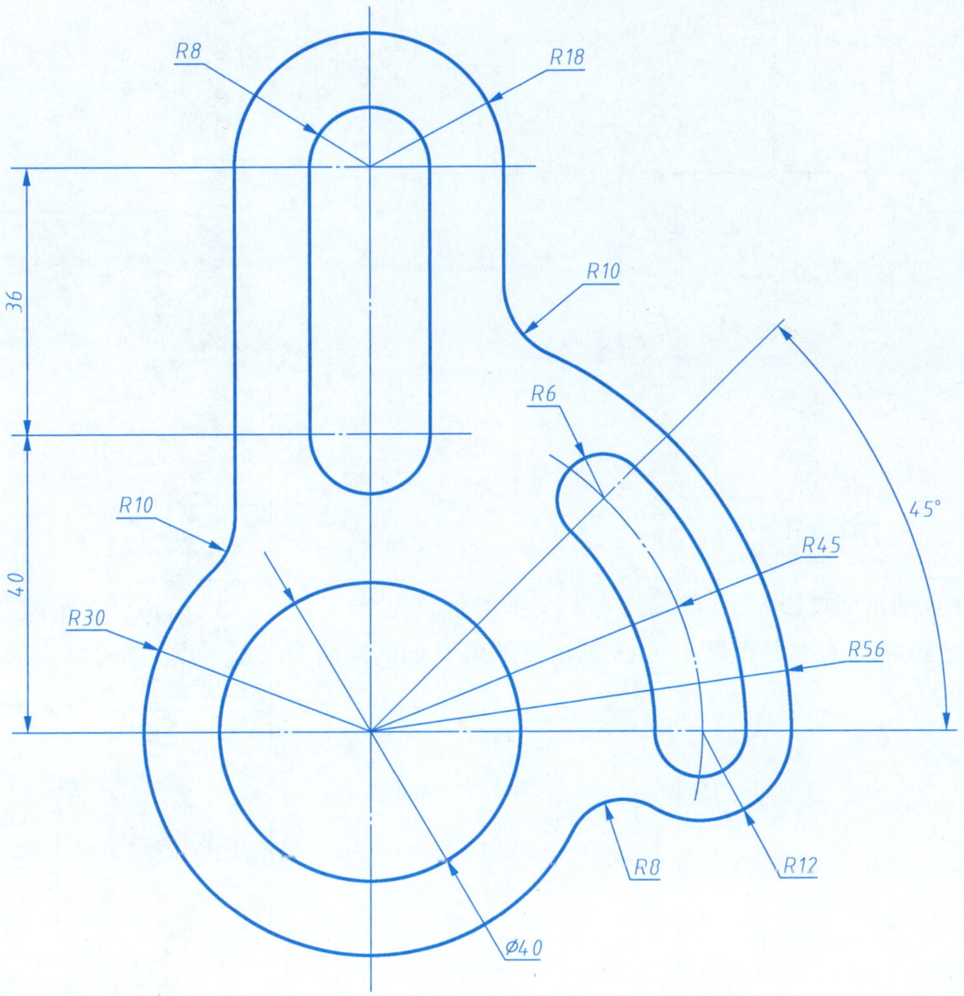
R8
R18
R10
36
R6
45°
R45
R10
40
R30
R56
R8
R12
ϕ40

1. 指出下列各点在投影体系中的位置。

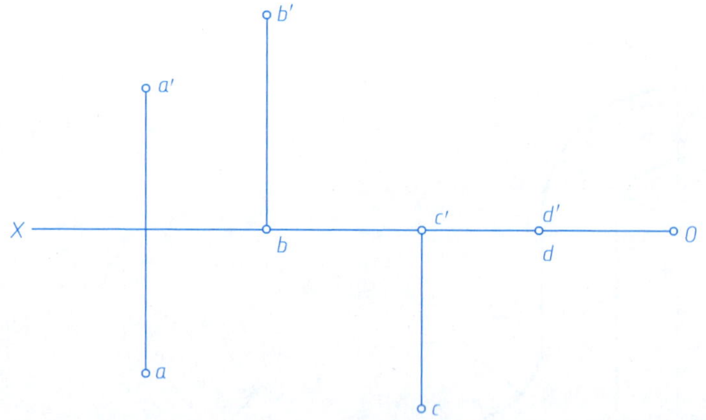

A 点在________;B 点在________;

C 点在________;D 点在________。

2. 已知点 A 的坐标为(12,13,20),点 B 在点 A 左方 10 mm,下方 15 mm,前 10 mm;点 C 在点 A 在正前方 15 mm;求各点的三面投影。

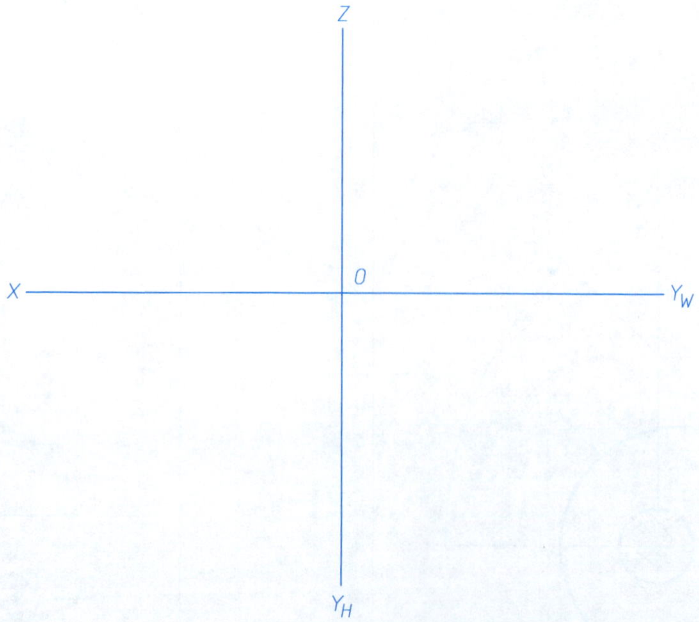

3. 已知 A、B、C 各点的两面投影,求作各点的第三面投影。并判断其相对位置关系。

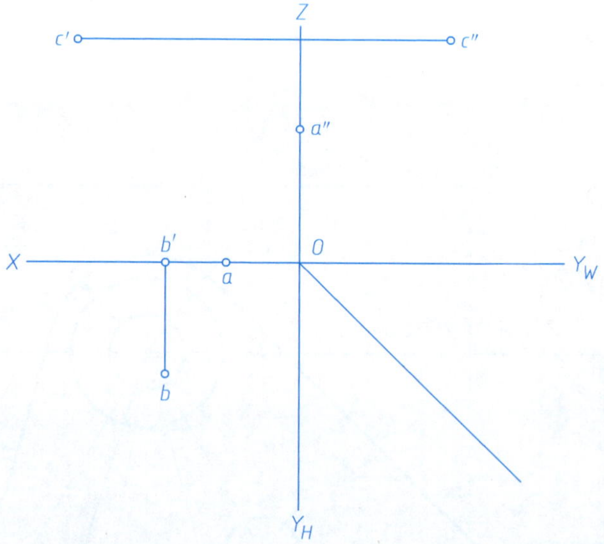

B 点在 A 点的____方,____方,____方。

C 点在 A 点的____方,____方,____方。

4. 已知 A 点的正面投影 a',并已知 A 点距 V 面的距离为 20 mm,求作 a,a'';已知 B 点的水平投影 b,并已知 B 点距离 H 面的距离为 15 mm,求作 b',b''。

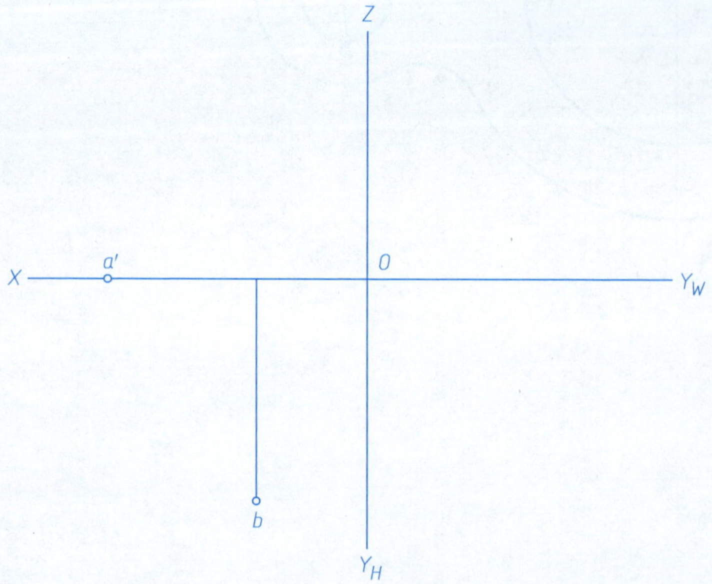

5. 已知点 B 距离点 A 左侧 15 mm;点 C 与点 A 是对 V 面投影的重影点。补全各点的三面投影,并判断可见性。

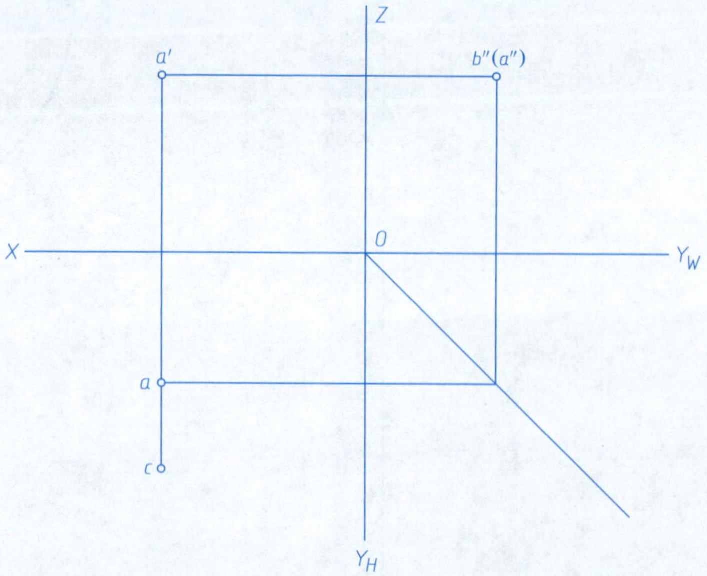

6. 已知点 B 的三面投影和点 A 两面投影;求作点 A 的第三面投影。

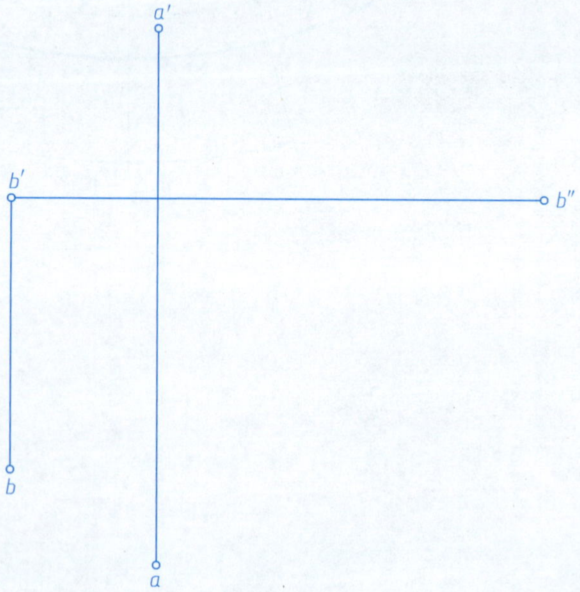

2-2　直线的投影(一)	姓名		班级		学号		7

1. 画出下列直线段的第三面投影，并判别其相对投影面的位置。

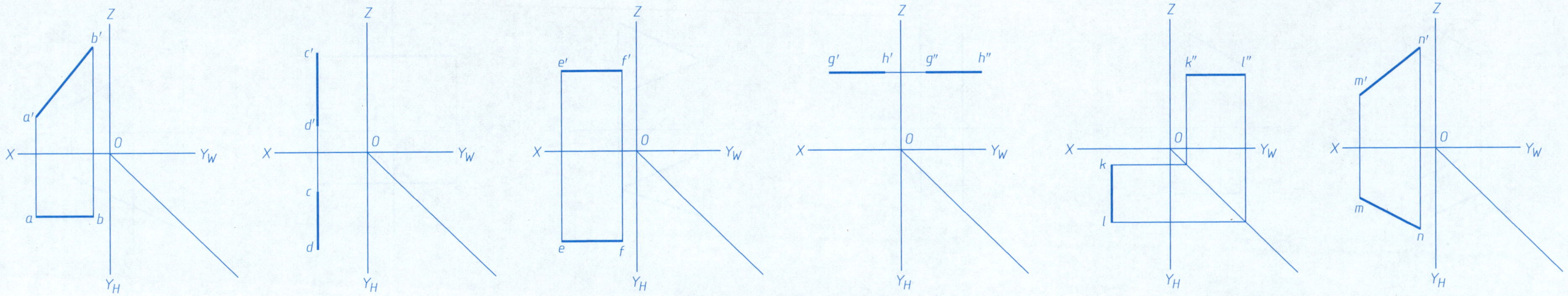

(1)____________线　　(2)____________线　　(3)____________线　　(4)____________线　　(5)____________线　　(6)____________线

2. 已知 AB 的端点 $A(10,30,25)$、$B(30,8,10)$，作出其三面投影，并在 AB 上取一点 C，使 $AC : CB = 3 : 1$。

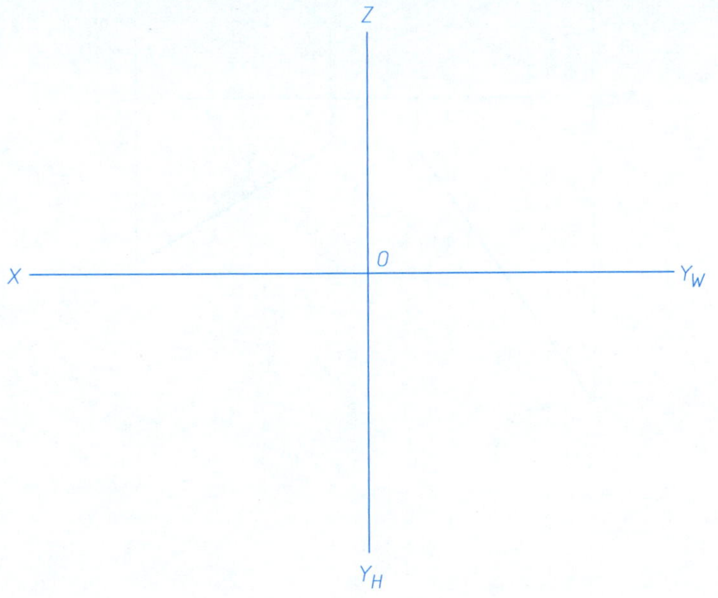

3. 已知正平线 AB，点 B 在点 A 之右上方，$\gamma = 30°$，$AB = 20$ mm，求作 AB 的三面投影。

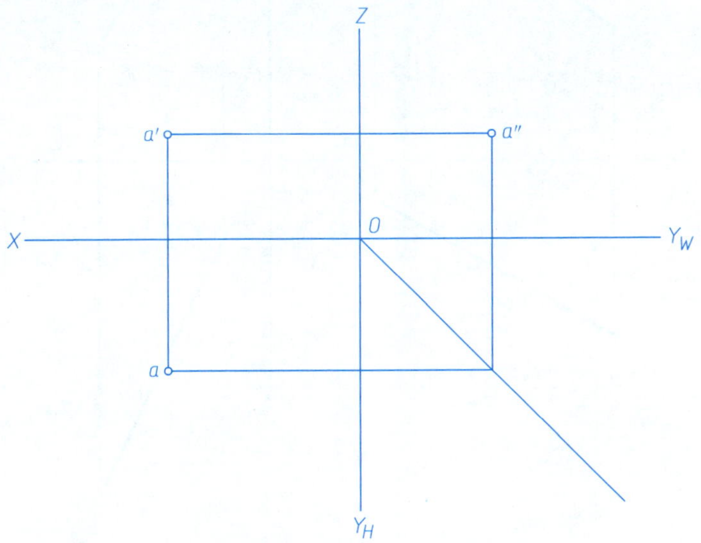

4. 过点 A 作一水平线与直线 BC 相交。

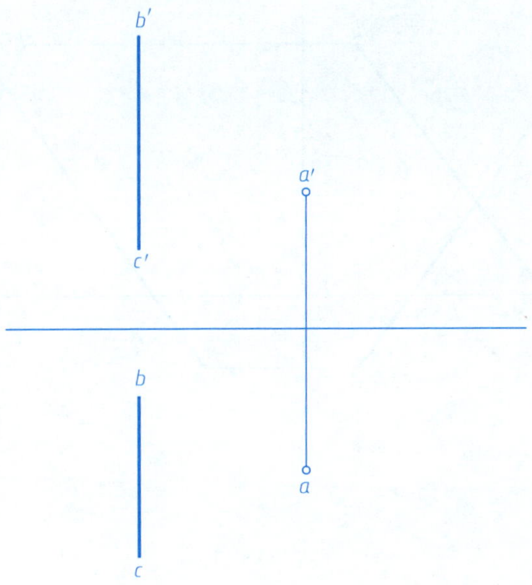

1. 判别直线 *AB* 和 *CD* 的相对位置(平行、相交、交叉)。

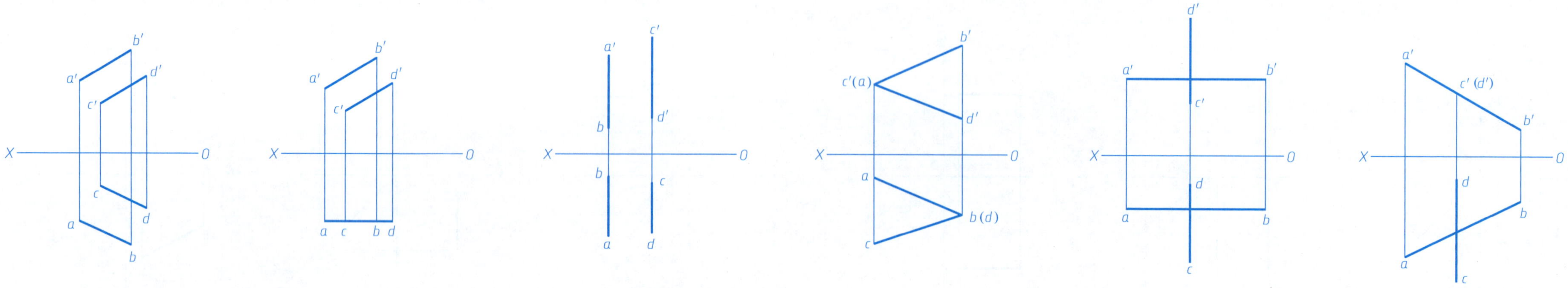

(1)__________ (2)__________ (3)__________ (4)__________ (5)__________ (6)__________

2. 在直线 *AB*、*CD* 上作对正面投影的重影点 *E*、*F* 和对侧面投影的重影点 *M*、*N* 的二面投影,并表明可见性。

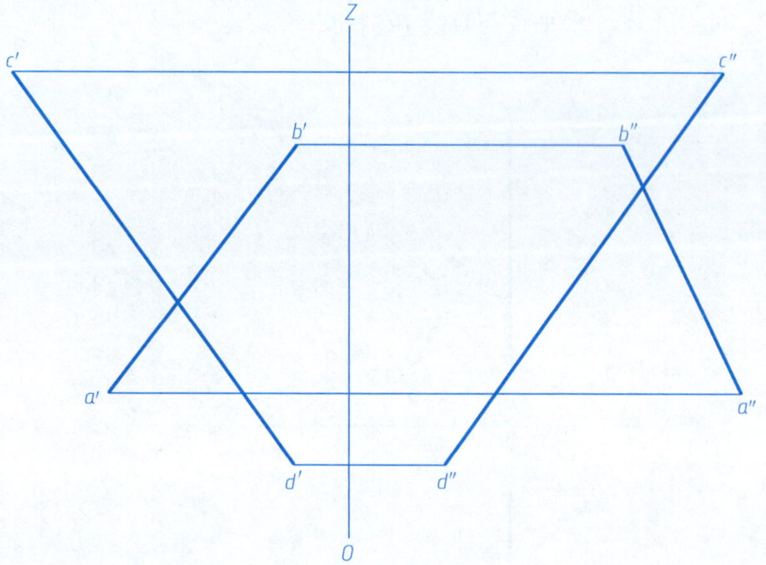

3. 求作一直线 *MN*,与直线 *AB*、*EF* 相交,并与 *CD* 平行。

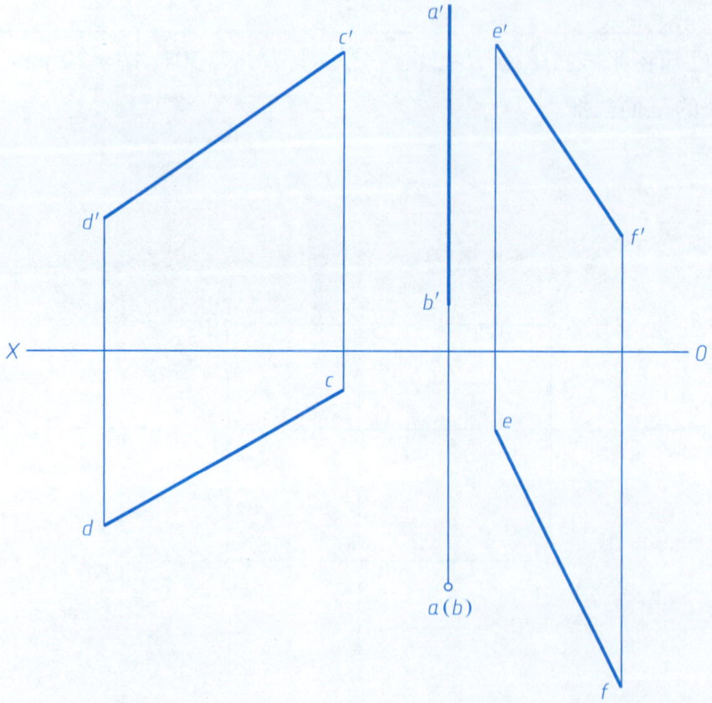

4. 作一正平线 *EF* 距离 *V* 面 15 mm,并与已知直线 *AB* 和 *CD* 相交。

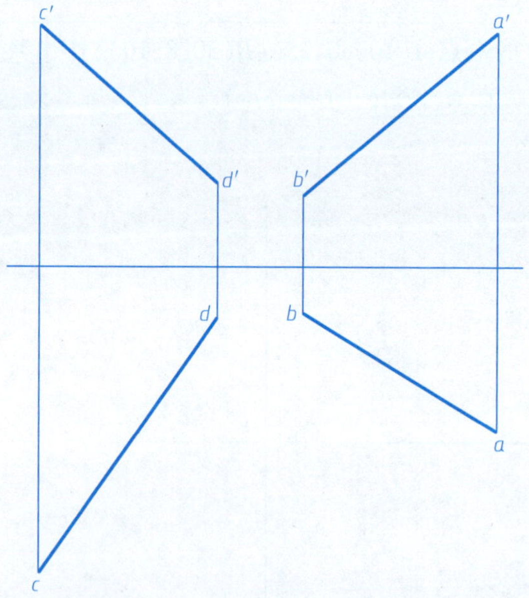

2-4 平面的投影

1. 判断下列平面相对于投影面的空间位置。

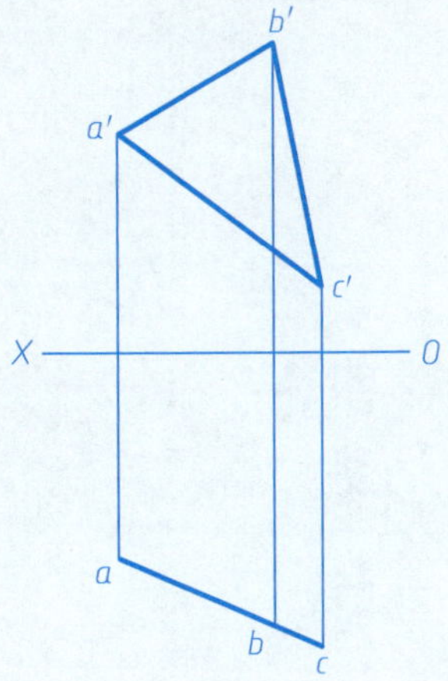

（1）__________面

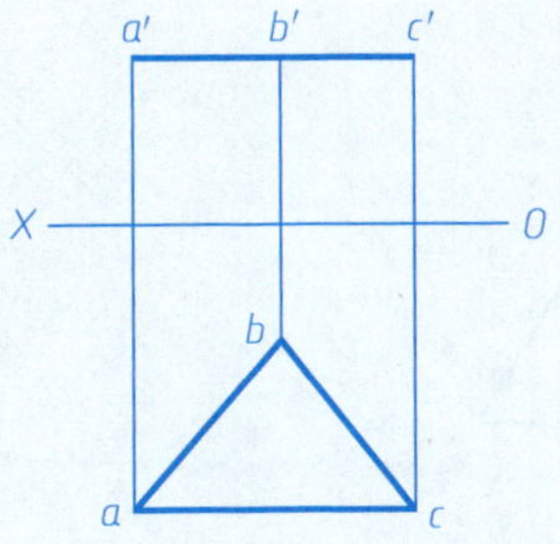

（2）__________面

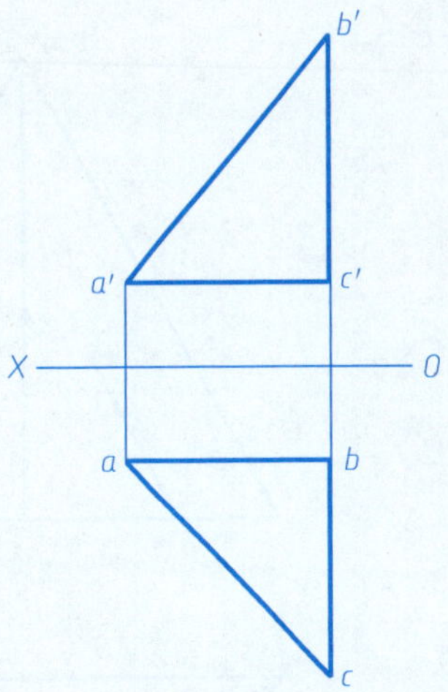

（3）__________面

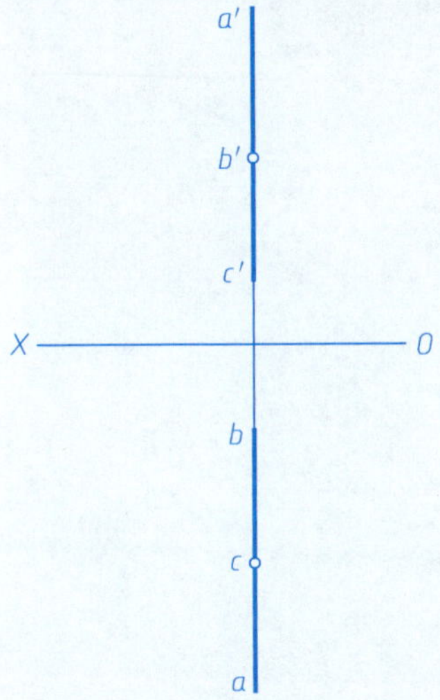

（4）__________面

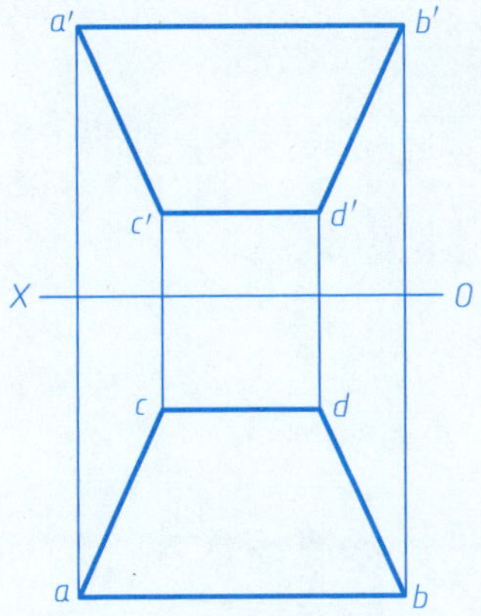

（5）__________面

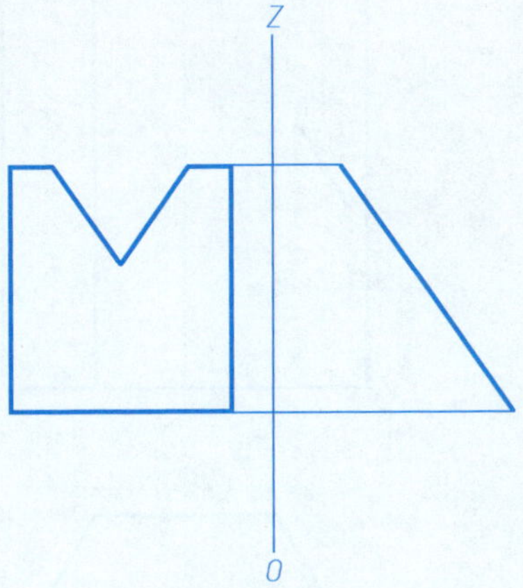

（6）__________面

2. 求△*ABC* 的第三投影及平面上点 *D* 的另两个投影。

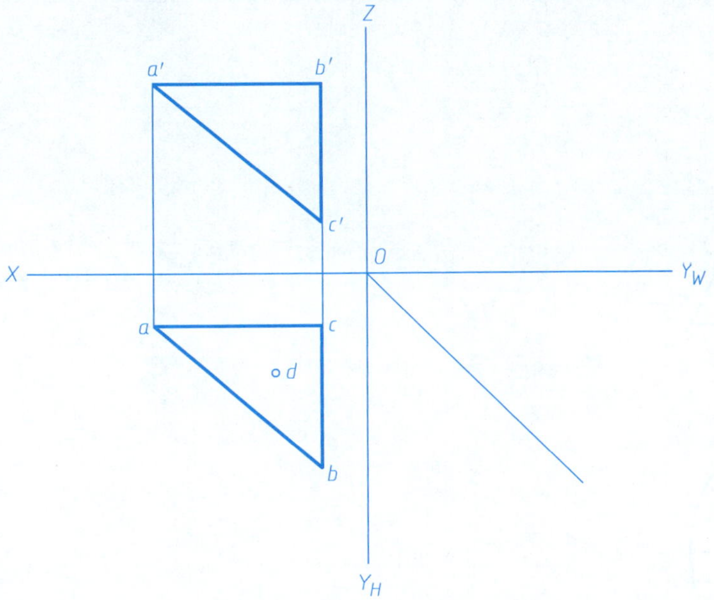

该平面是________面

AB 是________线

AC 是________线

3. 完成平面四边形 *ABCD* 的正面投影。

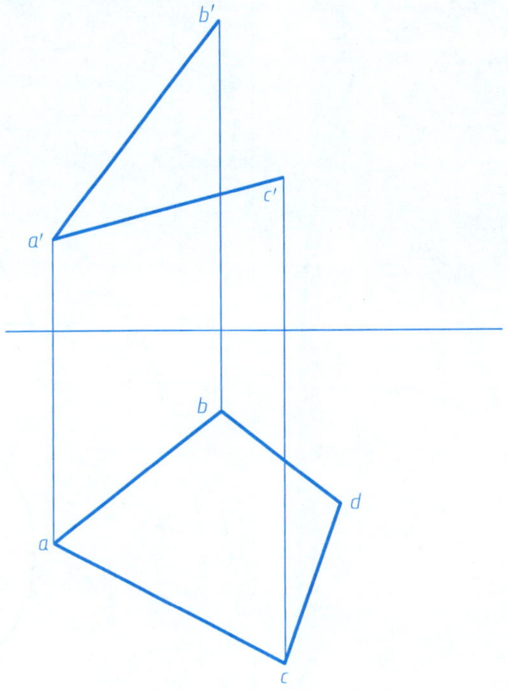

4. 已知平面 *ABCD* 的边 *BC*//*H* 面，完成其正面投影。

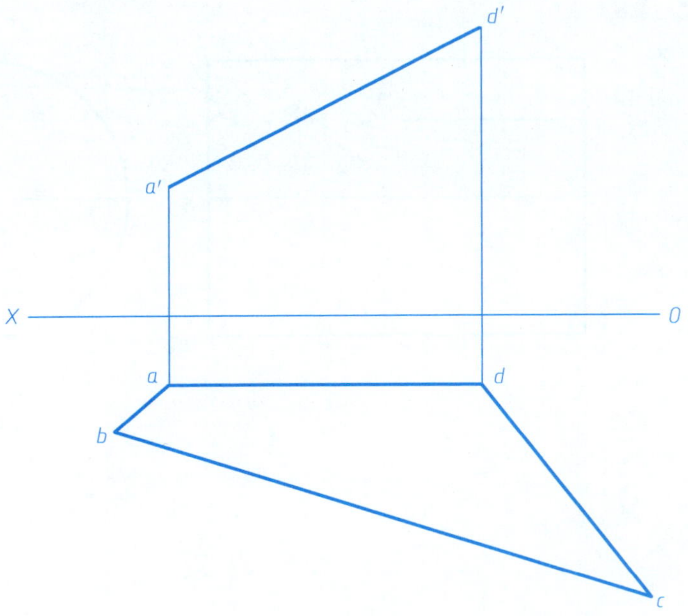

补画平面立体的第三投影，并求其表面上点、线的另外两个投影。

(1)

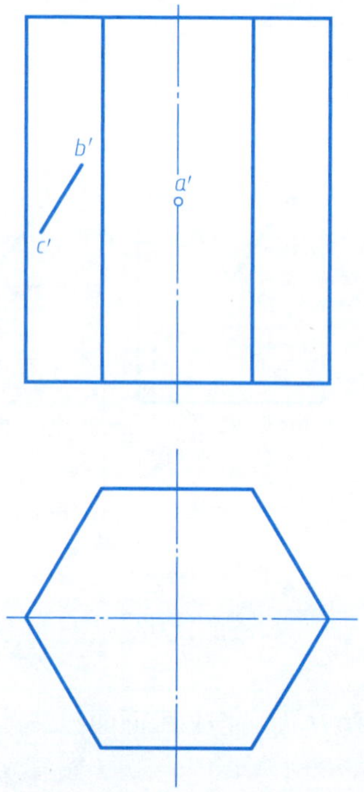

(2)

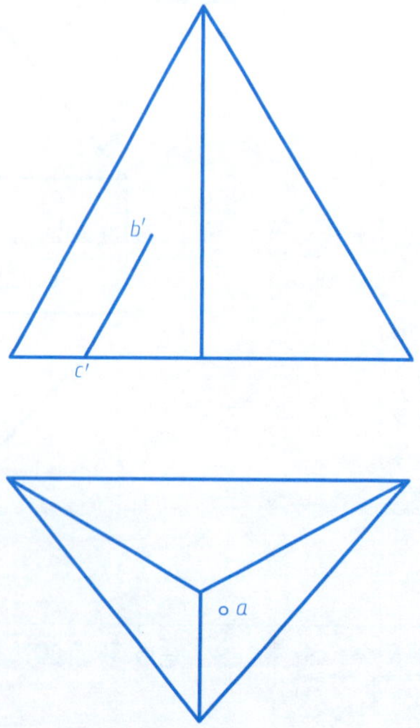

(3)

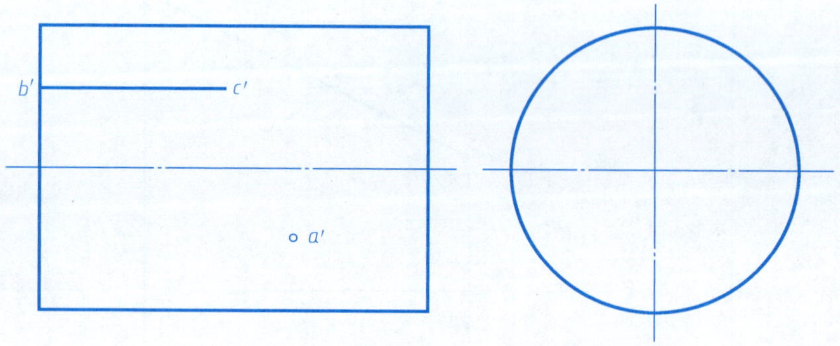

(4)

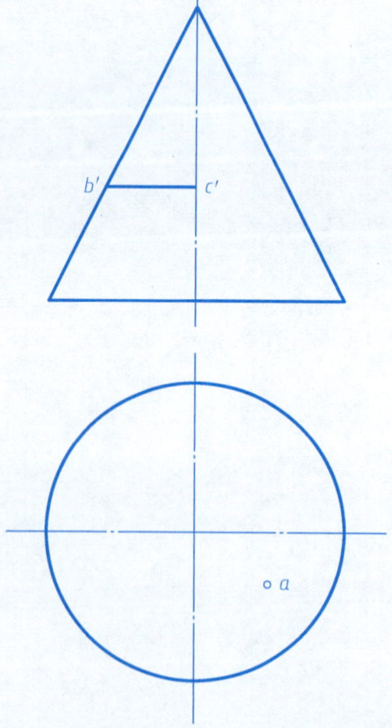

1. 作四棱锥被正垂面截断后的侧面投影，并补全截断后的水平投影。

2. 作四棱锥被截切后的水平投影与侧面投影。

3. 作出立体的侧面投影。

4. 求八棱柱被截切后的水平投影。

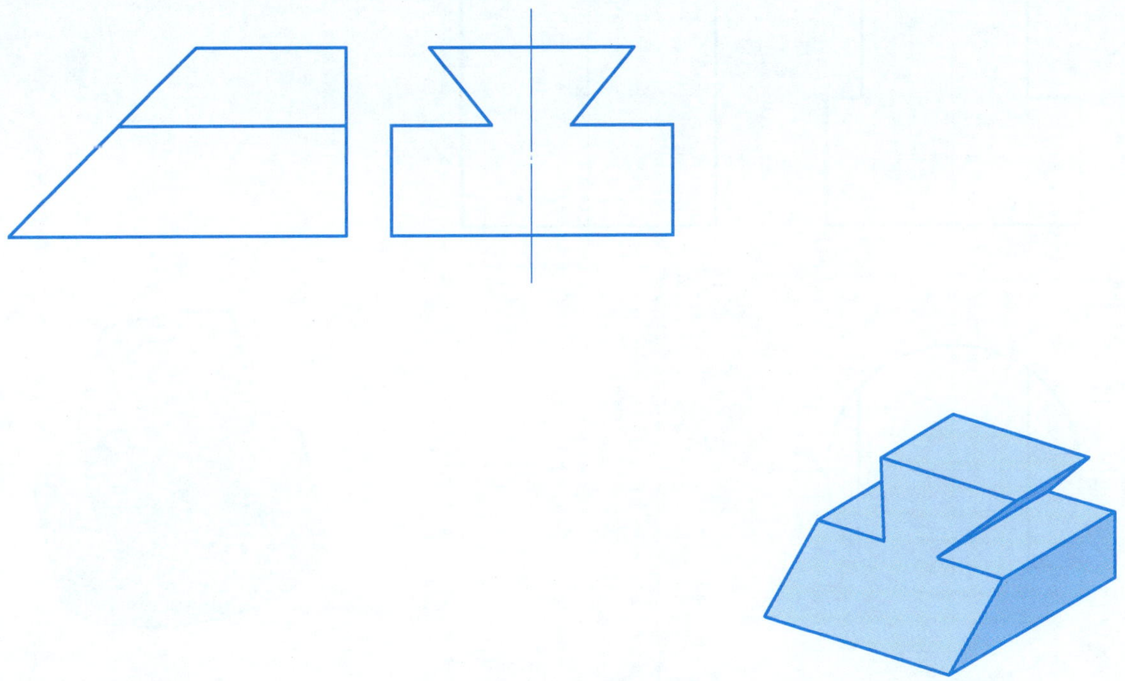

3-3 曲面立体(一)

1. 完成圆柱被截后的侧面投影。

2. 完成圆柱被截后的水平投影。

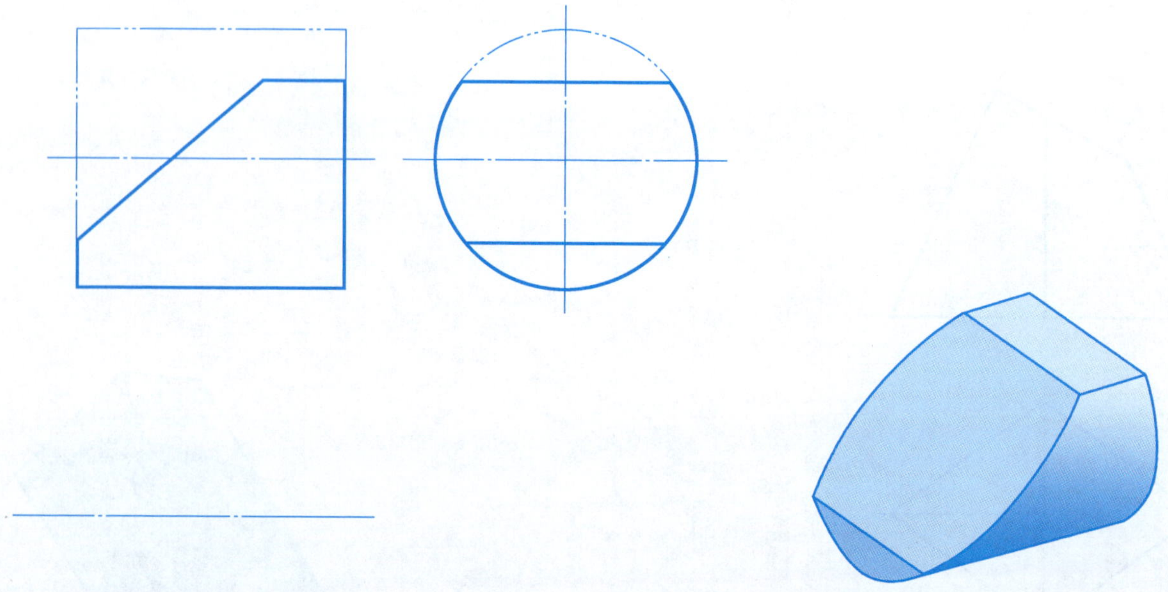

3. 完成圆柱被截后的侧面投影。

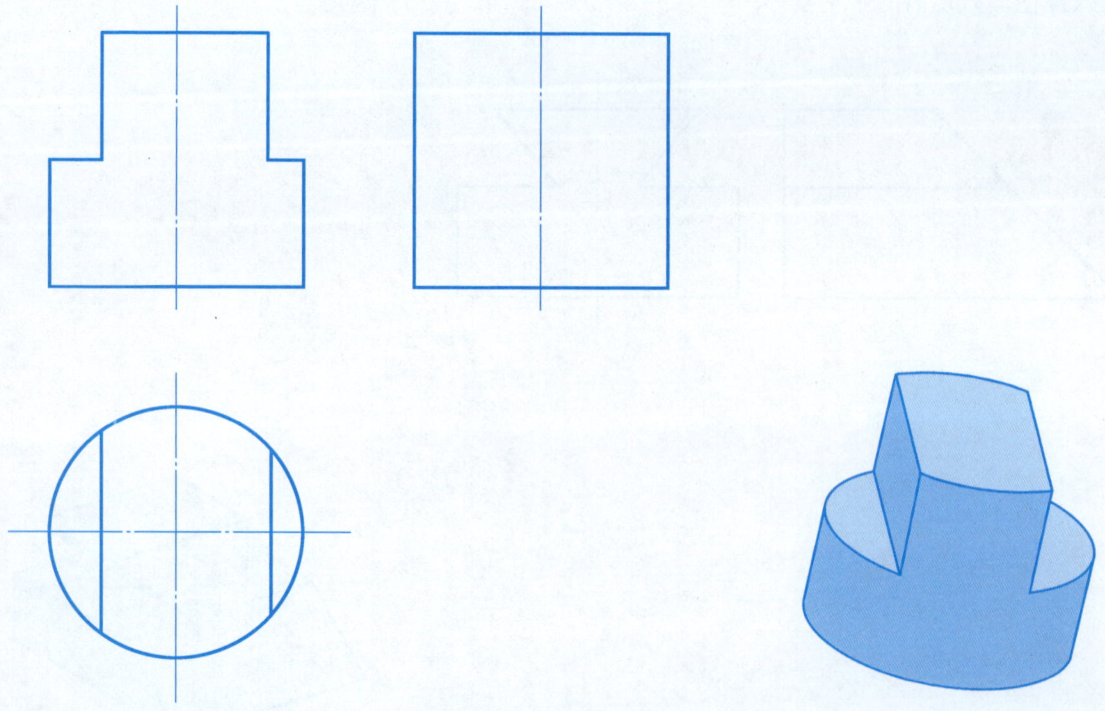

4. 完成圆柱被截后的侧面投影。

3-4 曲面立体(二)

姓名		班级		学号		13

1. 完成圆锥被截后的水平与侧面投影。

2. 完成圆锥被截后的水平与侧面投影。

3. 完成圆锥被截后的水平投影。

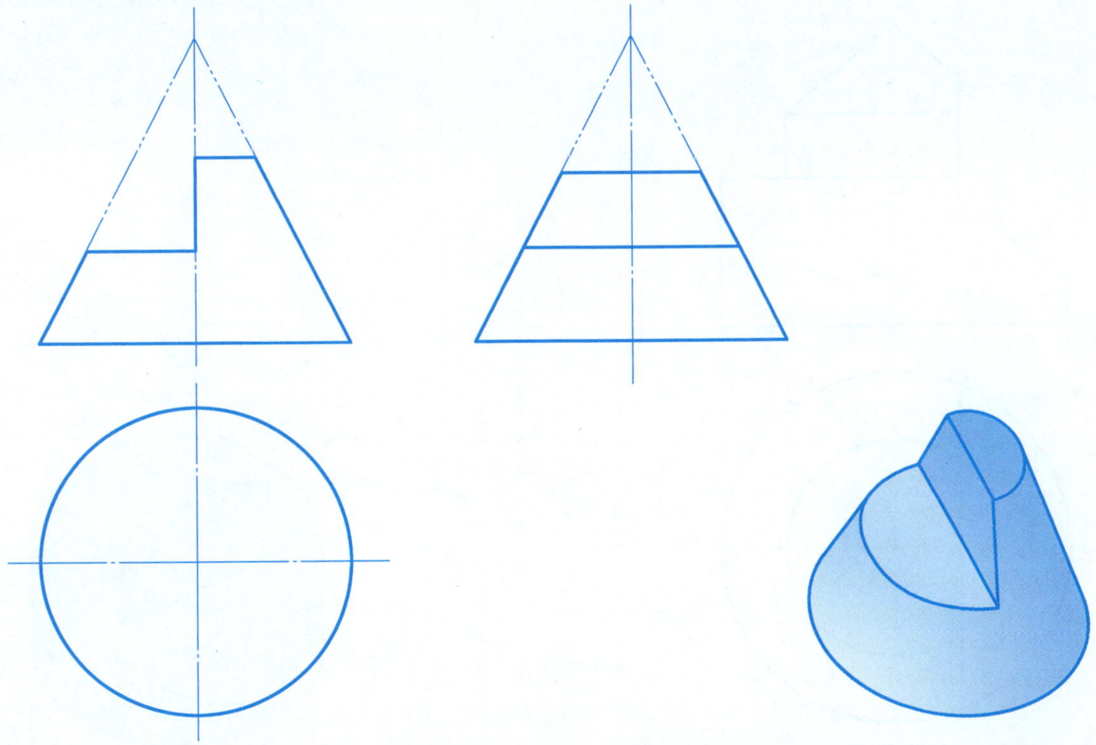

4. 完成圆锥被截后的水平与侧面投影。

3-5 曲面立体(三)

1. 完成半圆球被截切后的水平与侧面投影。

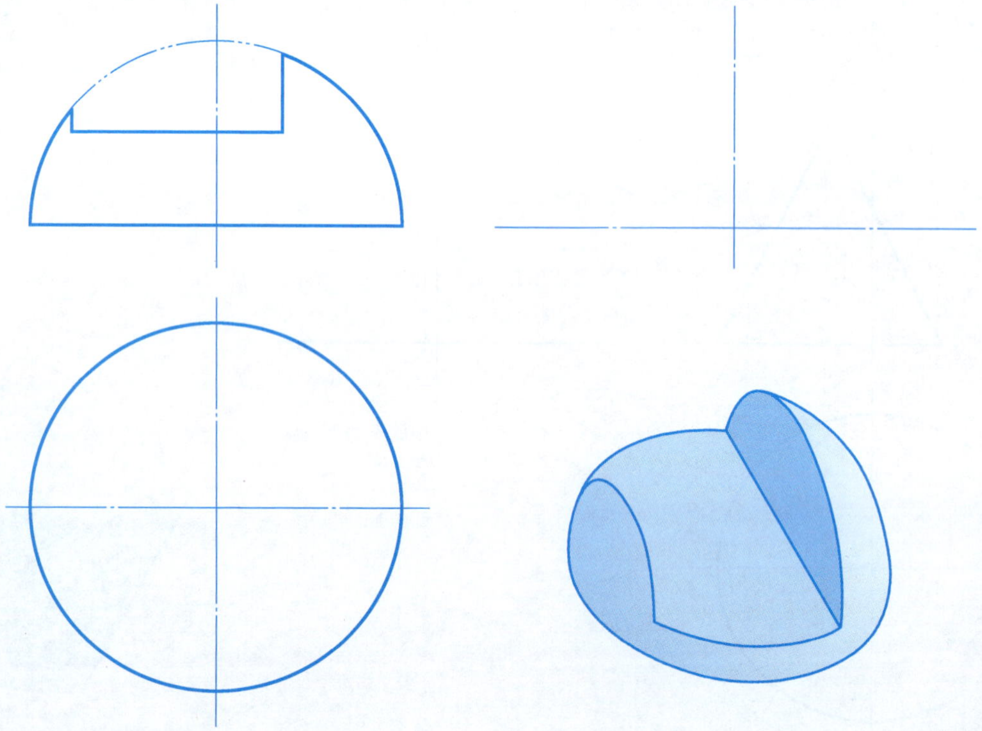

2. 完成组合体被截切后的水平投影。

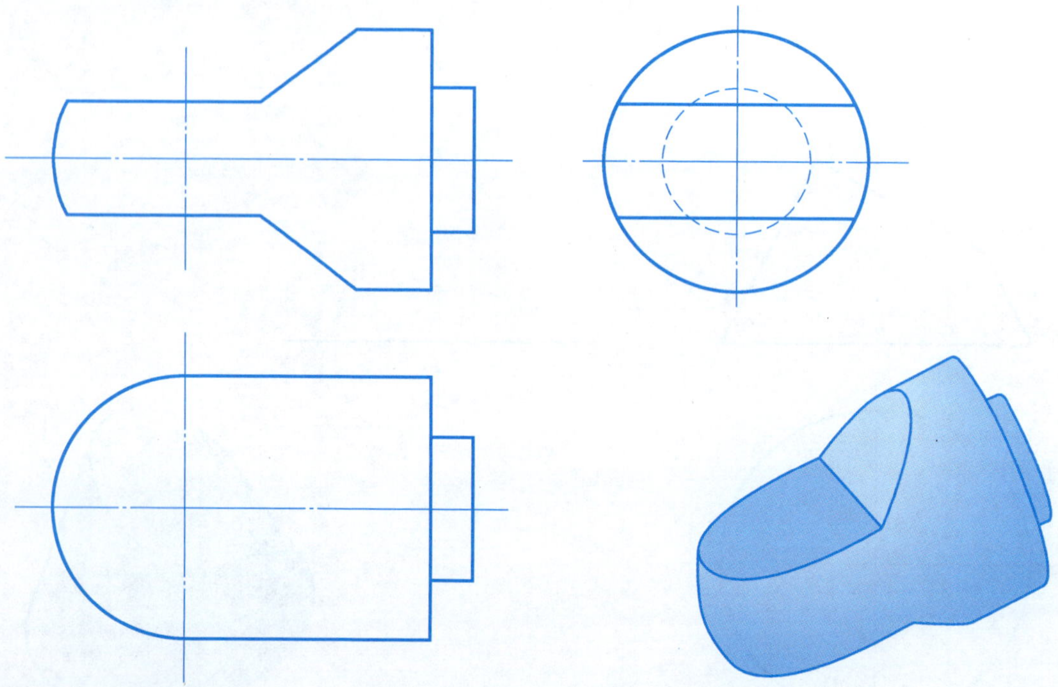

3. 完成顶尖的水平投影。

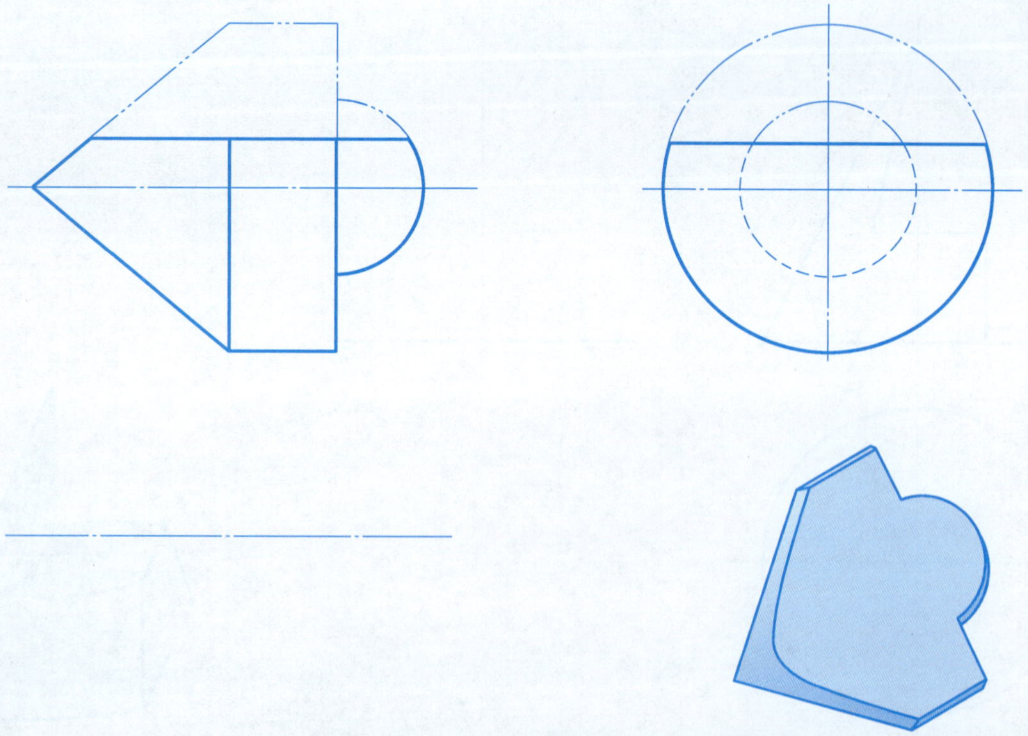

4. 完成组合回转体的侧面投影。

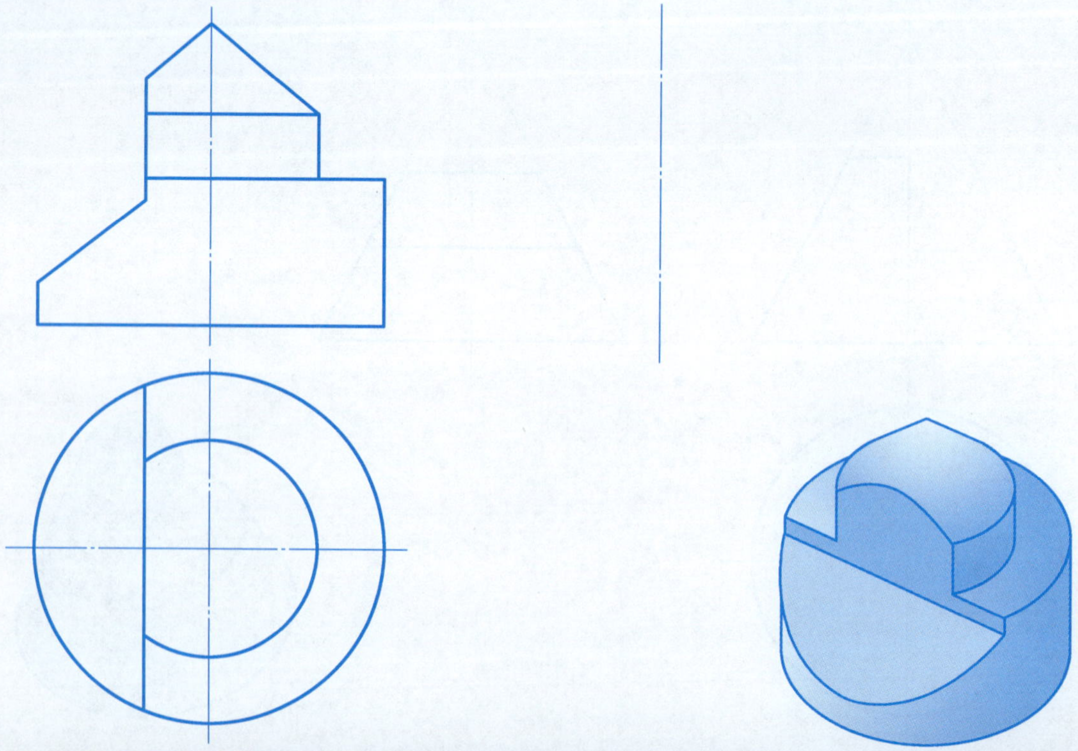

1. 求相贯线。

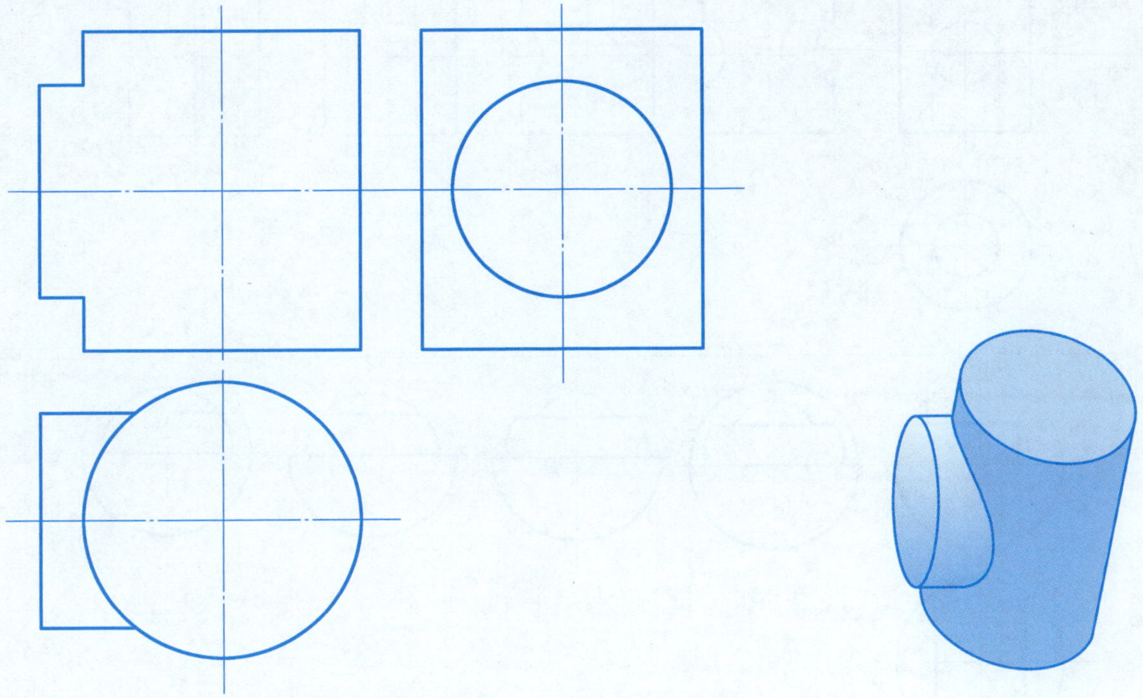

2. 求相贯线。

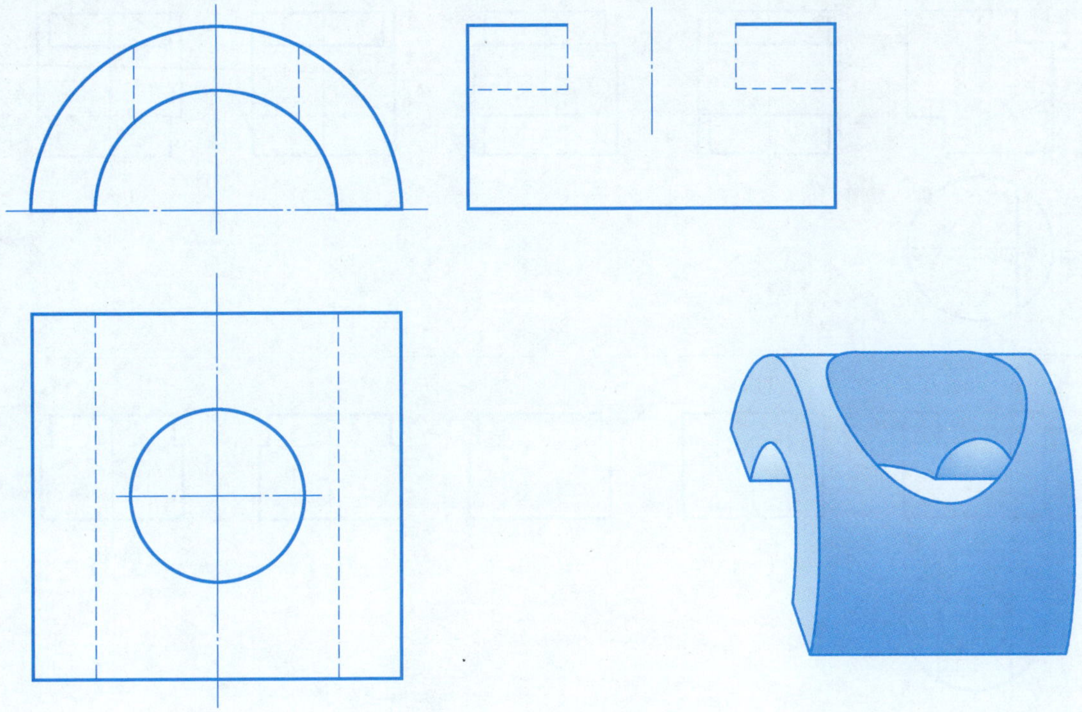

3. 补全立体的正面投影。

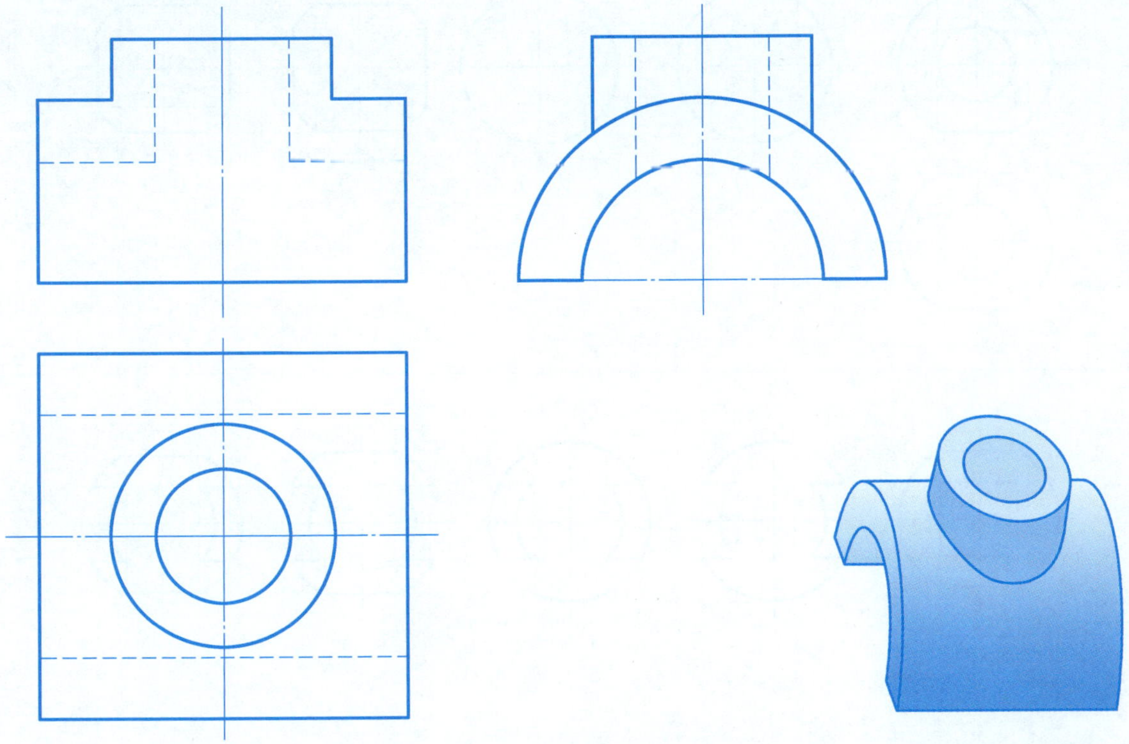

4. 求相贯线。

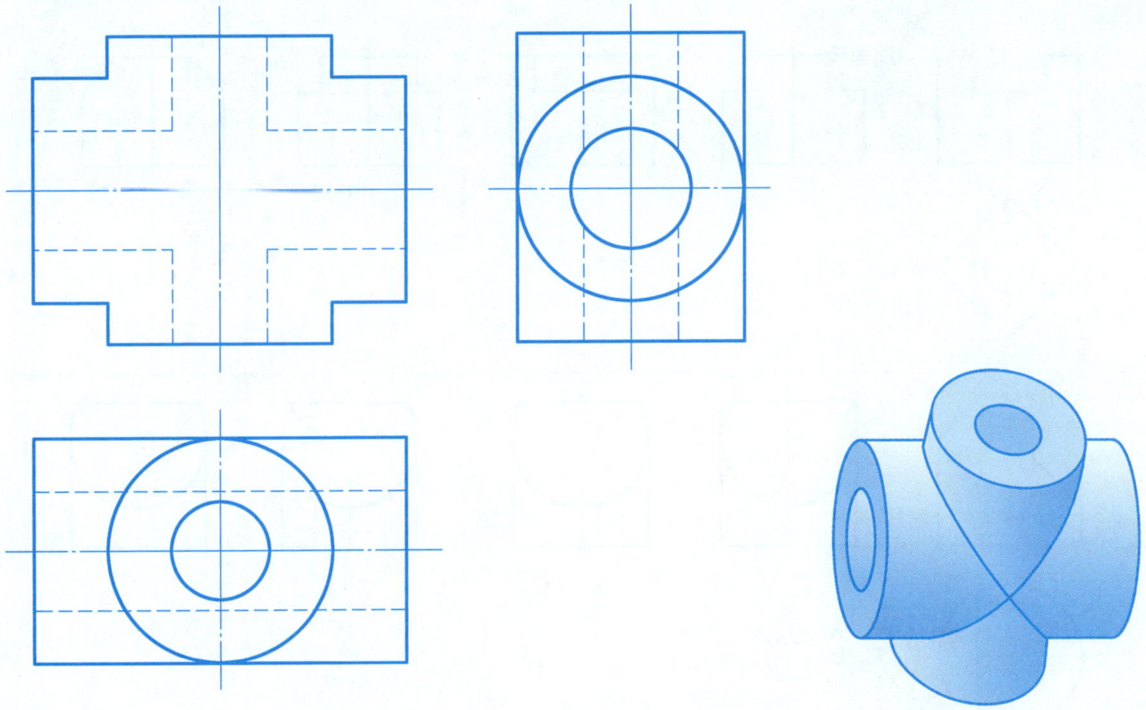

3-7 立体的投影 选择题(一)

1.

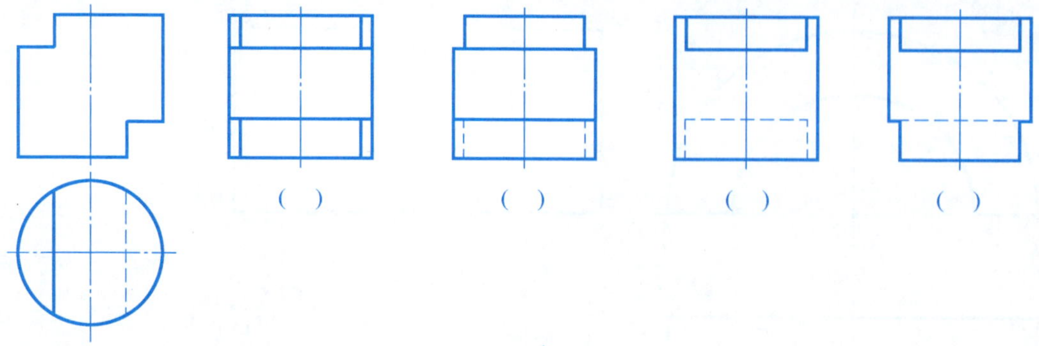

2.

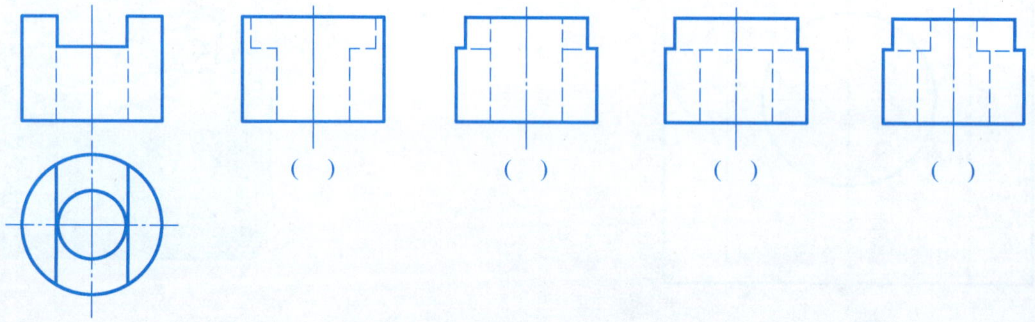

3.

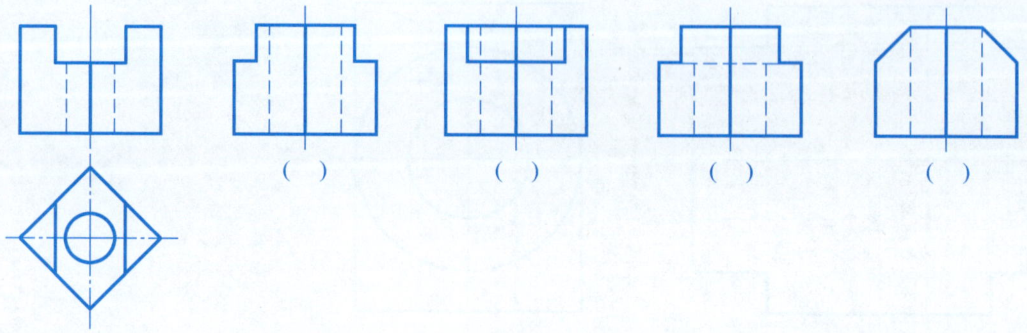

4.

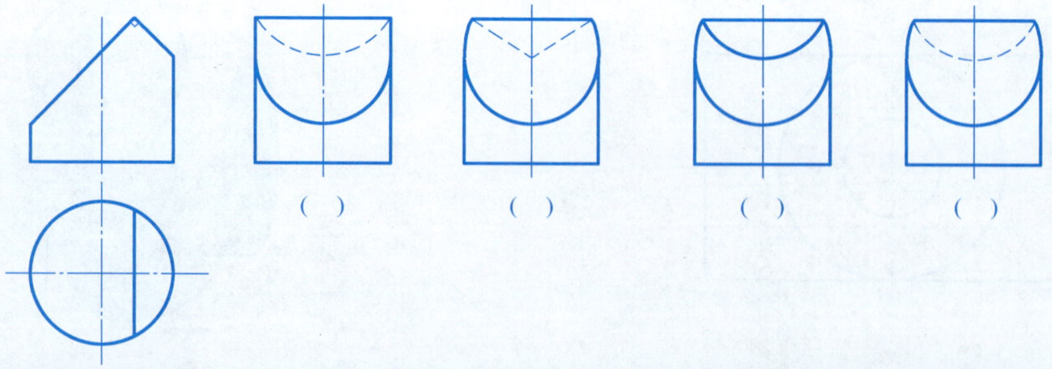

5.

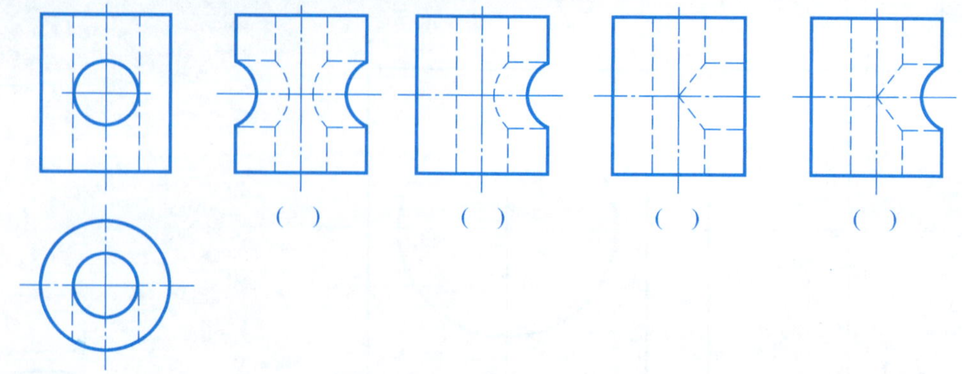

6.

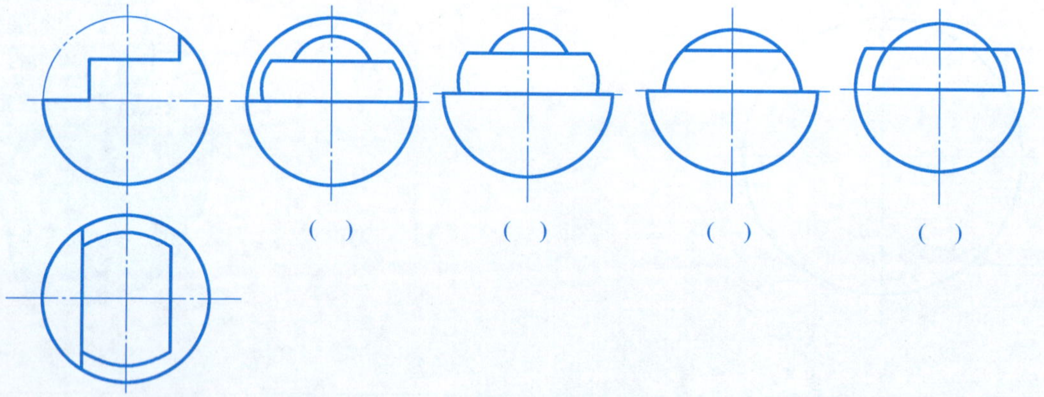

7.

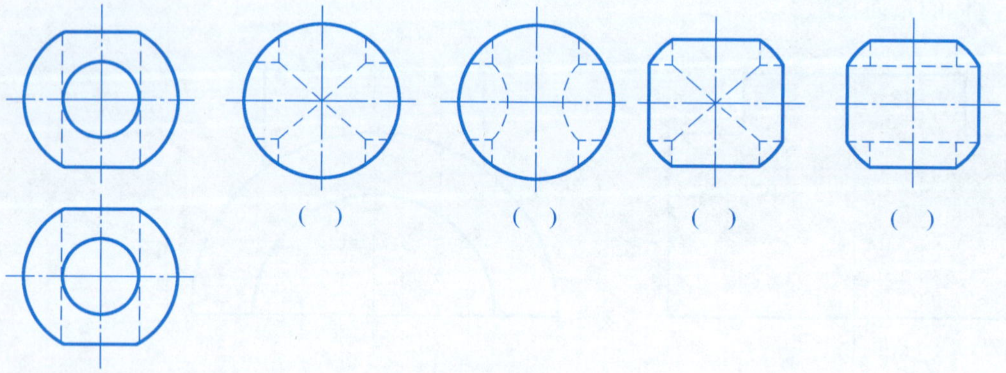

8.

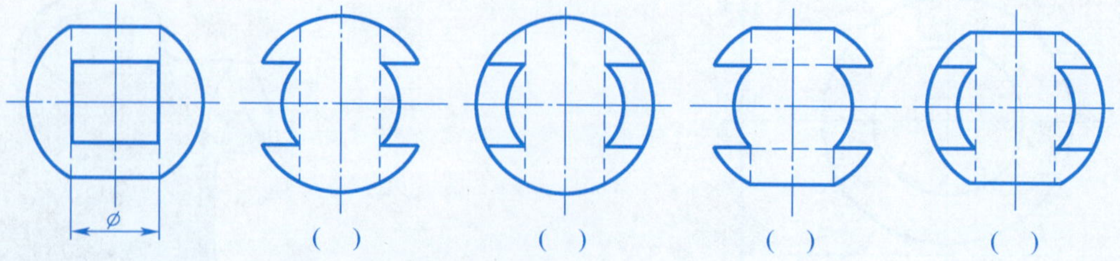

姓名		班级		学号		17

1.

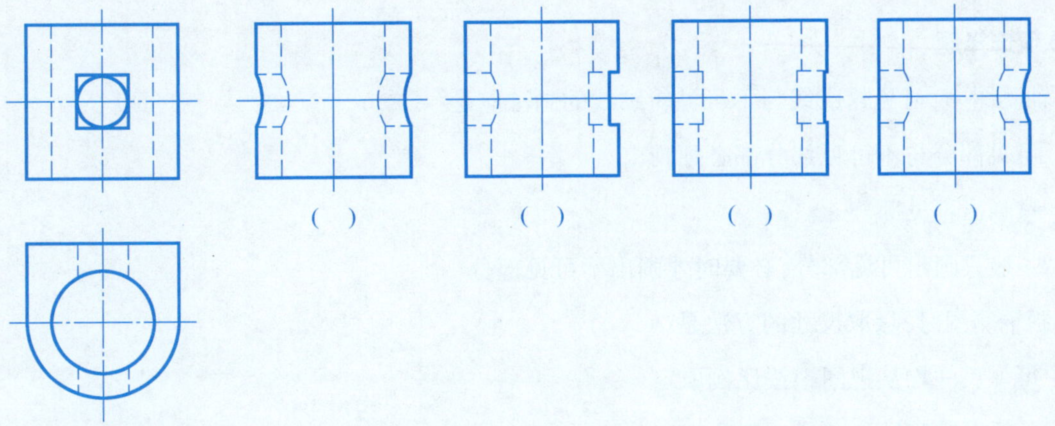

2.

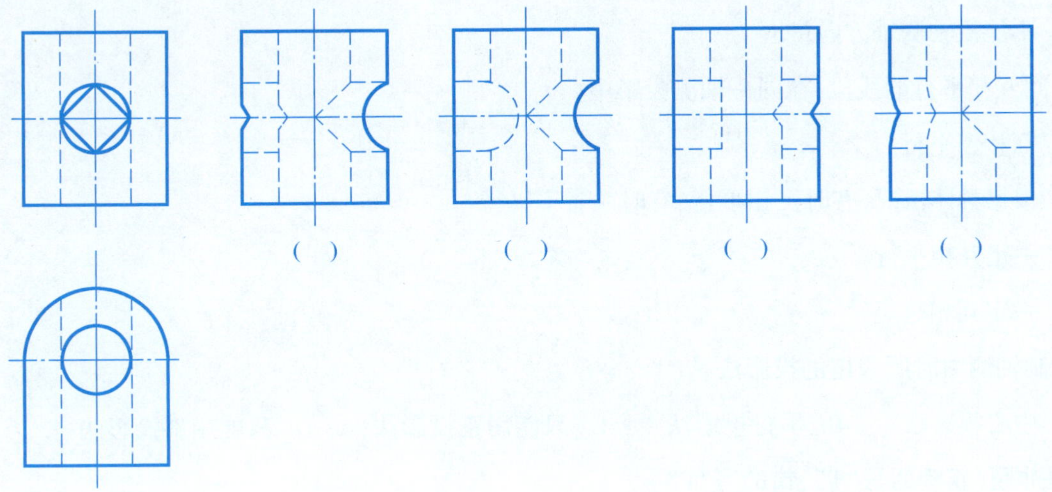

3.

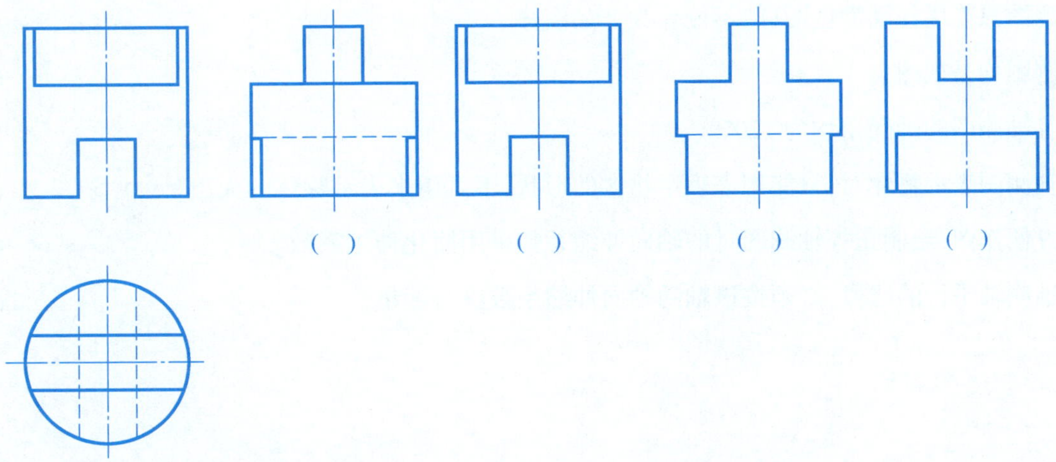

4.

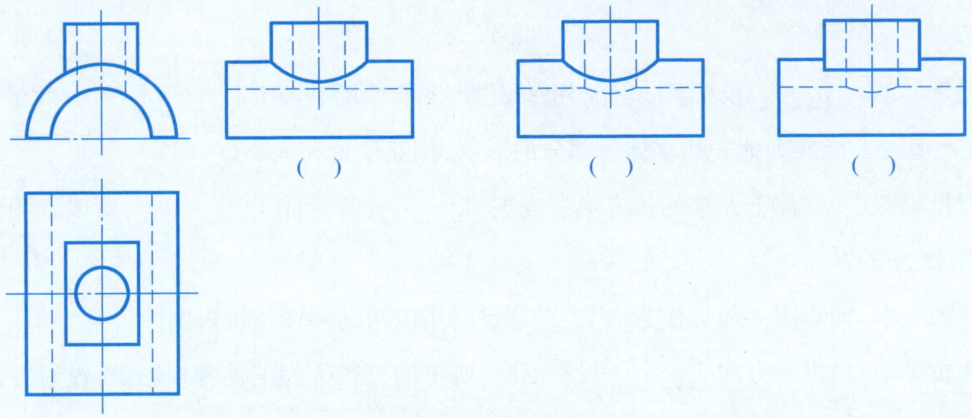

5.

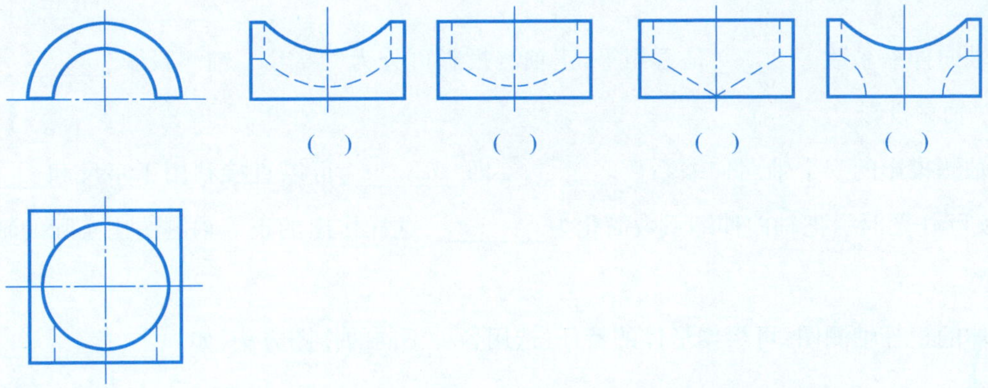

6.

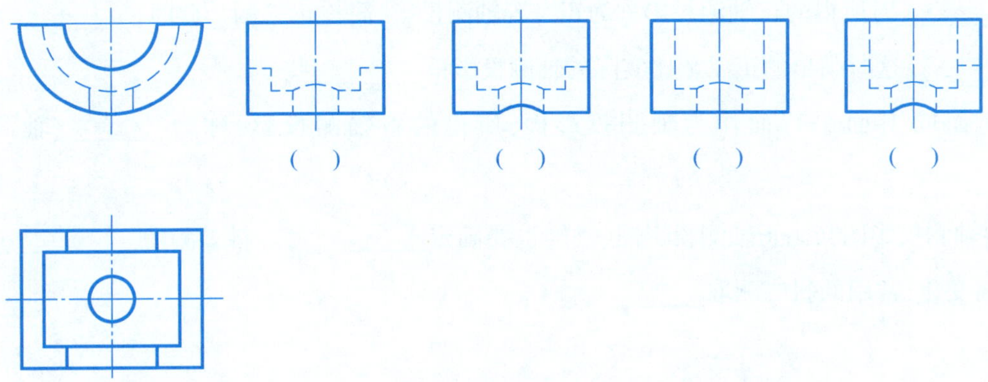

一、填空题

1. 轴测图是一种________投影图，它能用一面投影同时反映立体________三个度量方向，所以________好。但它不能准确地表达立体各部分的形状、相互位置和大小。

2. 在轴测投影图中，立体上原来的长方形变成了________，圆变成了________，所以轴测图________性差，且作图较为繁杂。

3. 在生产图纸中，轴测图一般只作为________图样，用以帮助阅读正投影图。

4. 在轴测投影中，当投射方向________投影面时，所得的投影称为正轴测投影；当投射方向________投影面时，所得的投影称为斜轴测投影。

5. 在轴测投影中，投影面称为________投影面，三根坐标轴的轴测投影称为________，轴测轴之间的夹角称为________。

6. 根据轴向伸缩系数________是否相等，正轴测投影可分为________轴测投影、________轴测投影和________轴测投影。

7. 正等轴测投影的三个轴向伸缩系数________，即________，可以直接利用丁字尺和________三角板作图。实际作图时常把轴向伸缩系数简化为________，这样作出的正等轴测图比实际的轴测投影要________些。

8. 作形体的正等轴测图，可根据形体的特征，选用各种不同的作图方法，如________________________等。

9. 整个作轴测图的过程，始终是按________和________来确定________的方向和尺寸。对于不平行于轴测轴的斜线，则通过用“坐标法”或“叠加法”等进行画图。

10. 当________时所得的正轴测投影称为正二等轴测投影，简称正二测。此时，________。作图时常简化为________，这时画出的正二测比实际的轴测投影稍________些。

11. 以 V 面或 V 面平行面作为轴测投影面，所得的斜轴测投影，称为________轴测投影，又称________。

12. 画斜轴测投影图与画正轴测投影图一样，也要确定________等。斜二测的________，q 随投影方向的变化而变化，常用的斜二测取________。

二、单项选择题

1. 在轴测图中，可见轮廓线与不可见轮廓线的画法应是(　　)。
   A. 可见部分与不可见部分都必须画出
   B. 只画出可见部分
   C. 一般只画出可见部分，必要时才画出不可见部分

2. 绘制轴测图时，量取尺寸的方法是(　　)。
   A. 每一尺寸均从视图中按比例取定
   B. 必须沿轴测轴方向按比例取定
   C. 一般沿轴测轴方向，必要时可以不沿轴测轴方向量取
   D. 不能沿轴测轴方向量取

3. 空间互相平行的线段，在同一轴测投影中(　　)。
   A. 互相不平行
   B. 根据具体情况，有时互相平行，有时两者不平行
   C. 一定互相平行
   D. 一定互相垂直

4. 绘制轴测图时所采用的投影法是(　　)。
   A. 中心投影法　　B. 平行投影法　　C. 只能用正投影法　　D. 只能用斜投影法

三、是非题（正确的写“T”，错的写“F”）

1. 绘制轴测图时，必须沿轴测轴方向取定尺寸。(　　)
2. 轴测图只能用作辅助性图样，不能作为产品图样。(　　)
3. 轴测图均是视图。(　　)
4. 正等轴测图的轴间角均为 120°。(　　)
5. 用轴测图表示物体时，只能用来表示物体的形状，不可用来表示物体的大小。(　　)
6. 为方便作图，绘制正等轴测图时的轴向伸缩系数采用简化伸缩系数。(　　)
7. 与轴测轴平行的线段，必须按该轴的轴向伸缩系数进行度量。(　　)

4-2　轴测图(二)(在空白位置作正等测图)

姓名　　　　班级　　　　学号　　　　

1.

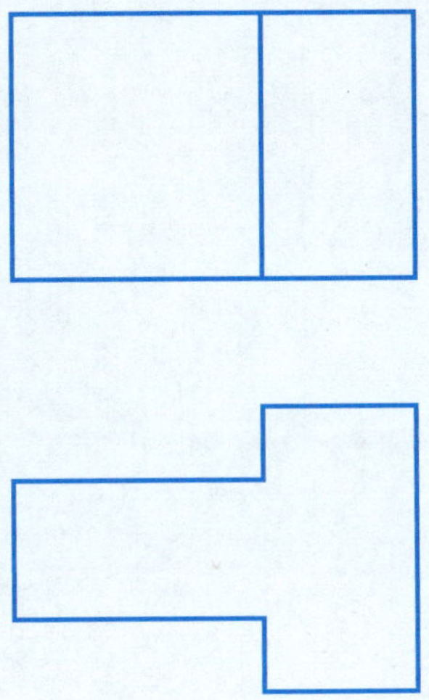

2.

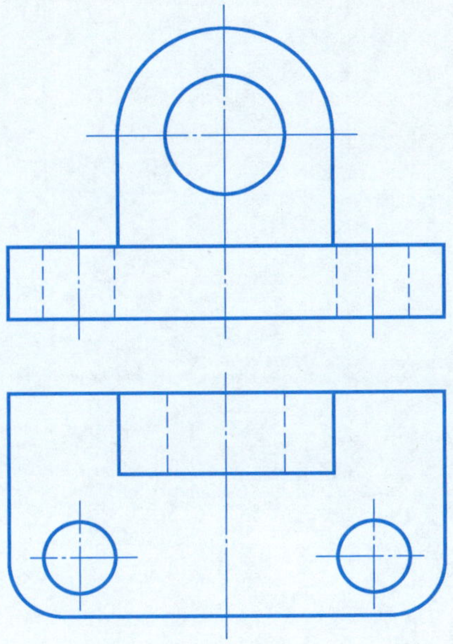

3.

4.

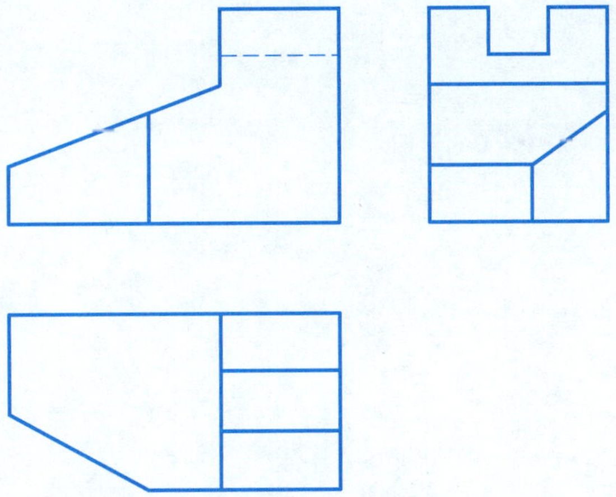

4-3 轴测图(三)(在空白位置作斜二测图)

1.

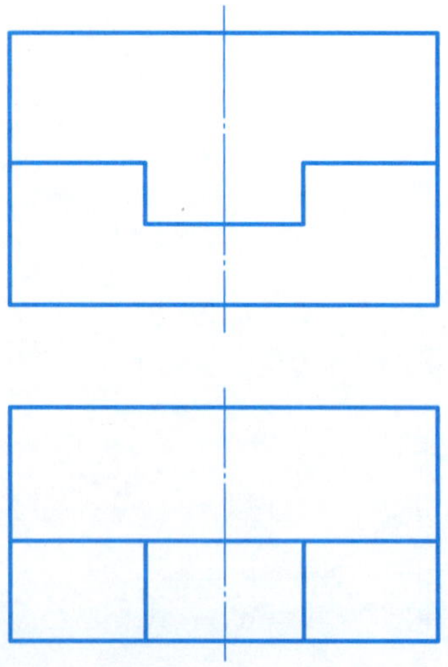

2.

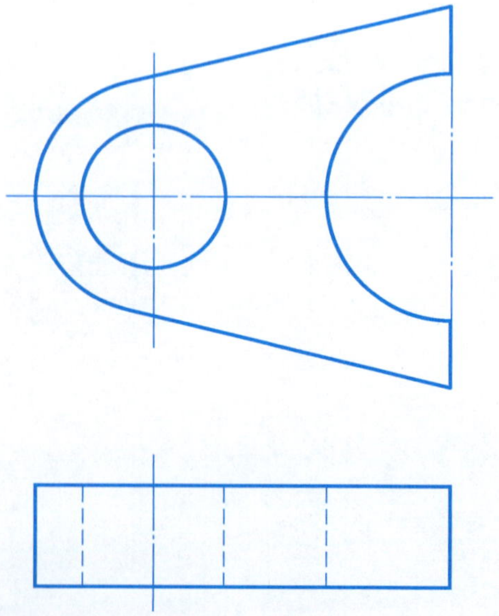

3.

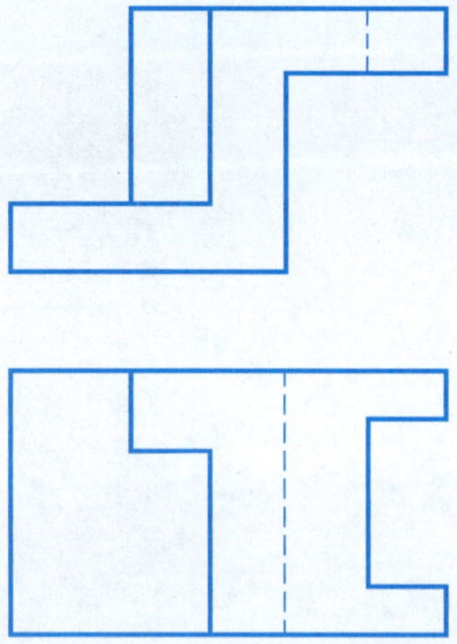

4.

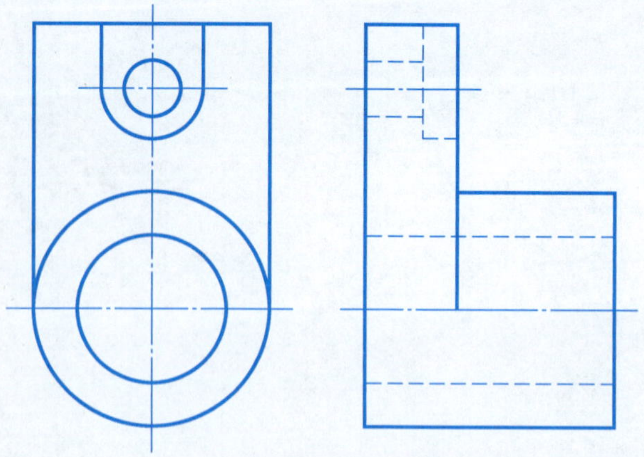

5-1　看懂已给的两个视图,找出对应立体图,并画第三视图

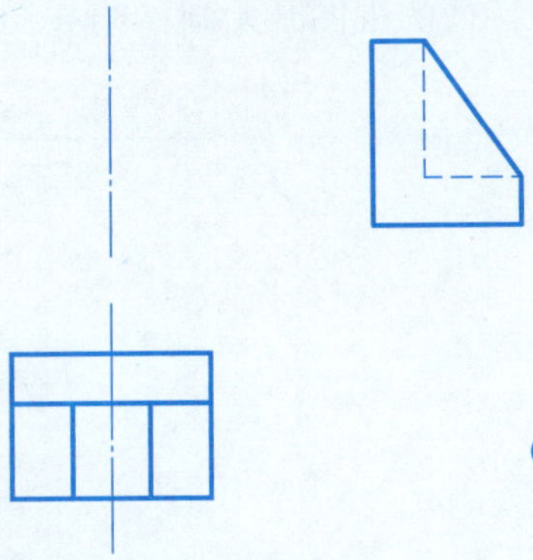

(　)

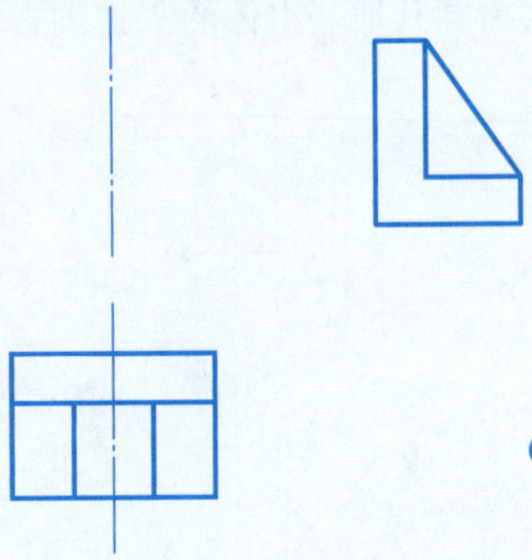

(　)

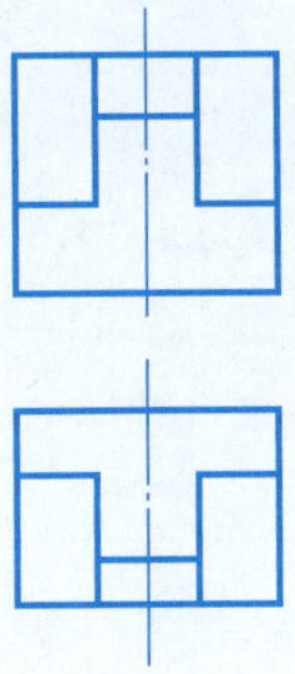

(　)

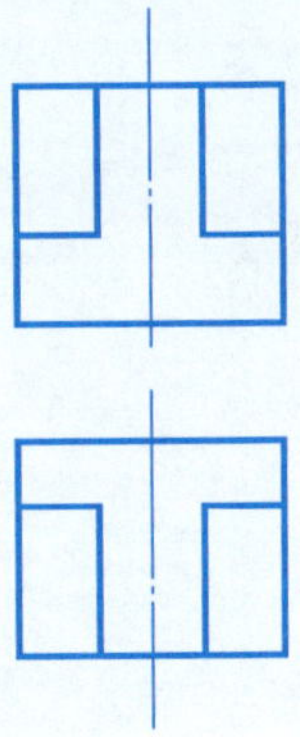

(　)

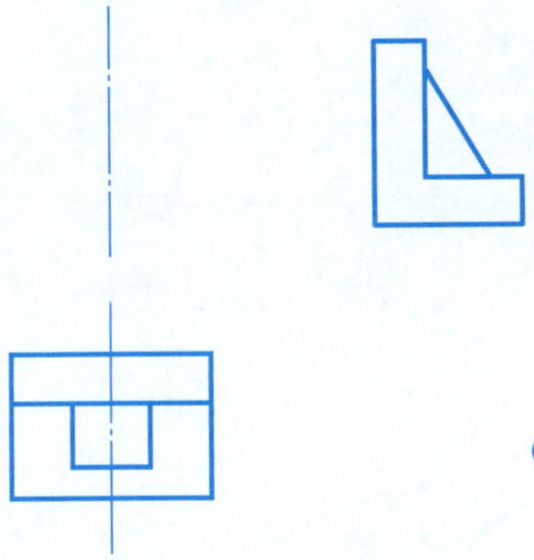

(　)

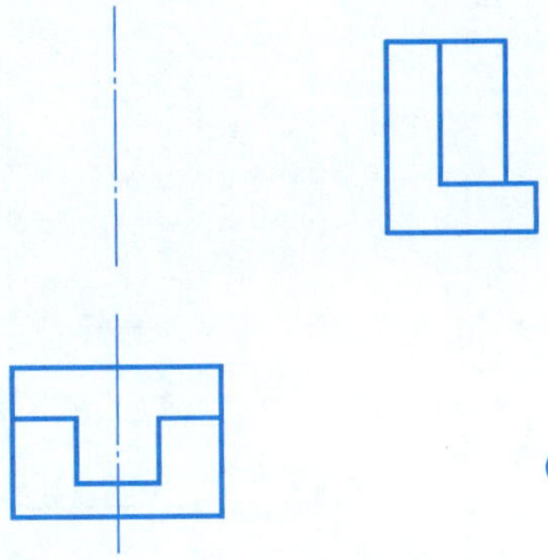

(　)

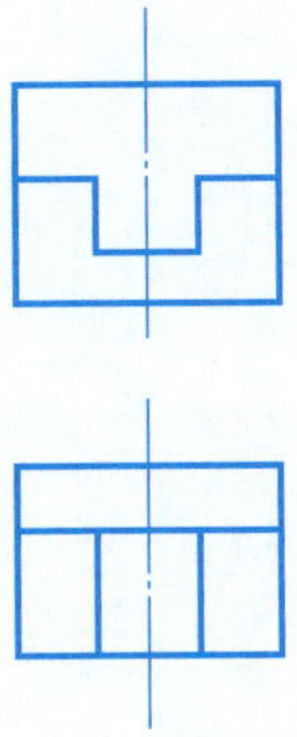

(　)

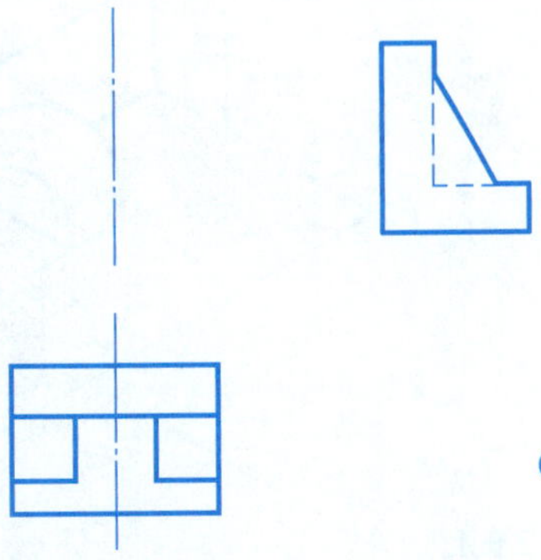

(　)

1.

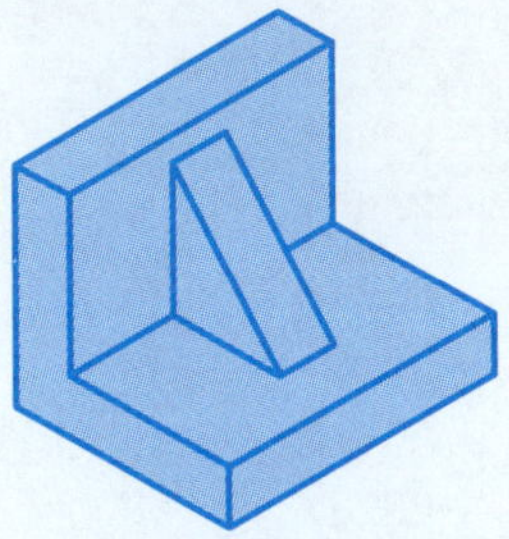

2.

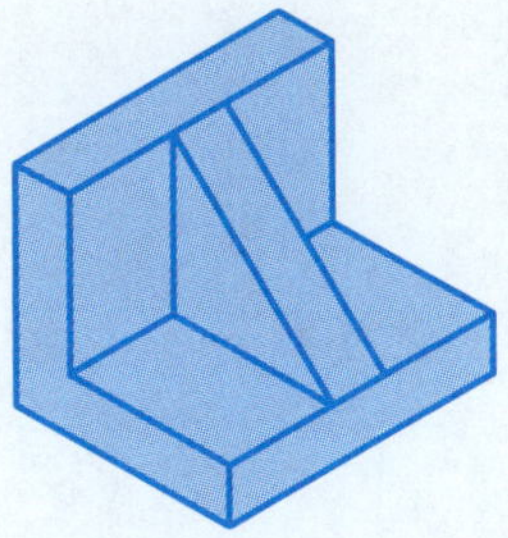

3.

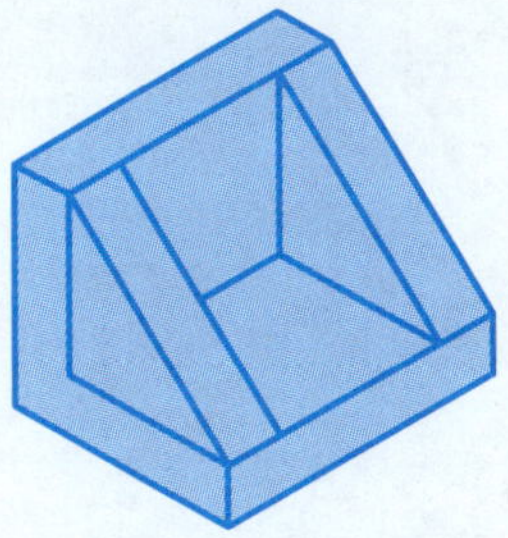

4.

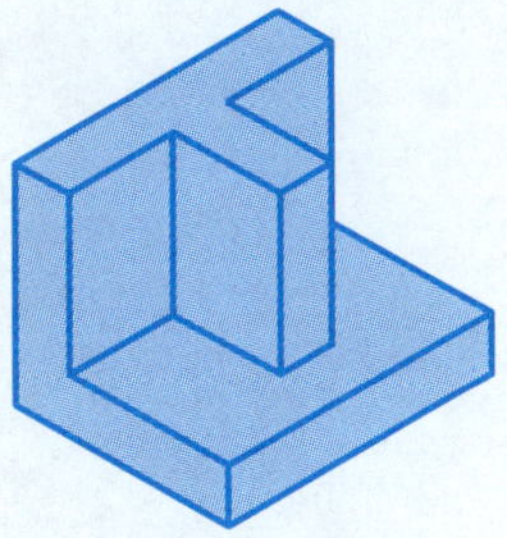

5.

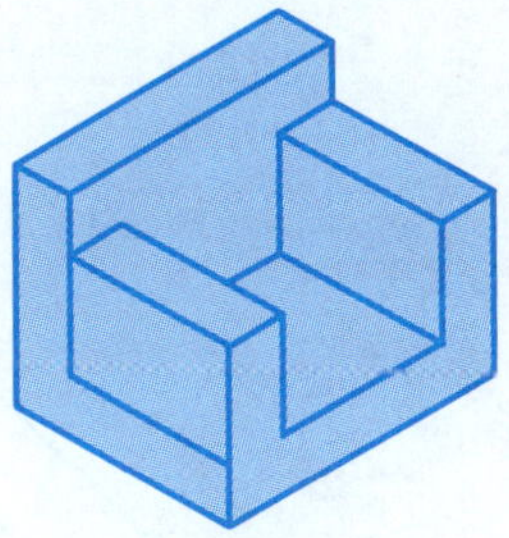

6.

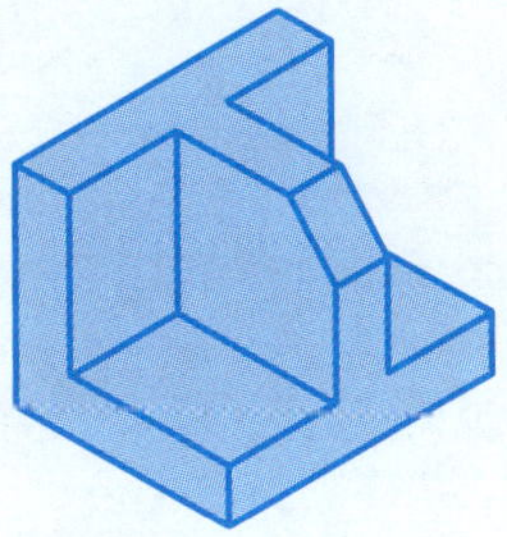

7.

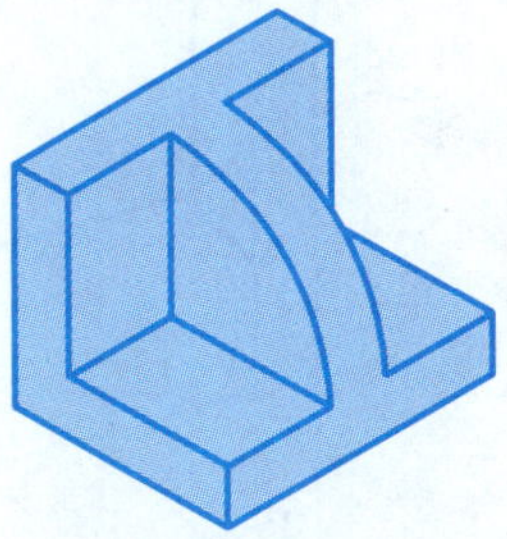

8.

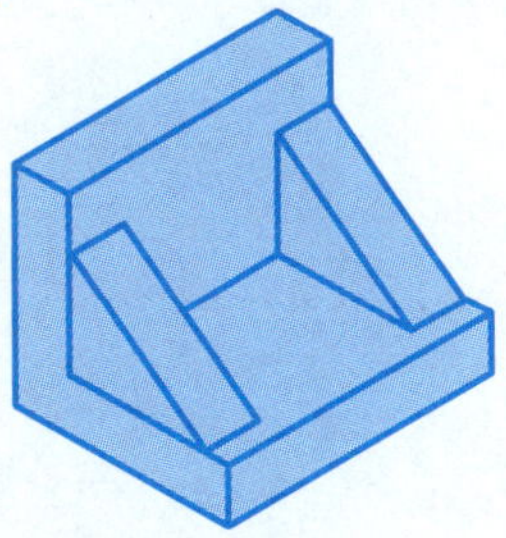

22	姓名		班级		学号		5-2　根据轴测图画组合体三视图

根据轴测图利用形体分析法绘制组合体三视图，作图时的注意事项：(1)按形体分析法将每个基本体的三视图完成后，再画其他基本体的三视图；(2)从最能反映形体形状特征的视图开始画；(3)按图中标注的尺寸，用适当的比例作图。

(1)

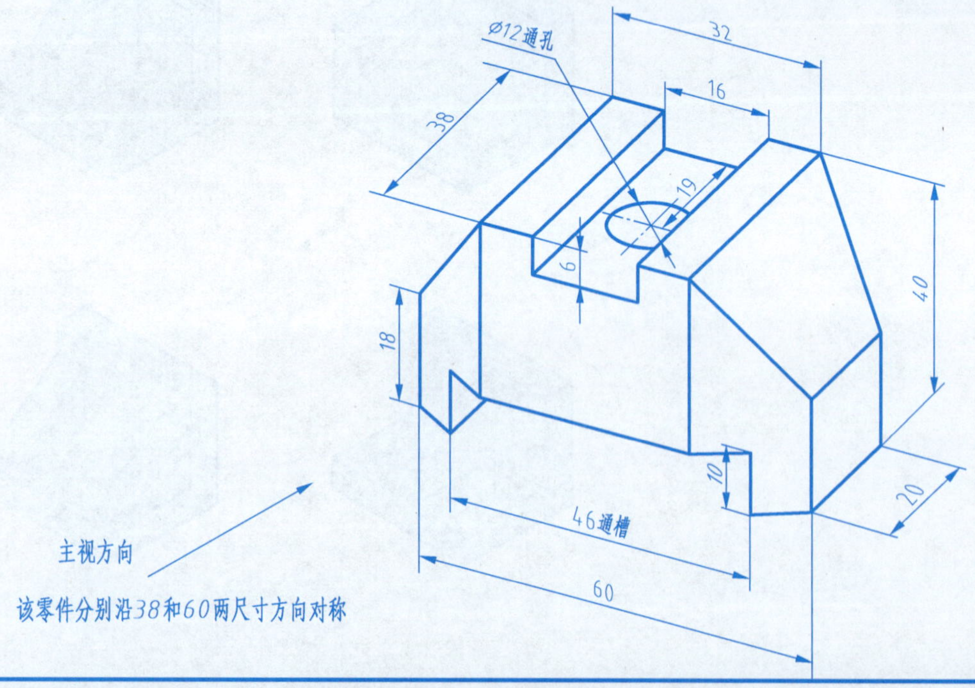

(2)

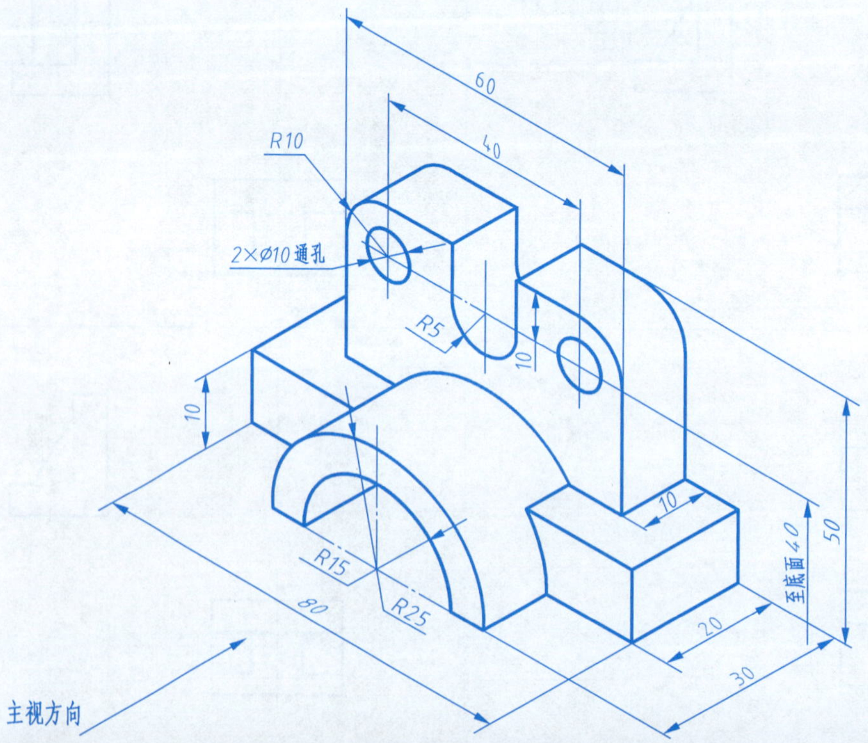

5-3 补画组合体三视图中的漏线

姓名　　　　班级　　　　学号

1.

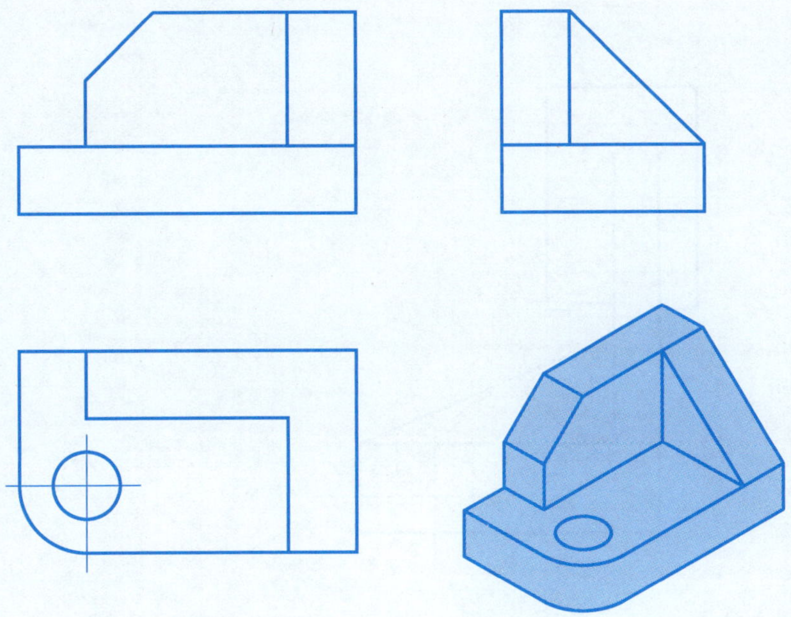

2.

3.

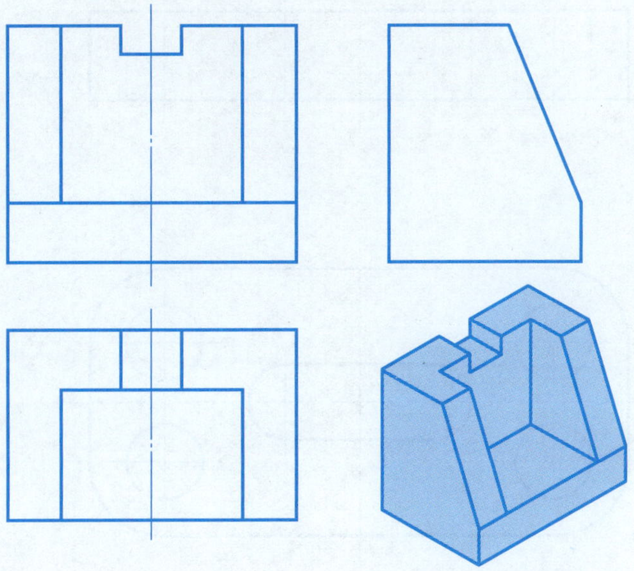

4.

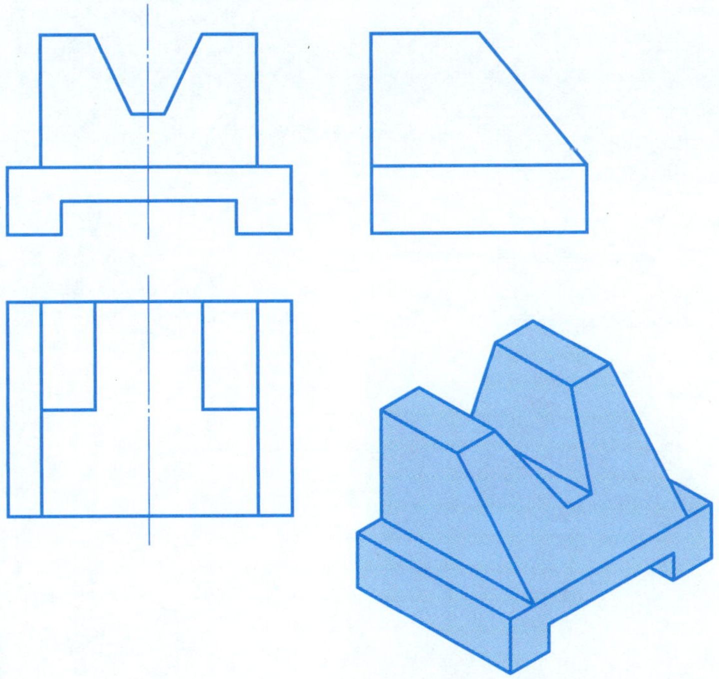

5.

6.

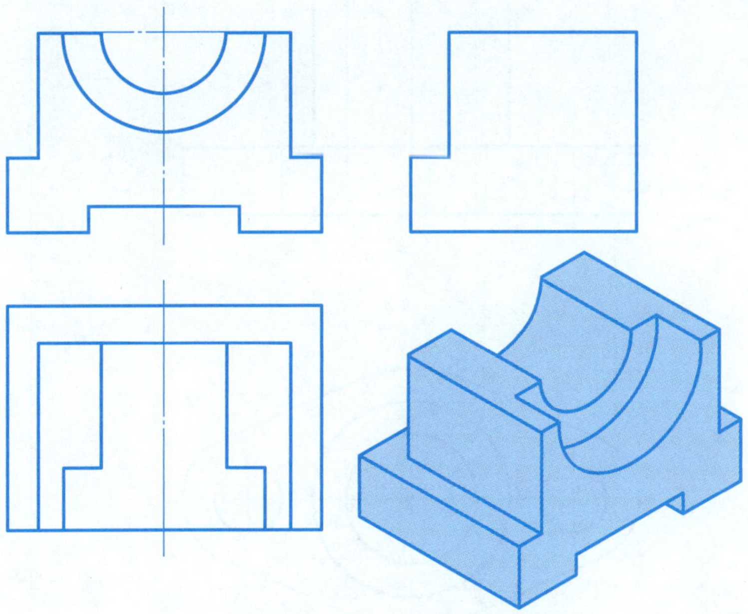

5-4 标注组合体的尺寸，尺寸数值在图中量取(1 : 1)，取整数

1.

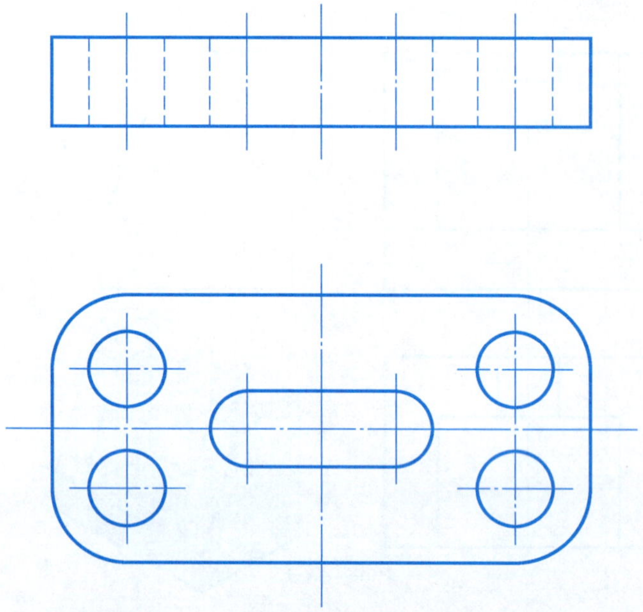

2.

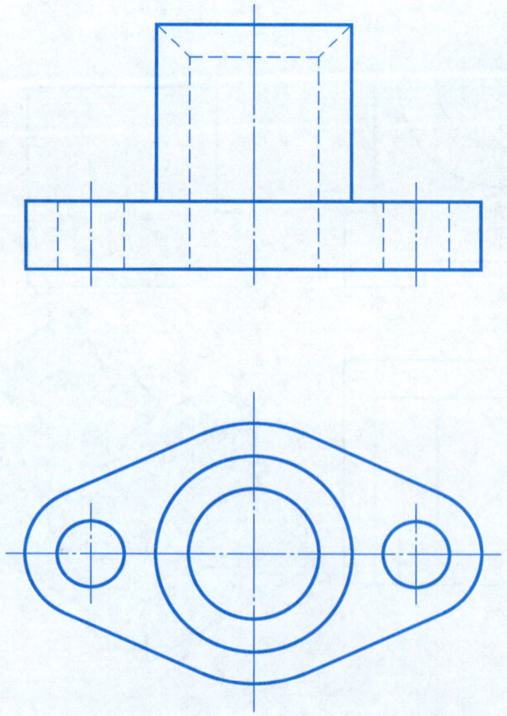

3.

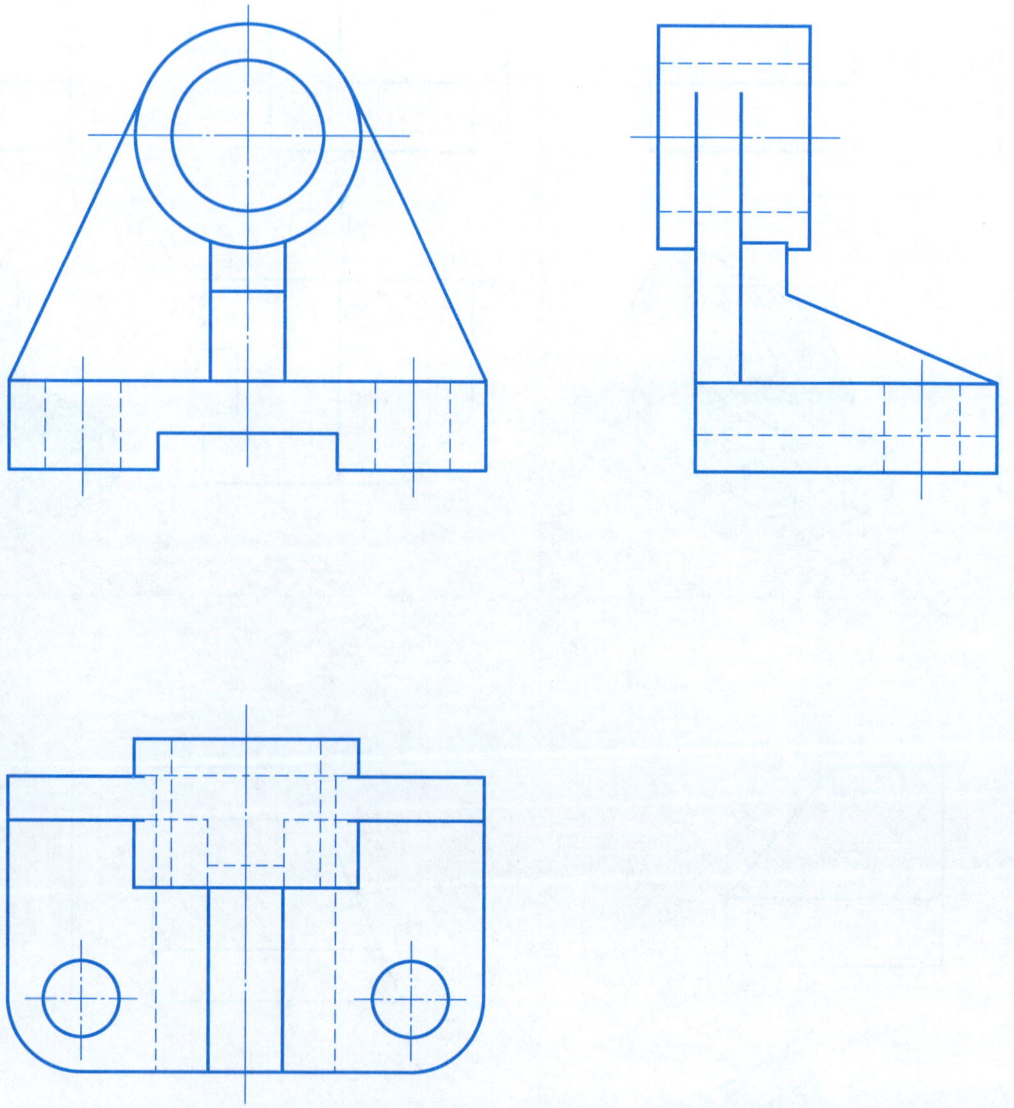

5-5　由组合体两视图补画第三视图(一)

姓名		班级		学号		

1.

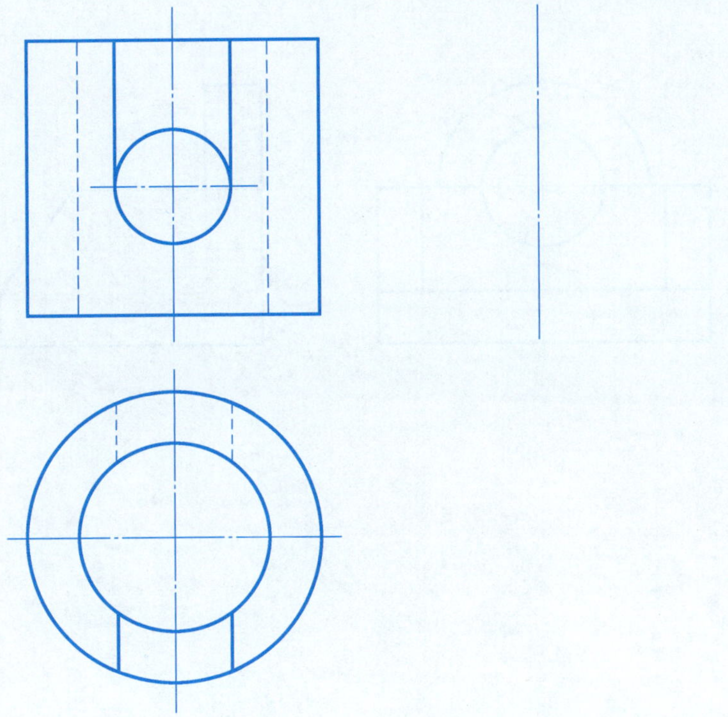

2.

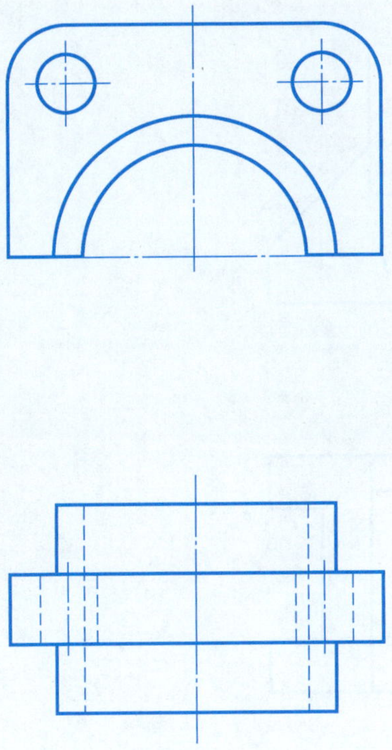

3.

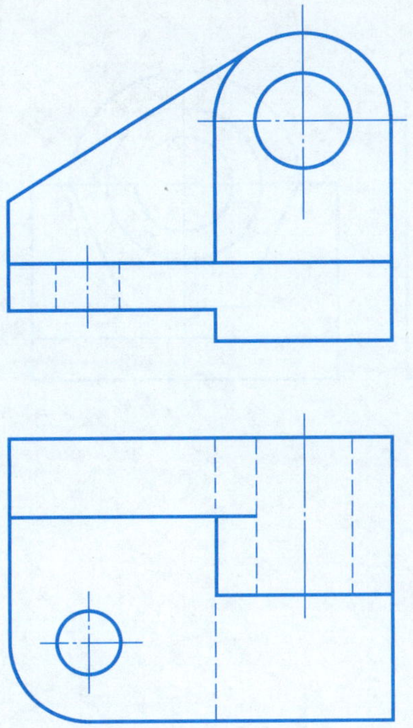

4.

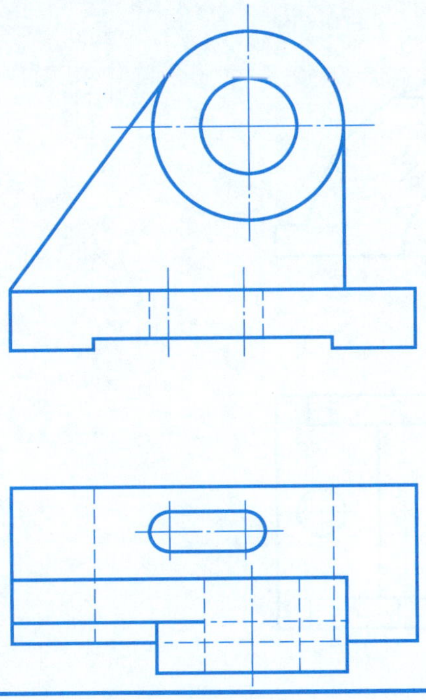

5.

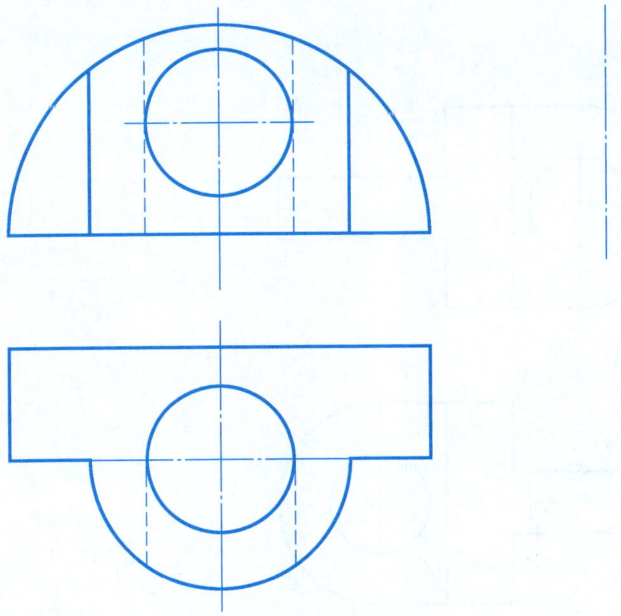

6.

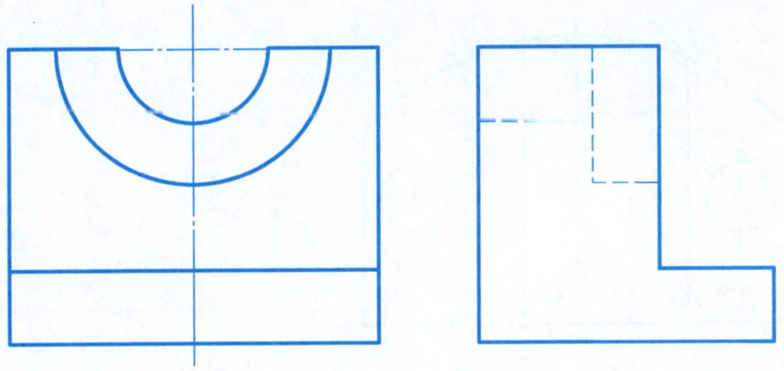

26	姓名		班级		学号		5-6 由组合体两视图补画第三视图(二)

1.

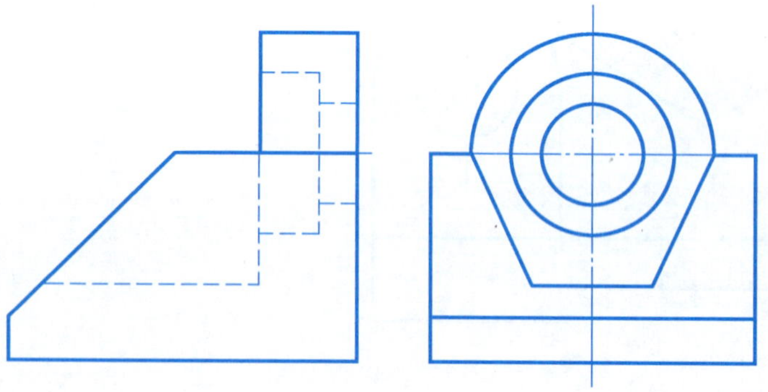

2.

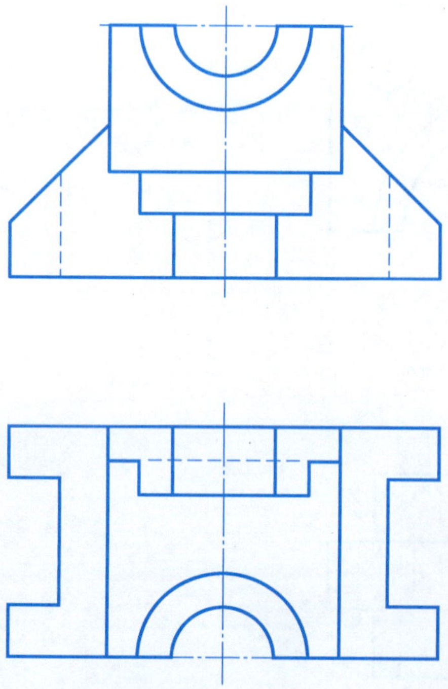

3.

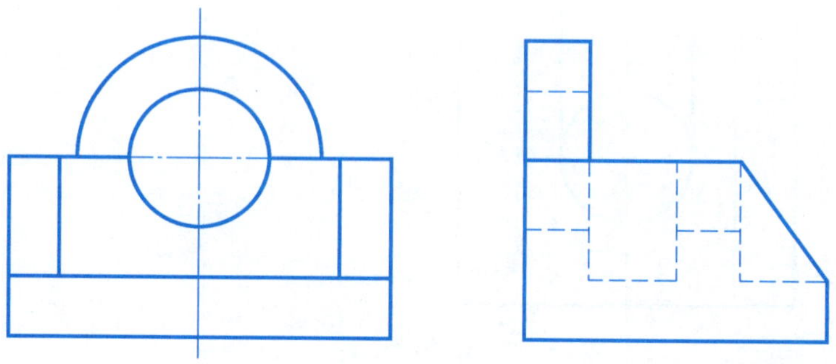

4.

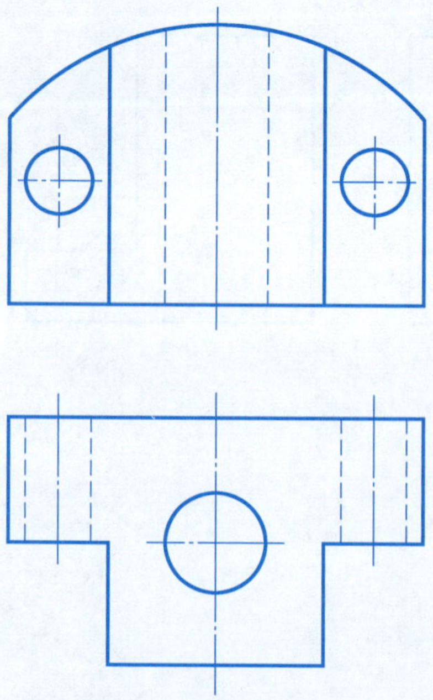

5.

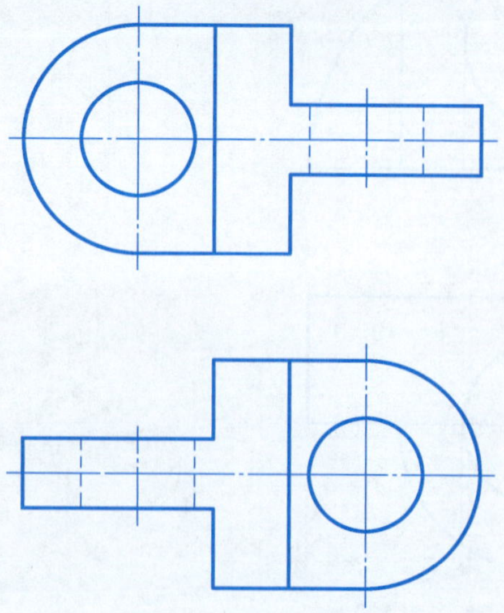

6.

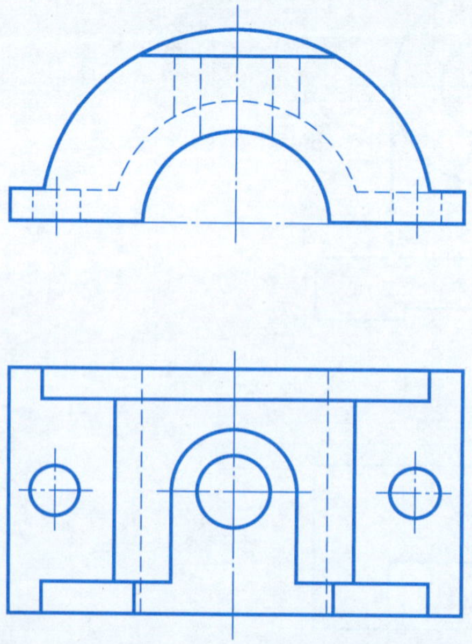

作 业 指 导

一、作业内容

根据轴测图画组合体三视图并标注尺寸。

二、作业目的

1. 掌握根据轴测图画组合体三视图的方法，提高绘图技能；

2. 学习并掌握用形体分析法标注组合体尺寸。

三、作业要求

1. 正确选择组合体主视图和俯、左视图，完整、清晰表达组合体内外形状；

2. 正确、完整、清晰标注组合尺寸；

3. 图线画法、图形布置要符合国家标准。

四、注意事项

1. 对所绘制的组合体进行形体分析，选择主视图，合理布置三视图的位置，视图间要预留尺寸标注的位置。画出各视图的作图基线；

2. 按形体分析法逐个画出各基本体的三视图。应从特征视图入手，注意表面交线的画法；

3. 标注尺寸不要盲目照搬轴测图上的尺寸，应重新考虑视图尺寸配置，以尺寸完整、注法正确、配置适当为原则；

4. 完成底稿经检查无误后加深。

五、图名、图幅、比例

1. 图名：组合体三视图；

2. 图幅：A3；

3. 比例：由各形体具体大小正确选择合适比例。

(1)

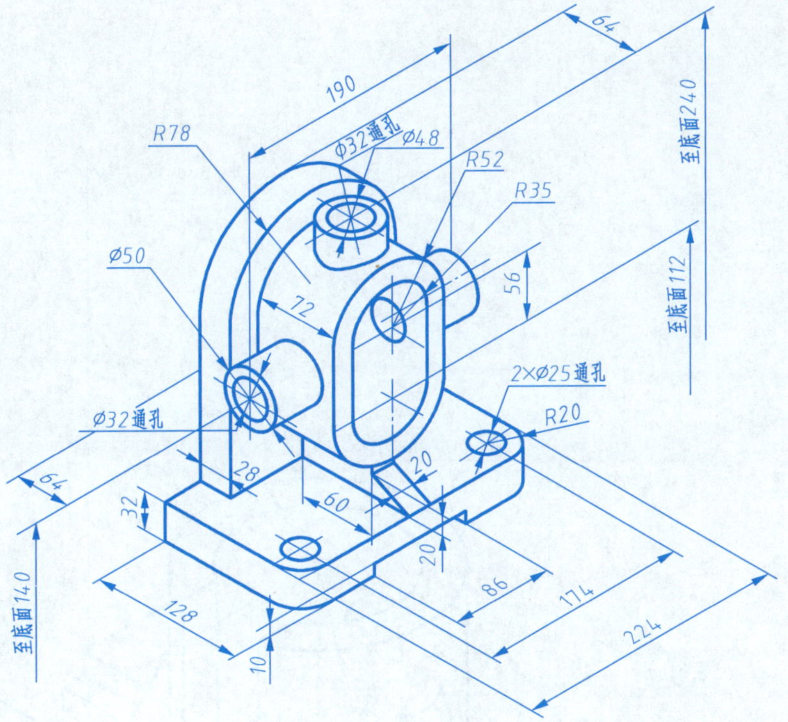

(2)

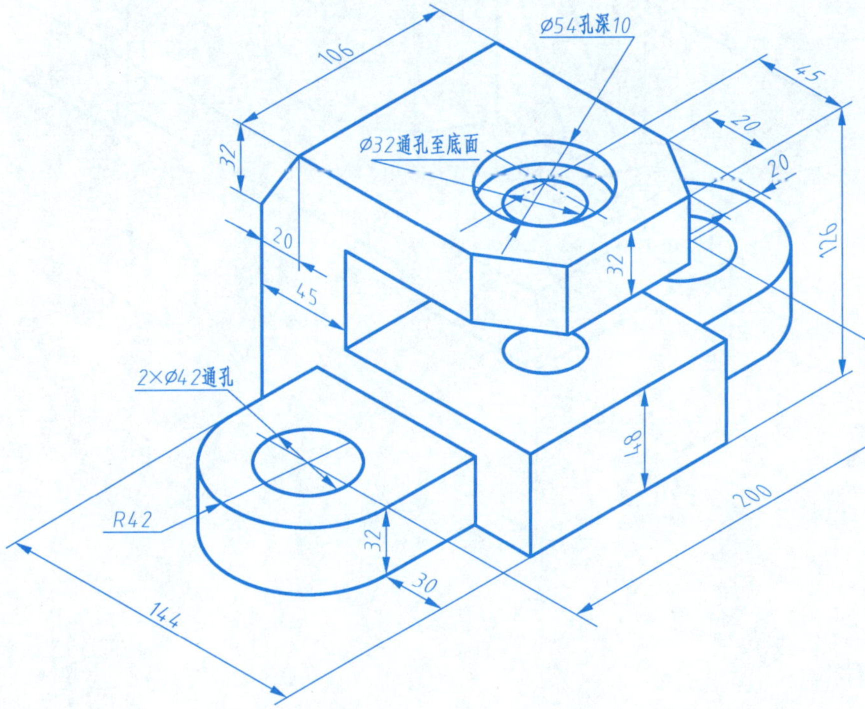

5-8 第二次绘图作业——组合体三视图(二)

（3）

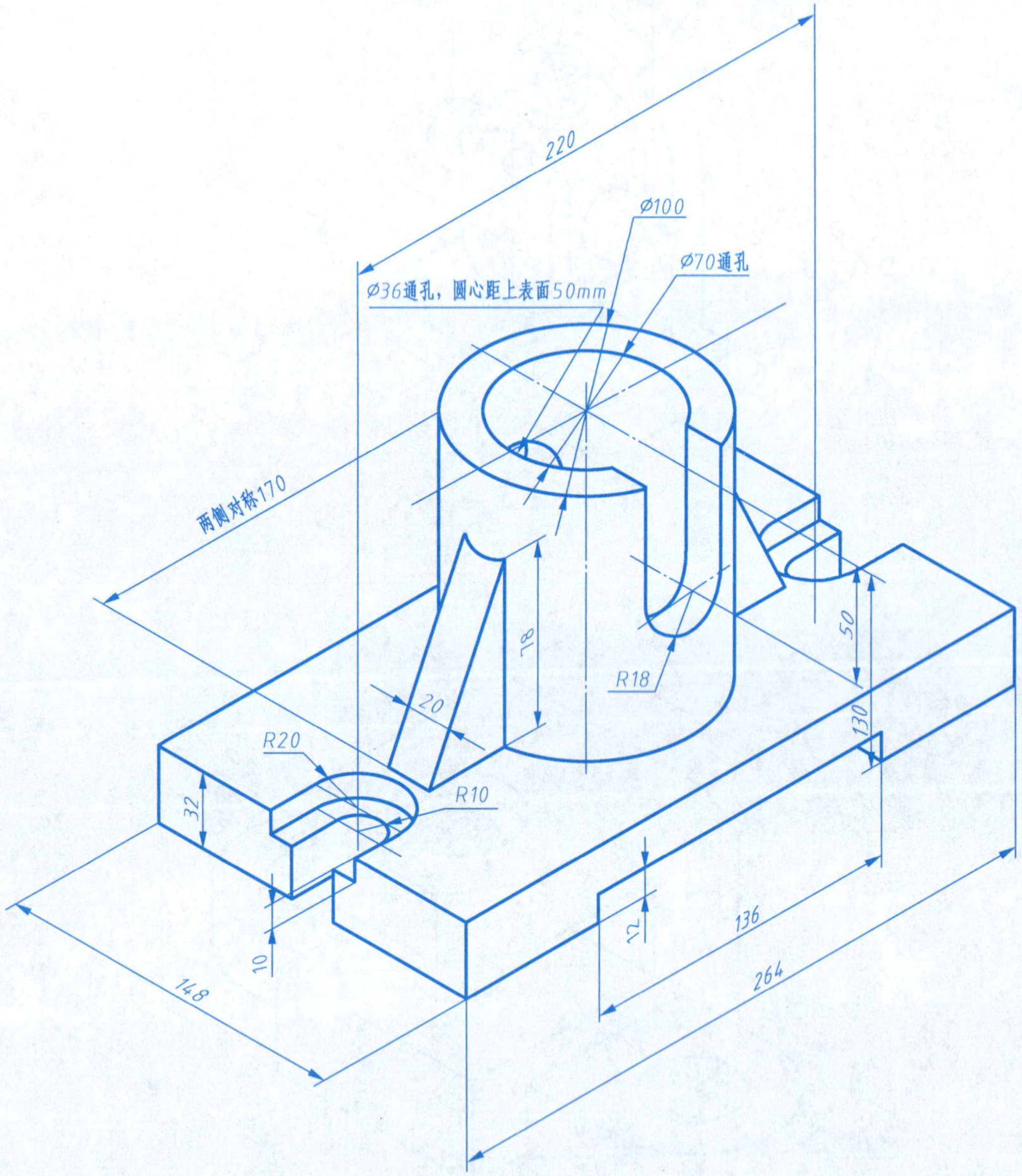

（4）

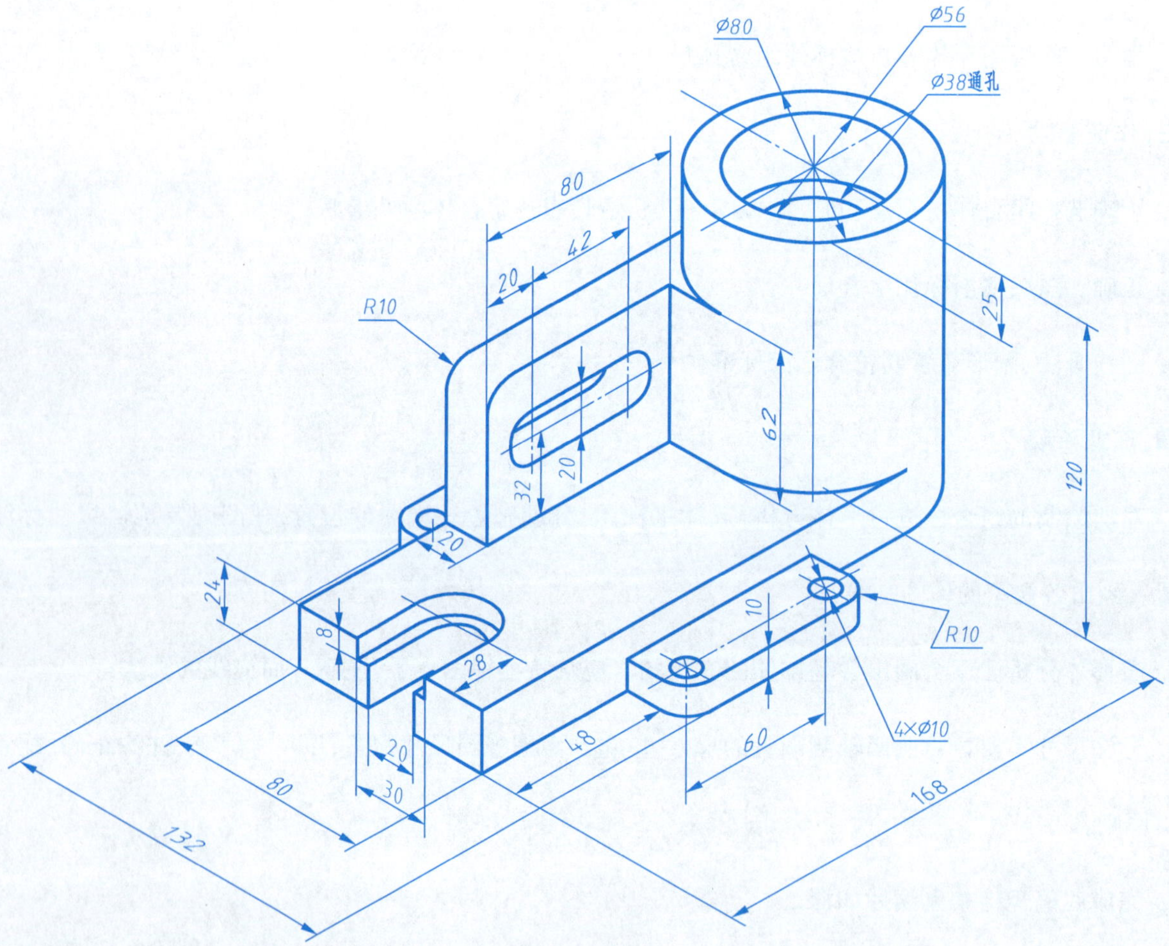

1. 根据已知的主、俯视图，补画出该零件的另外四个基本视图。

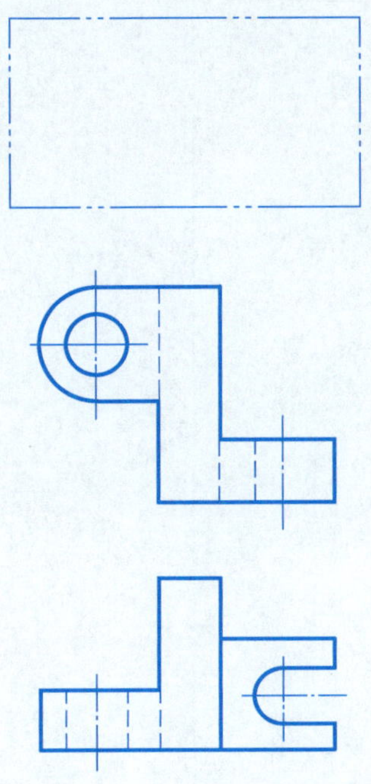

2. 画出 A、B、C 向的局部视图并标注。

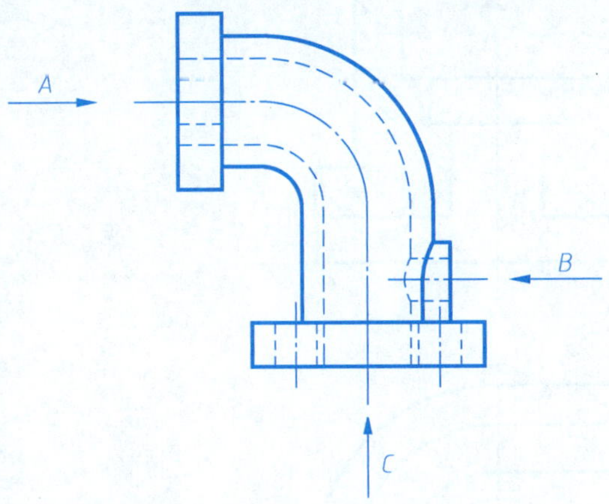

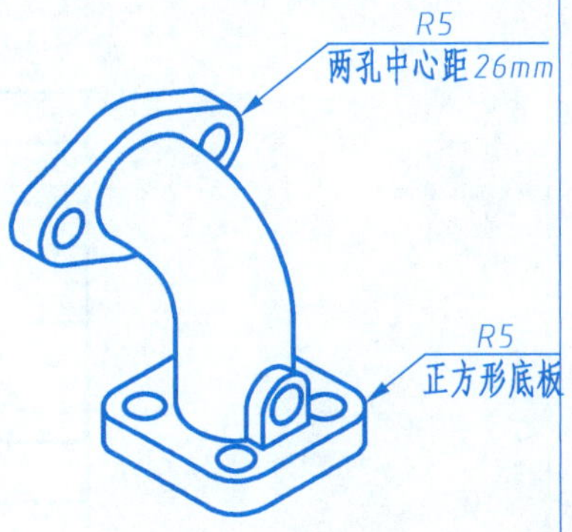

3. 看懂下图所用表达方法，并在相应位置加上标注。

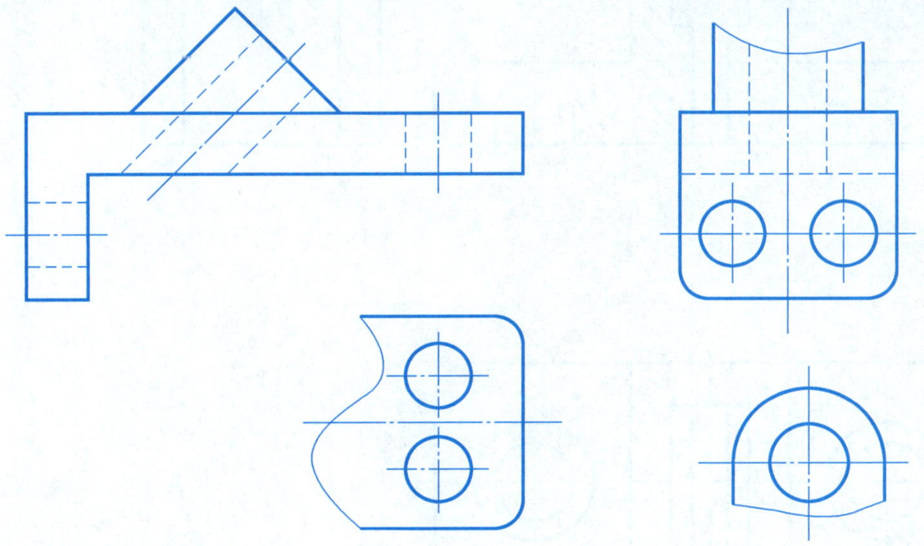

6-2 剖视图（一）

补画下面剖视图中所漏画的线条。

（1）

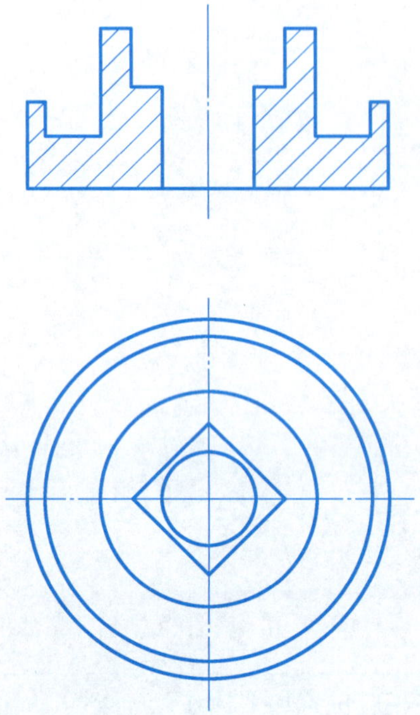

（2）

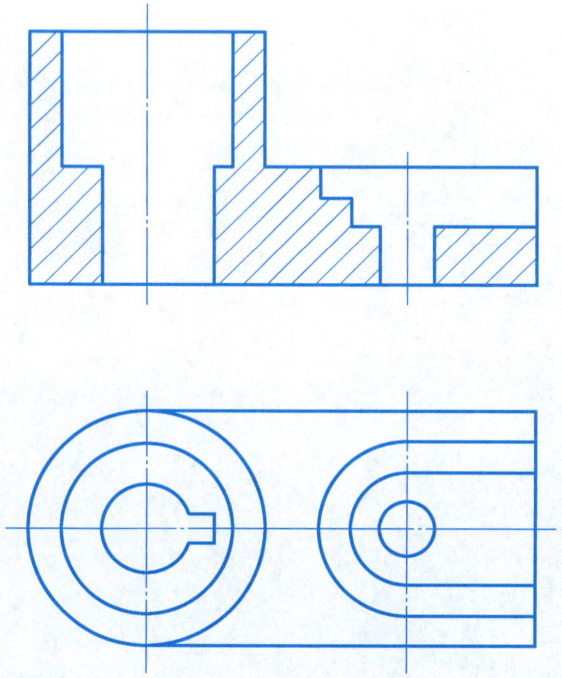

（3）

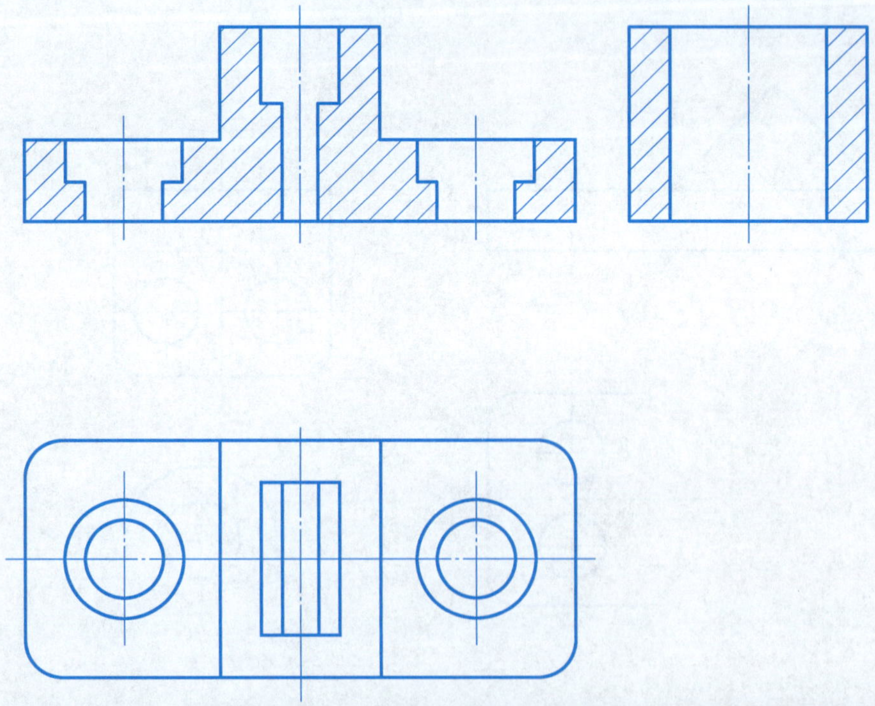

（4）

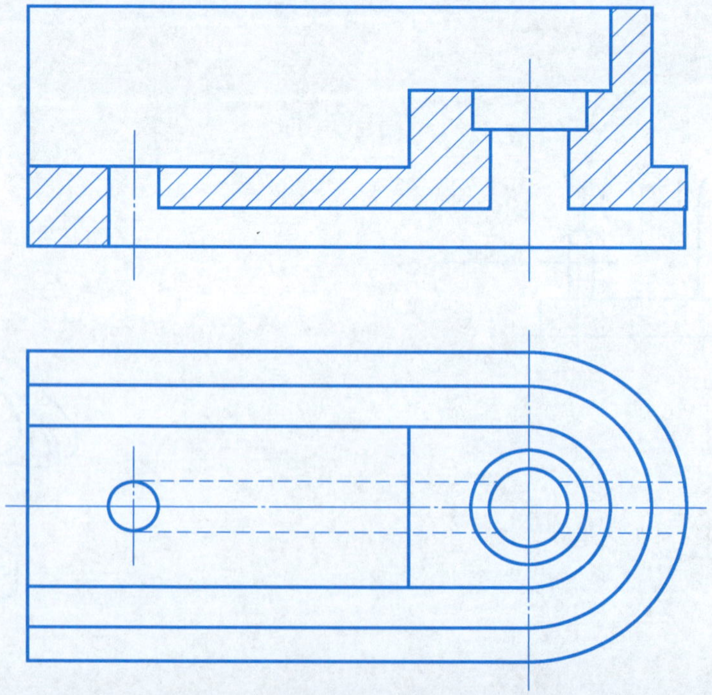

6-3 剖视图（二）

姓名　　班级　　学号

1. 补画全剖的左视图。

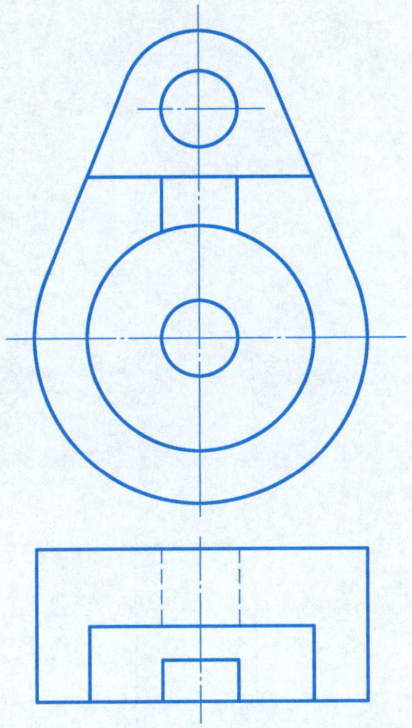

2. 补画全剖的左视图。

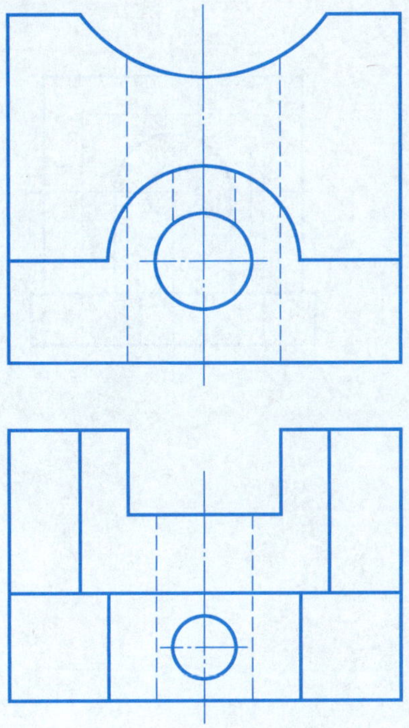

3. 在指定位置将零件的主视图改为全剖视图。

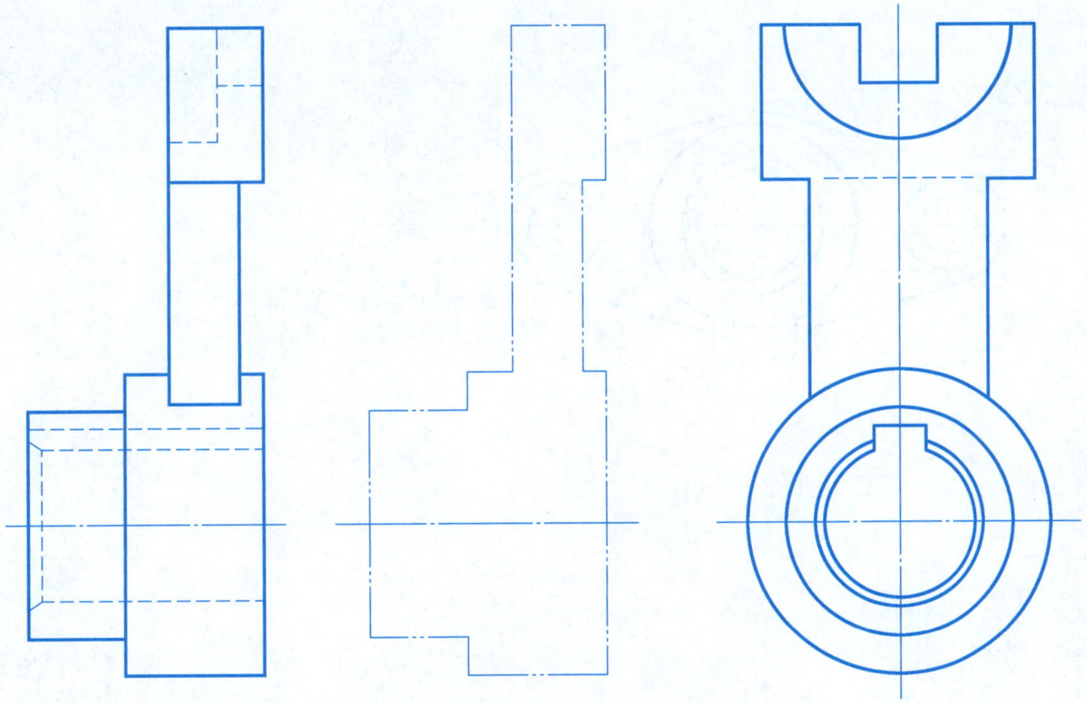

4. 在指定位置将零件的主视图改为半剖视图。

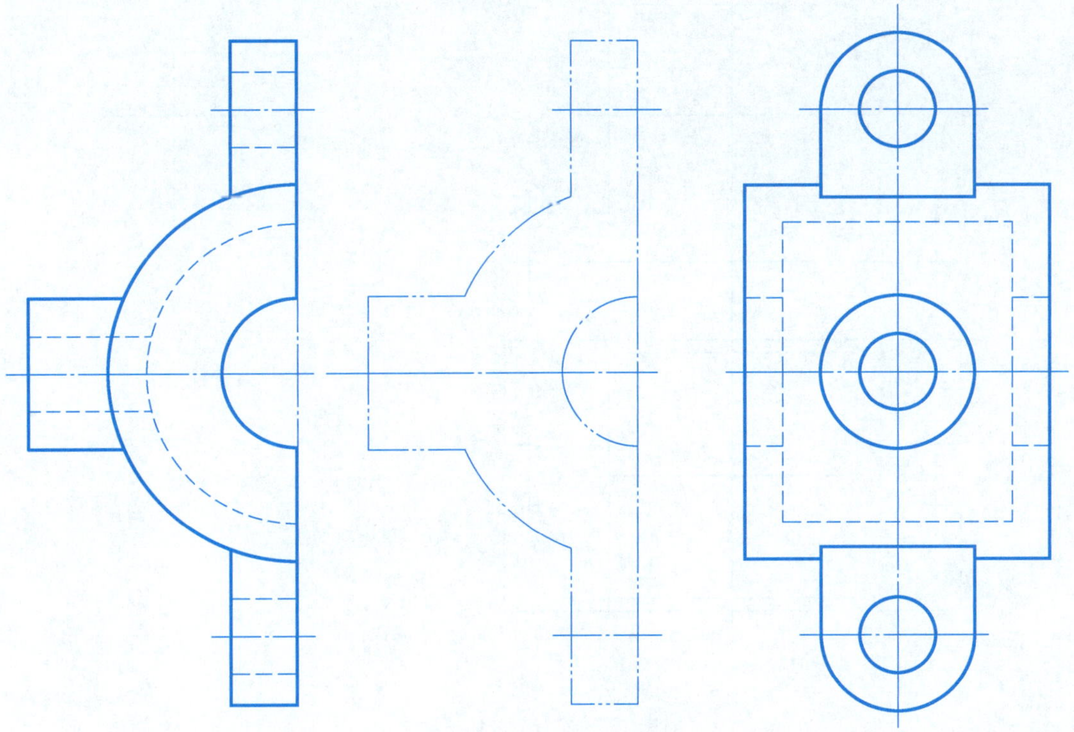

1. 读图，在指定位置对该零件三个图形采用适当简单清晰的表达方法进行绘制。

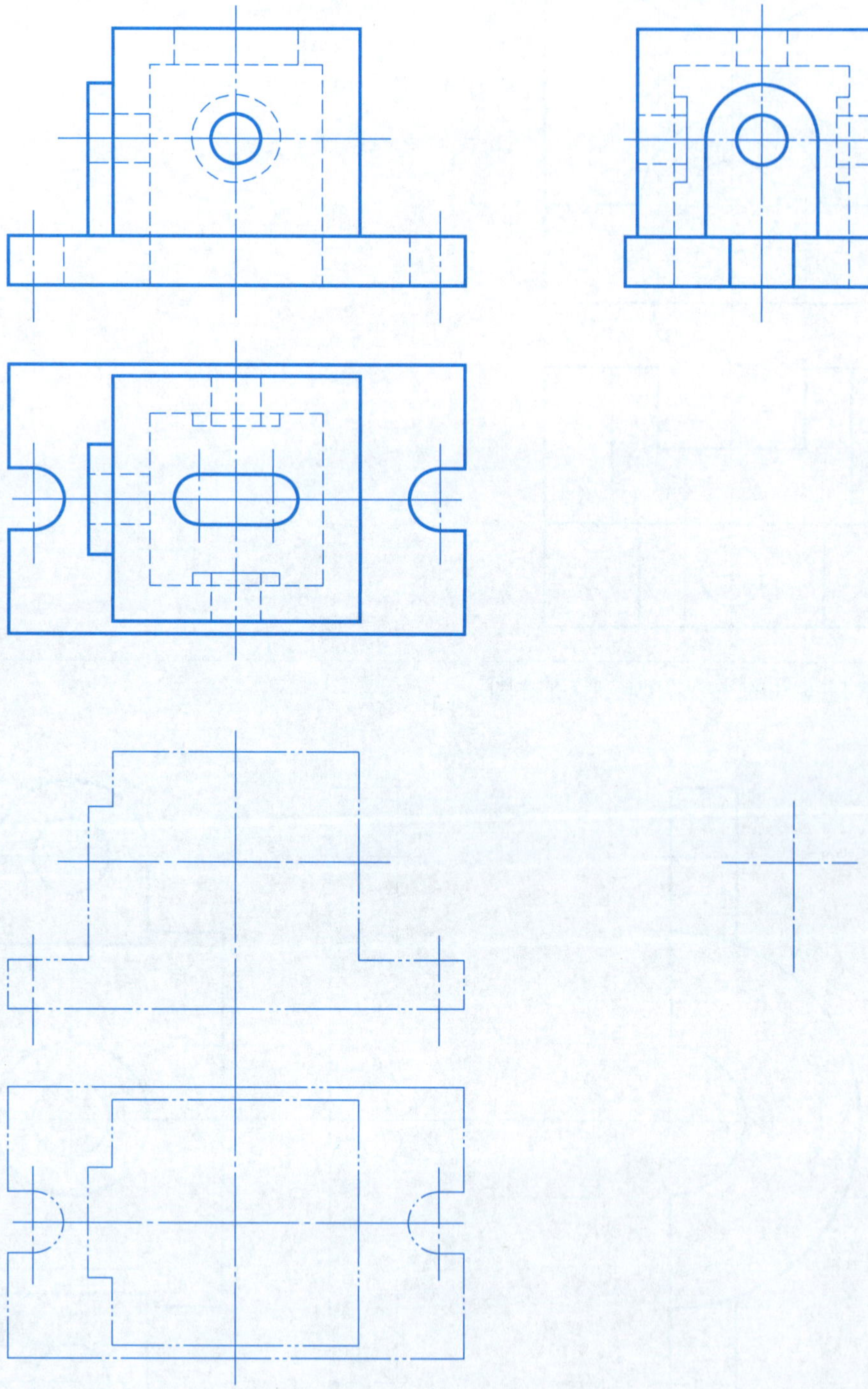

2. 读图，在指定位置将零件的主视图改为半剖视图，左视图改为全剖视图，标注剖切标记。

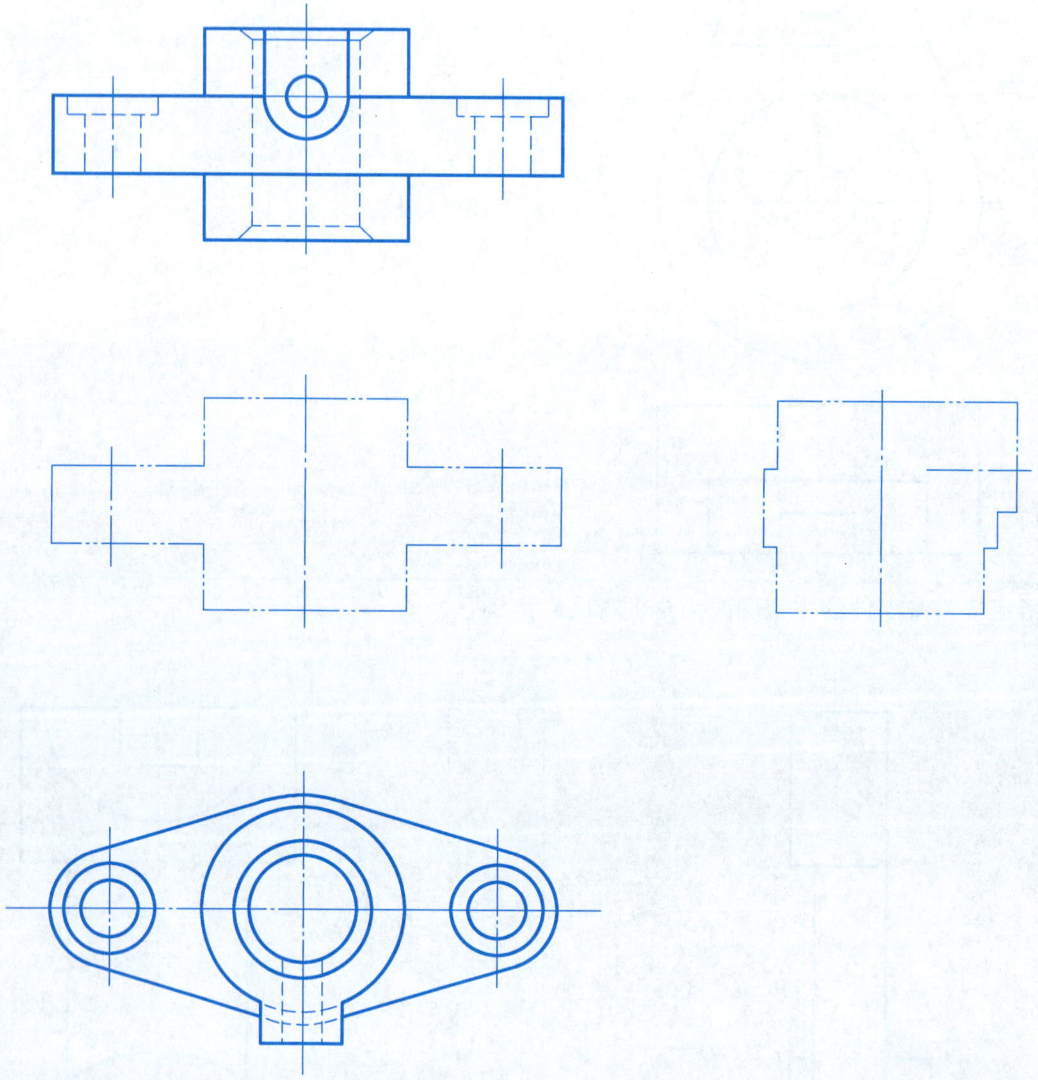

3. 读图，在指定位置将零件的主视图改为半剖视图、左视图改为全剖视图，标注剖切标记。

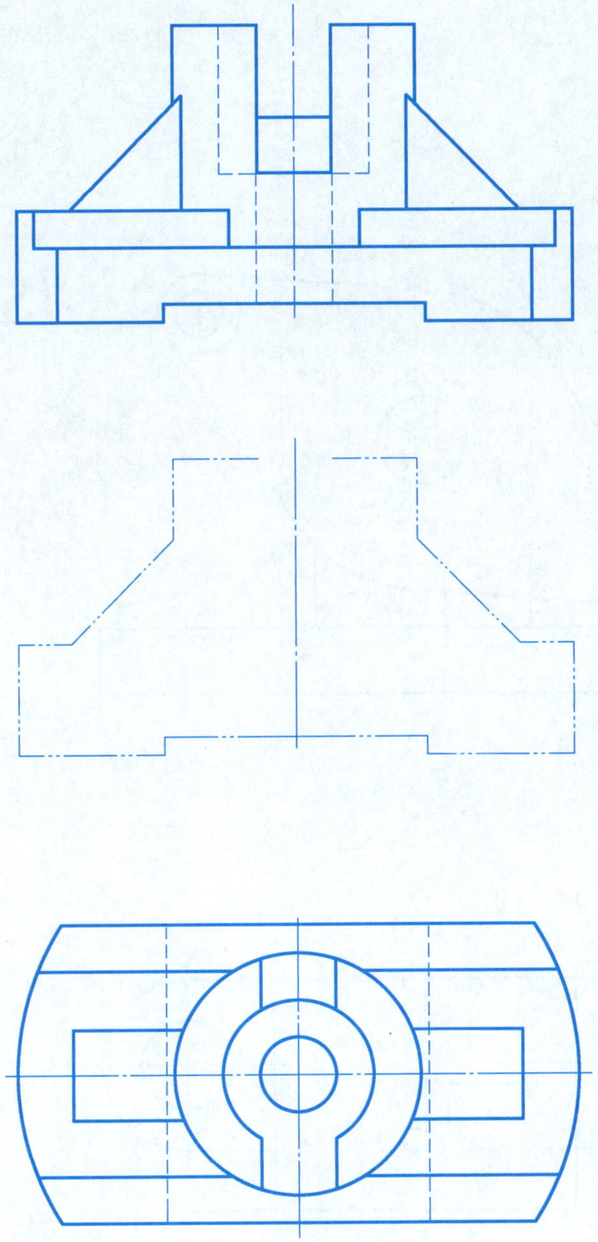

4. 读图，在指定位置将零件的主视图改为半剖视图，左视图改为全剖视图，标注剖切标记。

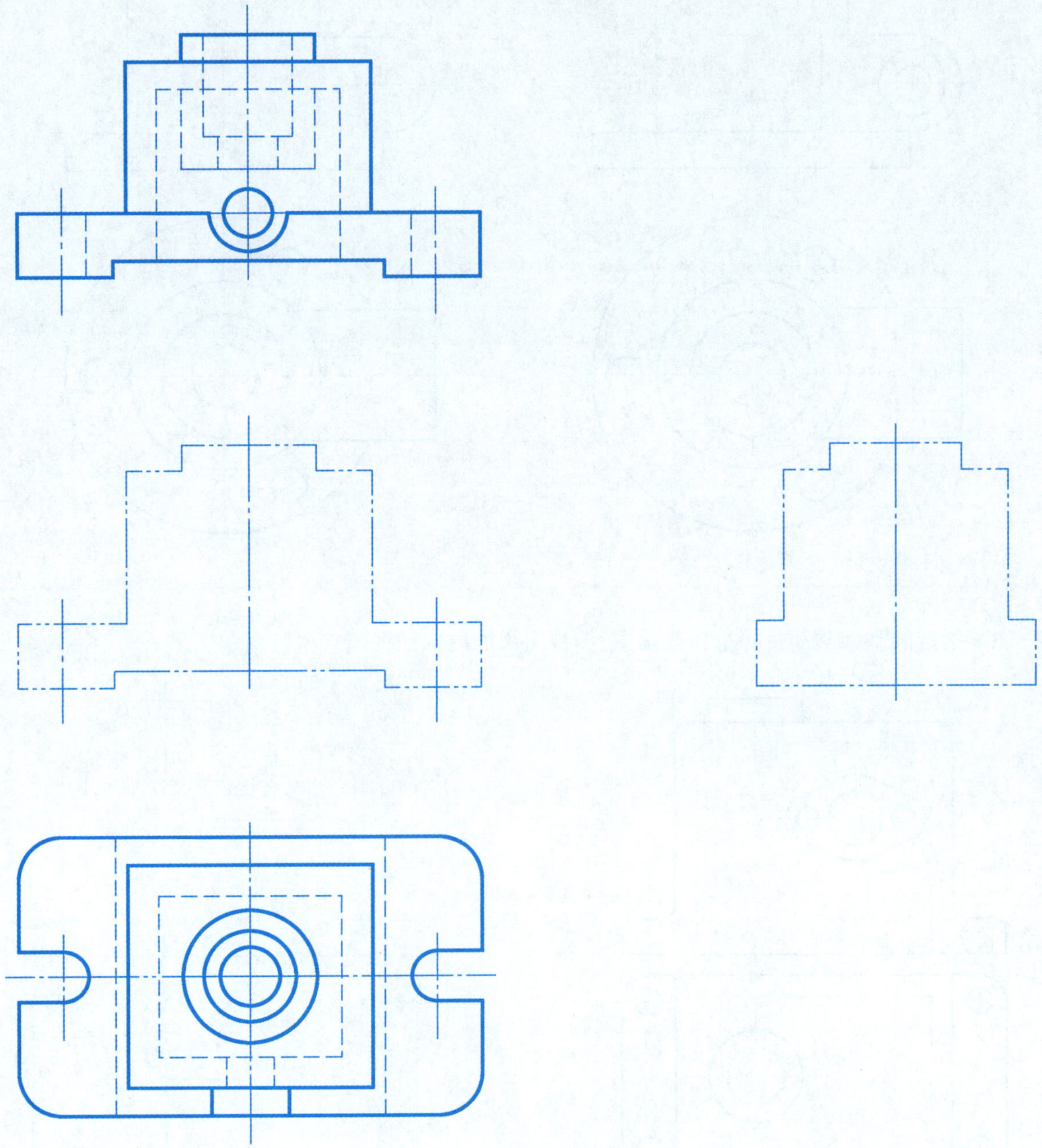

6-6 剖视图（五）

1. 识读给定的主、俯视图，并改画主、俯视图添加局剖视图。

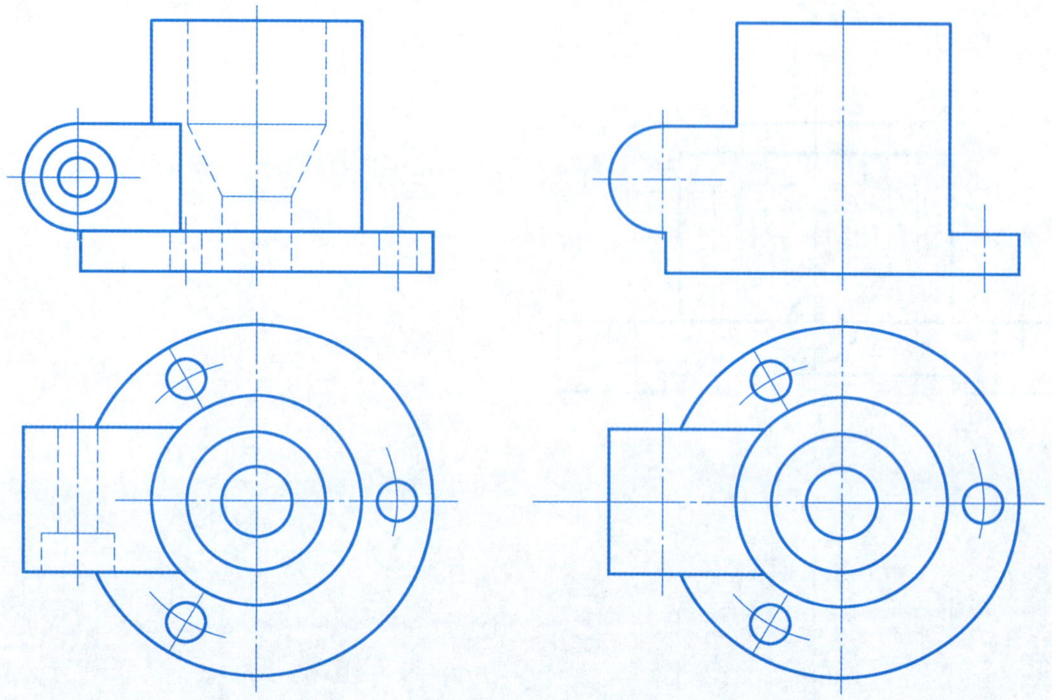

2. 识读给定的主、俯视图，并重新改画主、俯视图添加局部剖视图。

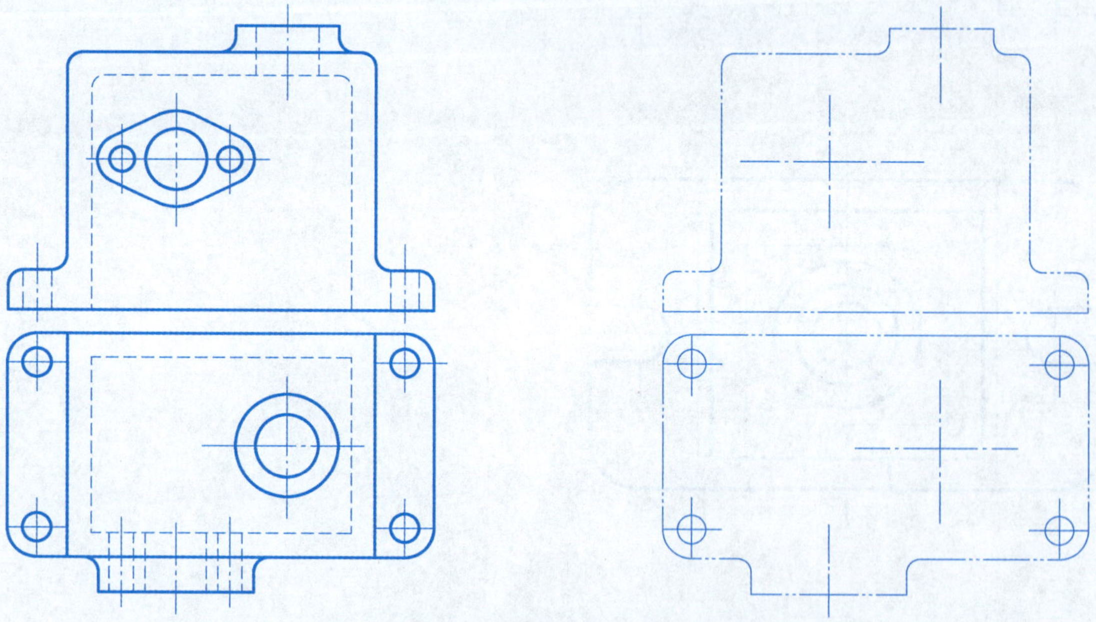

3. 作 *B*—*B* 斜剖视图。

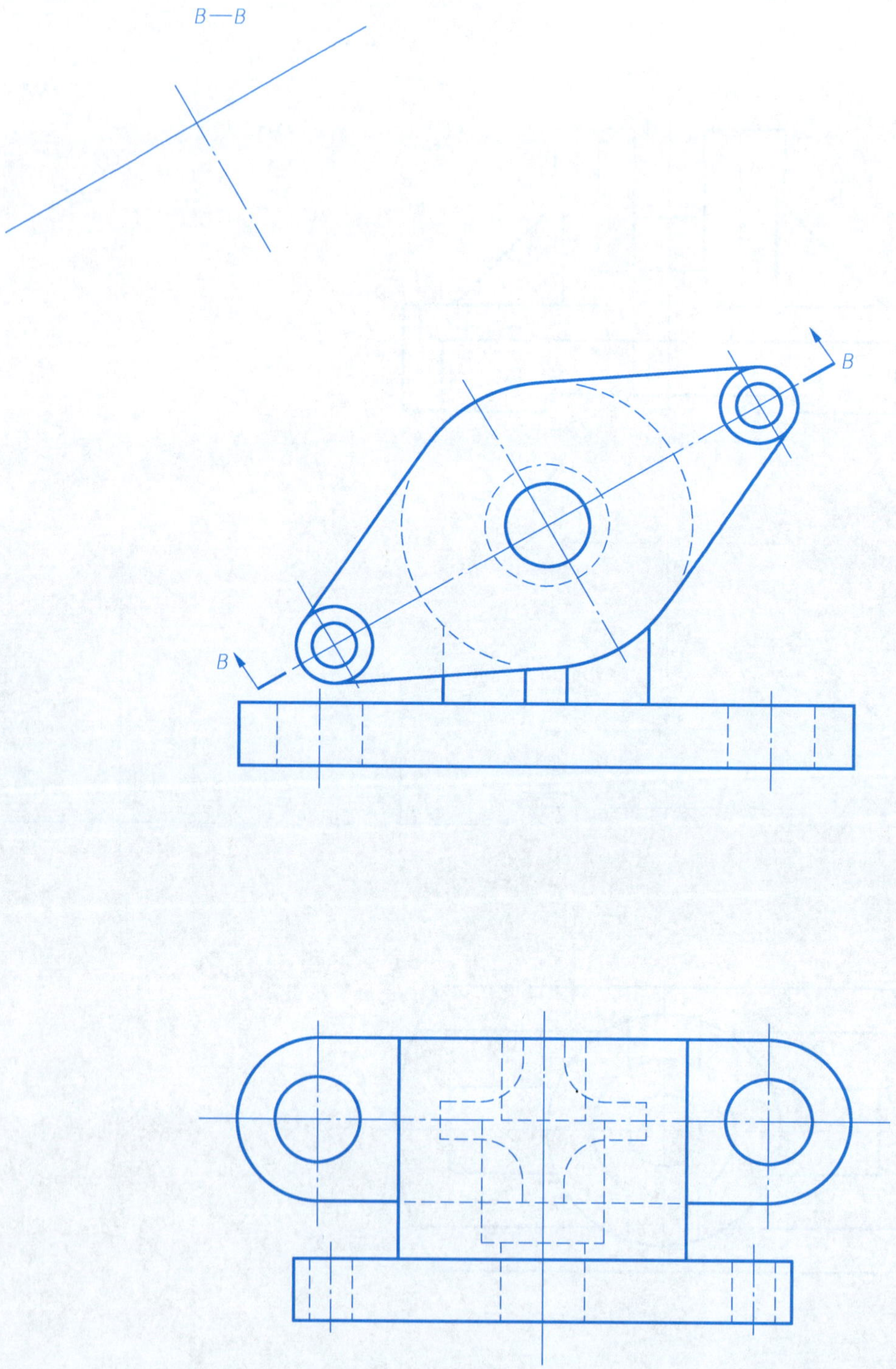

6-7 剖视图（六）

姓名		班级		学号	

1. 读图，将零件的主视图改画成用几个平行的剖切平面剖切的全剖视图，标注剖切标记。

2. 读图，将零件的主视图改画成用几个平行的剖切平面剖切的全剖视图，标注剖切标记。

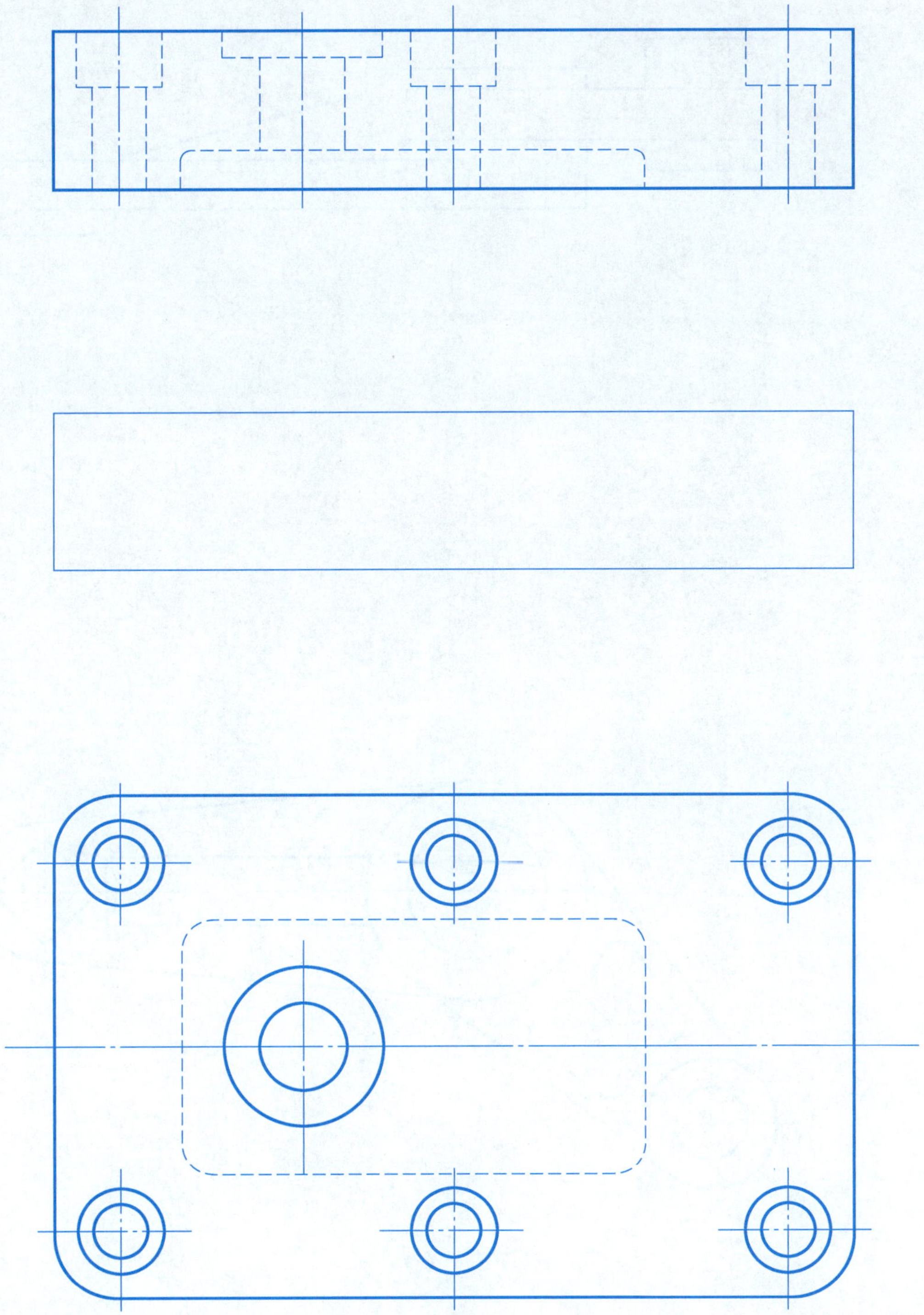

6-8 剖视图（七）

1. 在指定位置将零件的主视图改画成用两个相交剖切平面剖切得到的全剖主视图。

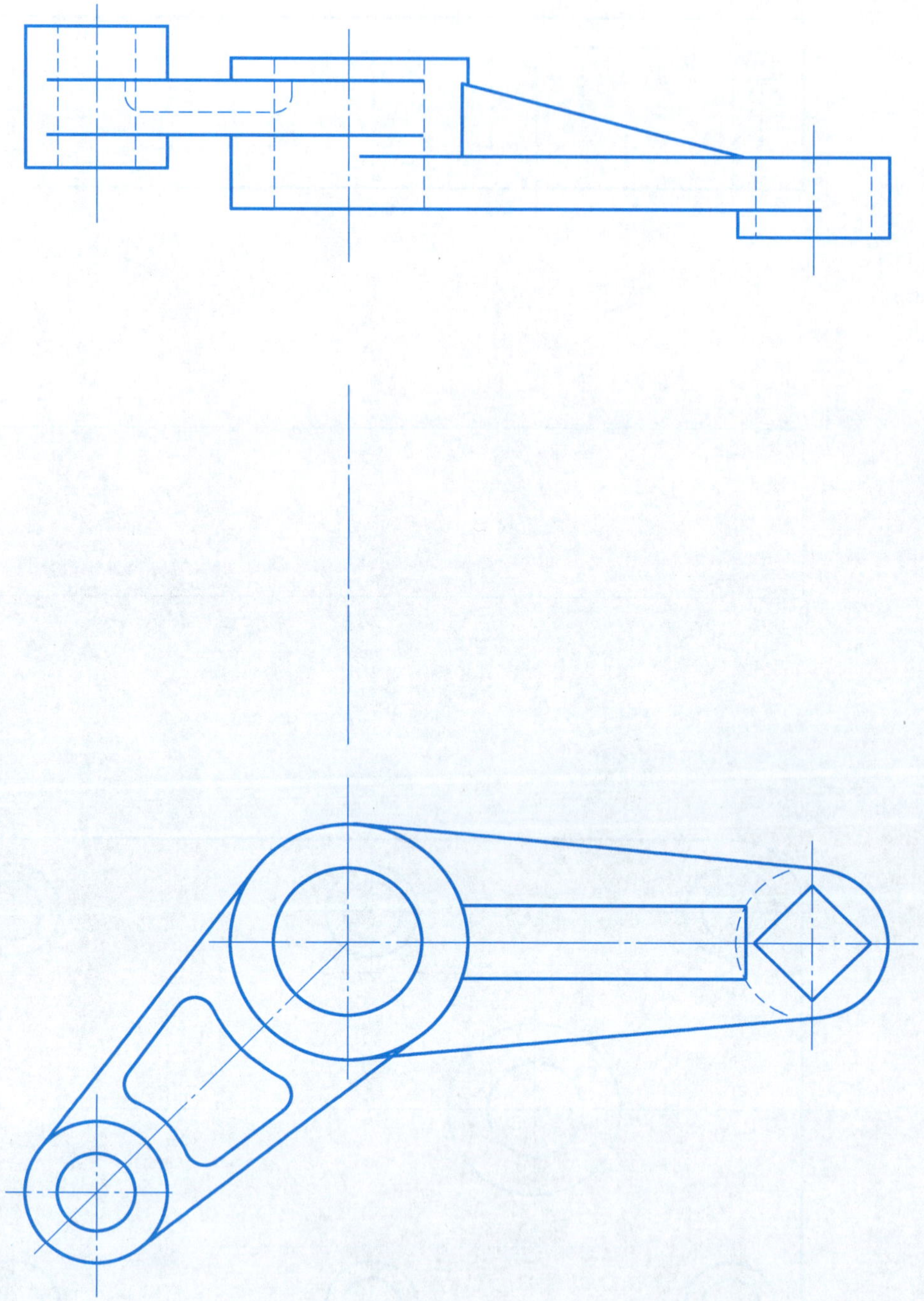

2. 用恰当的剖切方法，在指定位置将零件的主视图改画成全剖视图。

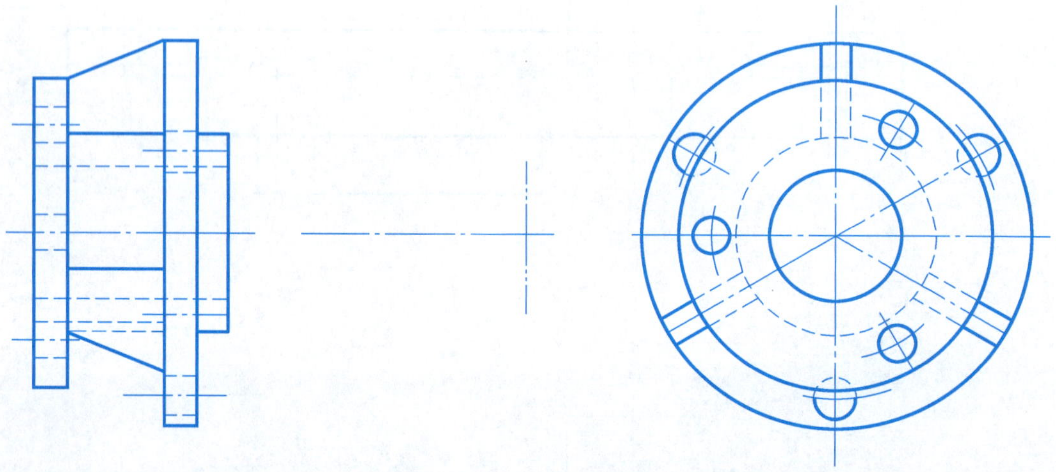

3. 读图，将零件的主视图改画成用相交的剖切平面剖切的全剖视图，标注剖切标注。

6-9 断 面 图

姓名		班级		学号		37

1. 在指定位置，作零件的移出断面图。

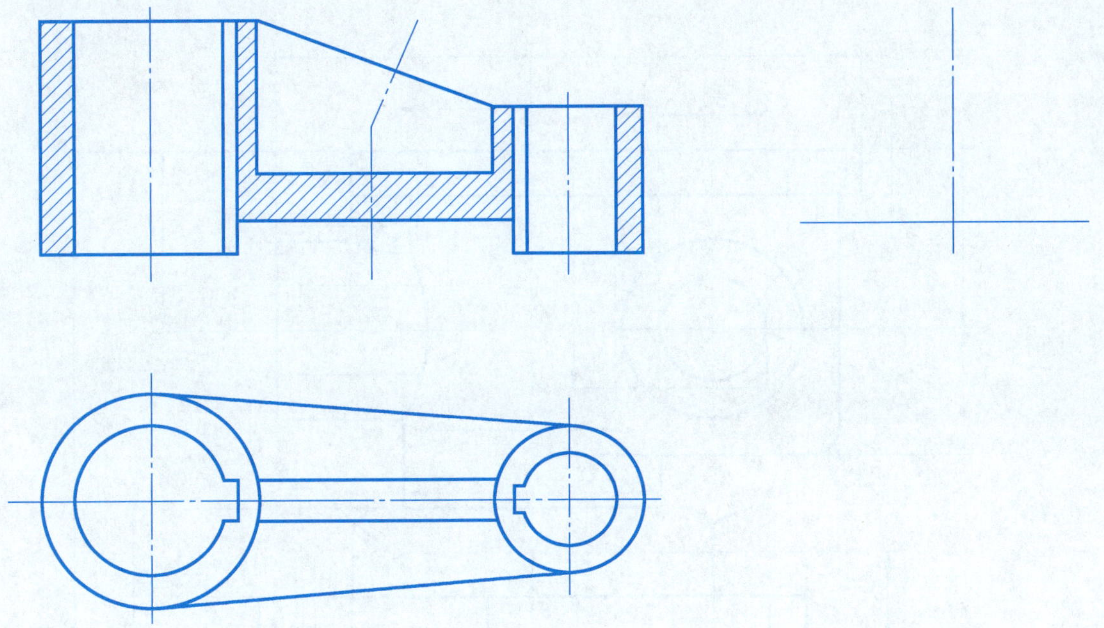

2. 作出指定位置的移出断面图。

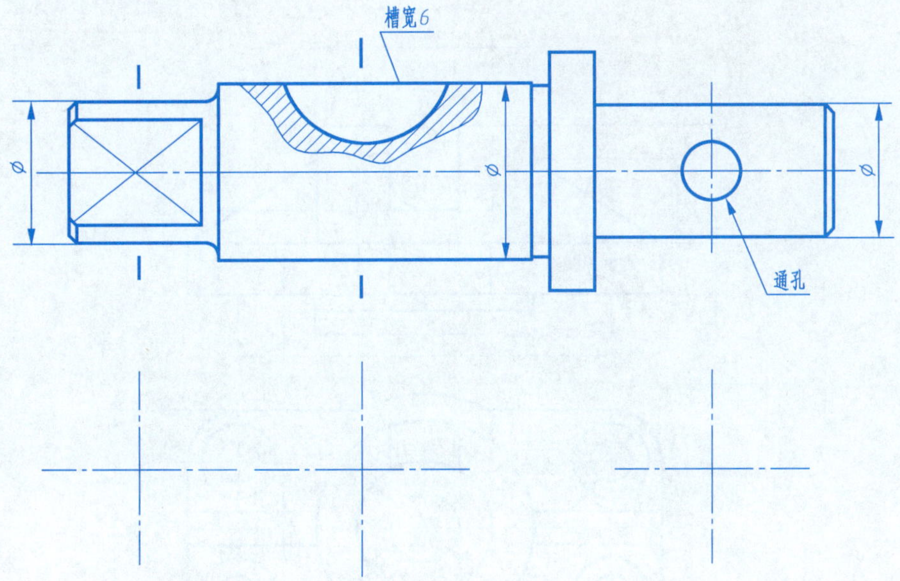

3. 画出指定位置的移出断面图（键槽深 4 mm）

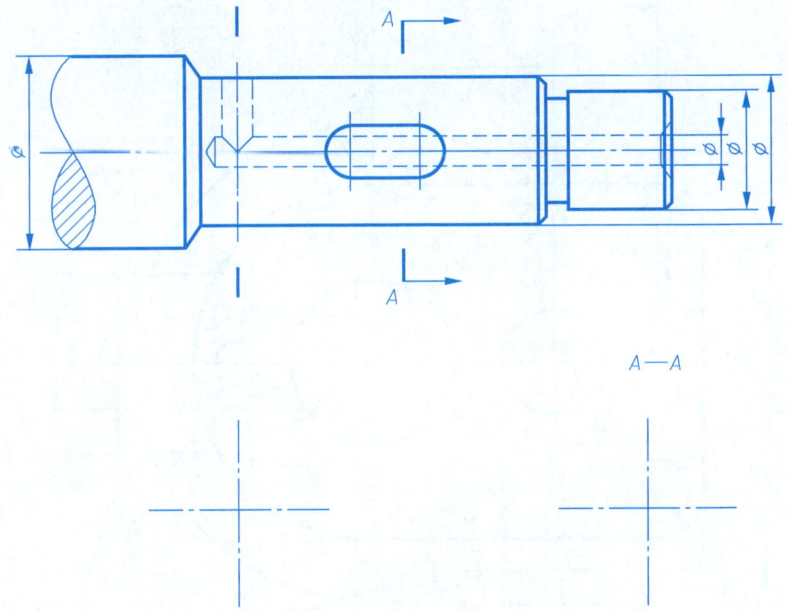

4. 选择正确的 *A*—*A* 移出断面图(在正确的图形下方画“√”)。

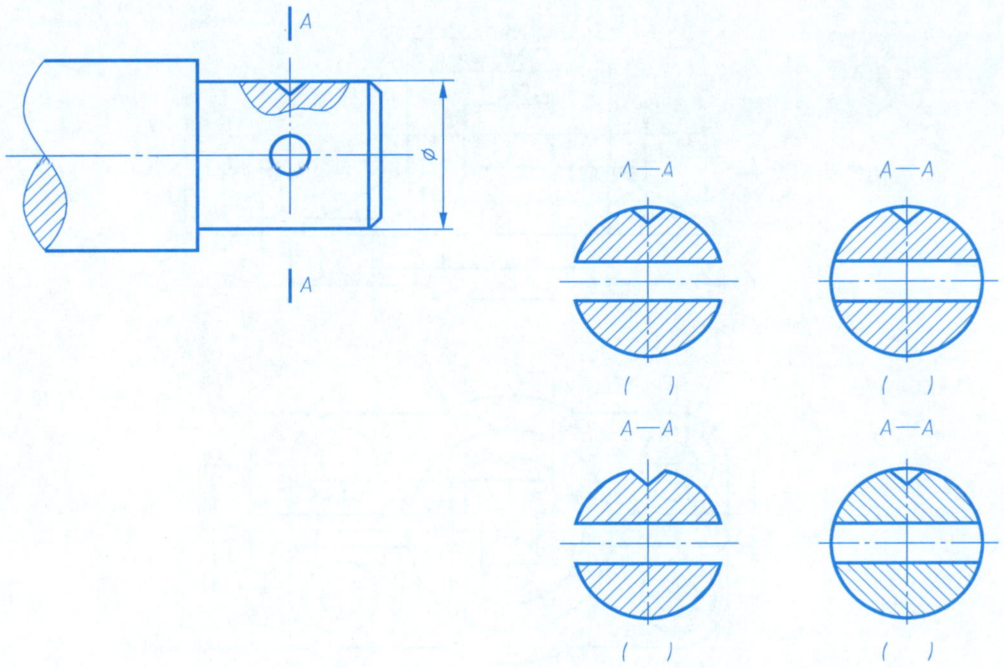

1. 用A3图纸将下面两物体的主视图改画为半剖视图,小孔取局部剖,并补画俯视图和全剖的左视图。

(1)

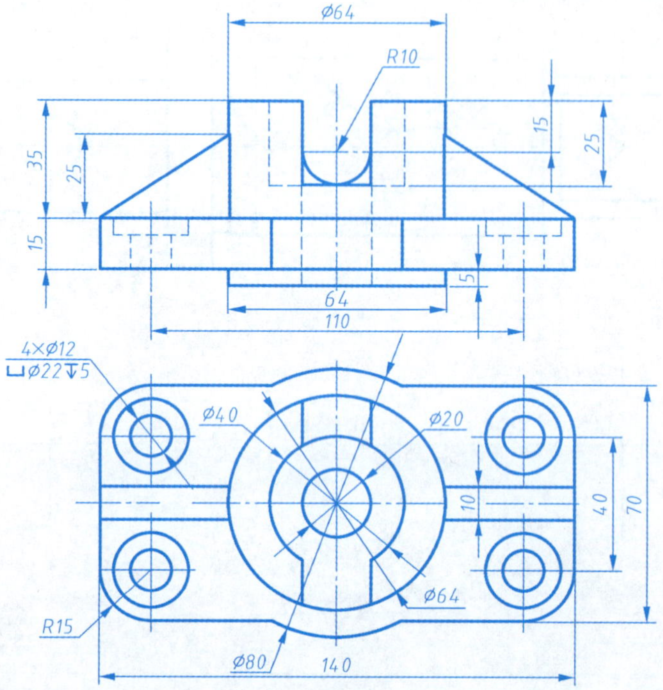

(2)

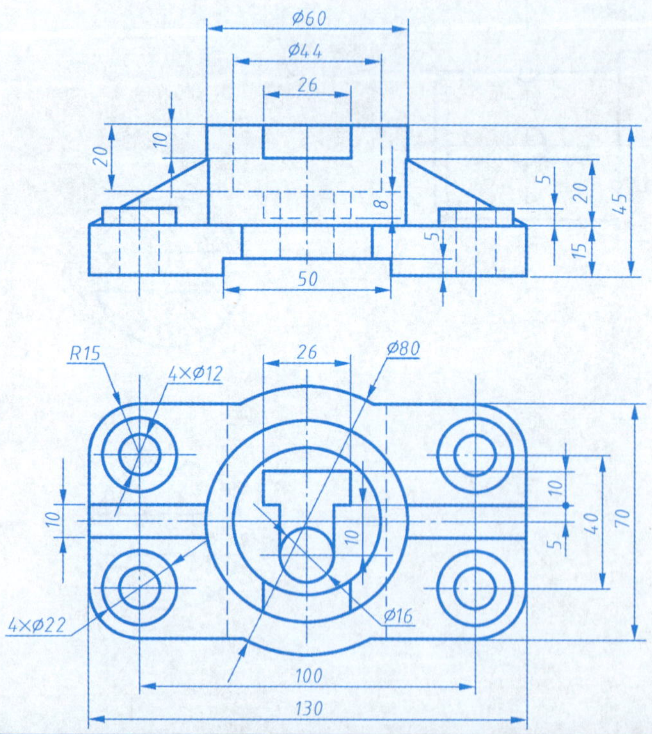

2. 重新选用适当的表达方法,按1∶1将下图所示机件画在A3图纸上,注意表达结构要清楚、完整、简洁,并标注尺寸。

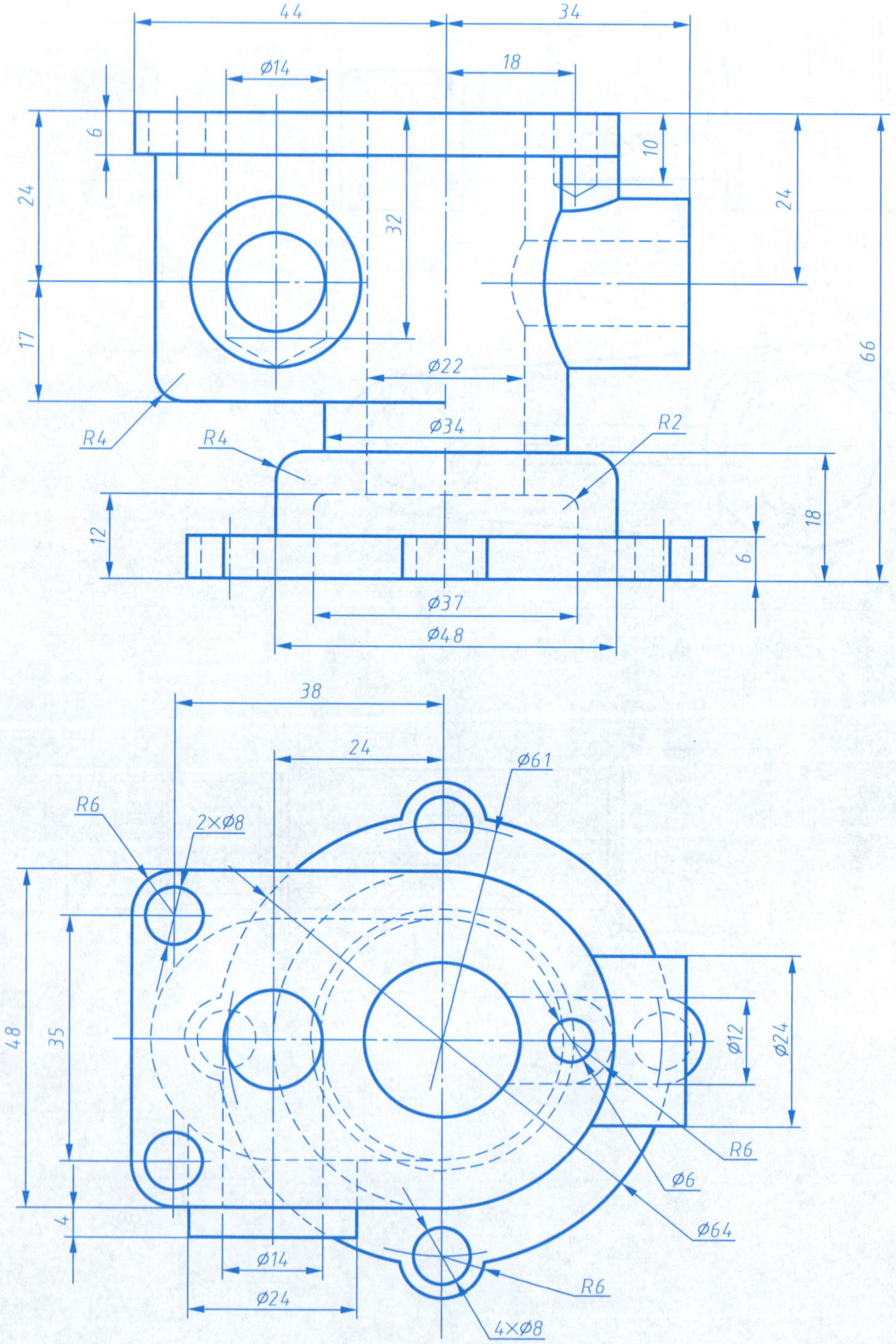

1. 选用适当的表达方法,按 1 : 1 的比例将图示机件画在 A3 图纸上并标注尺寸,注意表达要清晰、完整、简洁。

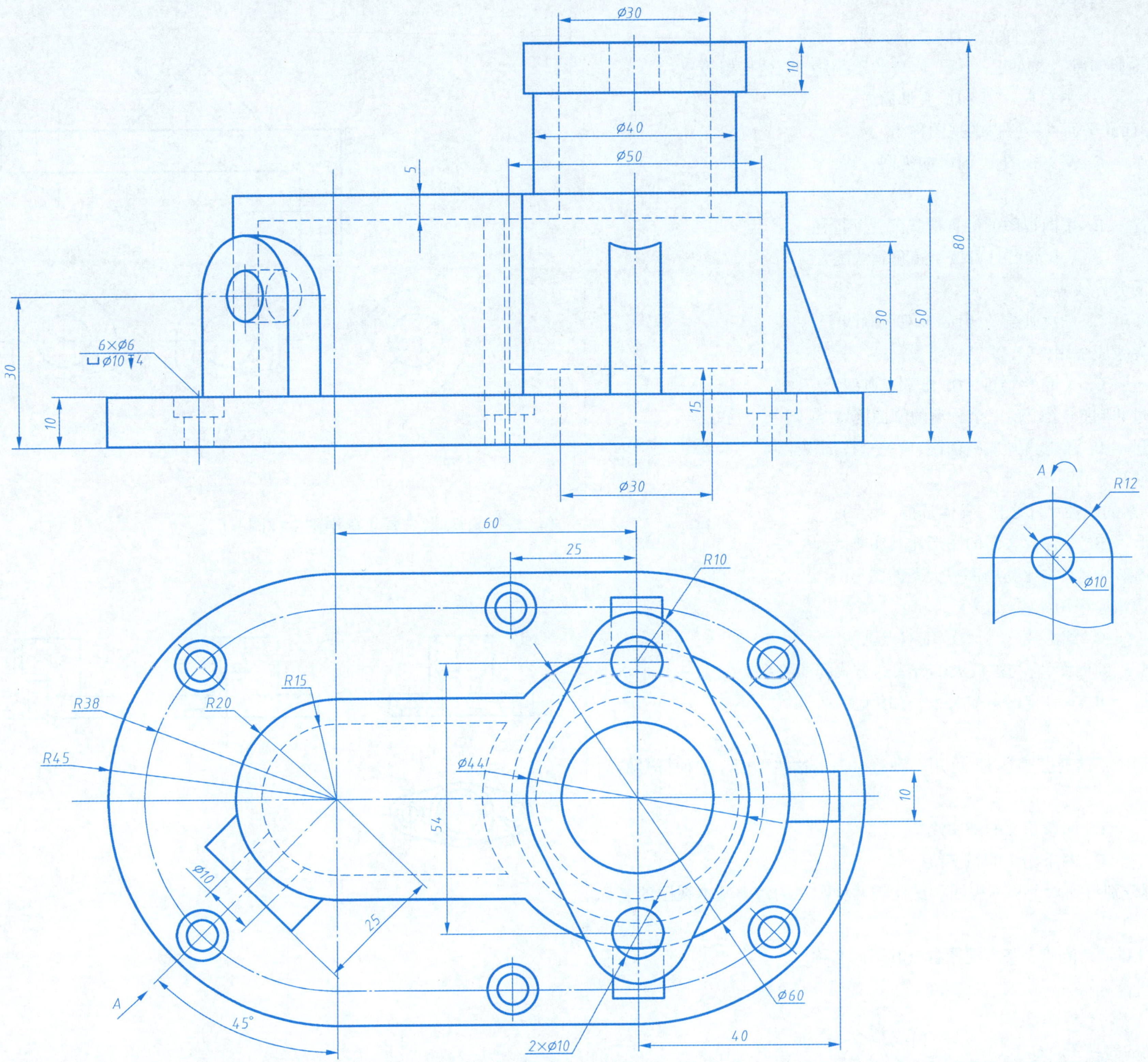

选择题(每题只选一个答案。将所选答案的编号填入括号中)

1. 六个基本视图中最常用的是(   )视图。
   A. 主、右、仰 B. 主、俯、左 C. 后、右、仰 D. 主、左、仰
2. 六个基本视图的投影规律是“主俯仰后”:长对正;(   ):高平齐;俯左仰右:宽相等。”
   A. 主俯仰右 B. 俯左后右 C. 主左右后 D. 主仰后右
3. 机件向不平行于任何基本投影面的平面投影所得的视图称为(   )。
   A. 局部视图 B. 斜视图 C. 基本视图 D. 向视图
4. 局部视图的配置规定是(   )。
   A. 按基本视图的配置形式配置 B. 按向视图的配置形式配置并标注
   C. A,B 均可 D. A,B 均可且可按第三角画法配置
5. 画半剖视图时,视图与剖视图的分界线应是(   )。
   A. 粗实线 B. 细实线 C. 细点画线 D. 细双点画线
6. 画局部剖视图时,断裂处的边界线应采用(   )。
   A. 波浪线 B. 双折线 C. A 或 B 均可 D. 细双点画线
7. 画移出断面图时,当剖切面通过非圆孔,会出现完全分离的剖面区域时,则(   )。
   A. 这些结构应按剖视要求绘制 B. 不能再画成断面图,应完全按剖视绘制
   C. 仅画出该剖切面与机件接触部分的图形
8. 局部放大图的比例是指相应要素的线性尺寸之比,具体是指(   )。
   A. 局部放大图的图形比原图形 B. 局部放大图的图形比其实物
   C. 原图形比其局部放大图的图形 D. 实物比其局部放大图的图形
9. 在机械图样中,重合断面的轮廓线应采用(   )。
   A. 粗实线 B. 细实线 C. 细虚线 D. 细双点画线
10. 局部放大图可画成视图、剖视图、断面图,它与被放大部分表达方式间的关系是(   )。
    A. 必须对应一致 B. 有一定的对应关系,有时无关
    C. 无对应关系,视需要而定
11. 当回转体零件上的平面在图形中不能充分表达时,可用一种符号表示这些平面。这种符号的画法是(   )。
    A. 两条平行的细实线 B. 两条相交的细实线
    C. 两条相交的细点画线 D. 两条相交的粗实线
12. 物体按第一角、第三角画法可分别得到六个基本视图。试比较两种画法的六个基本视图的名称(   )
    A. 只有左视图和右视图名称相同,其他四个基本视图各有其不同名称
    B. 名称完全相同
    C. 名称完全不同
13. 已知零件的主视图,选择正确的斜视图。(   )

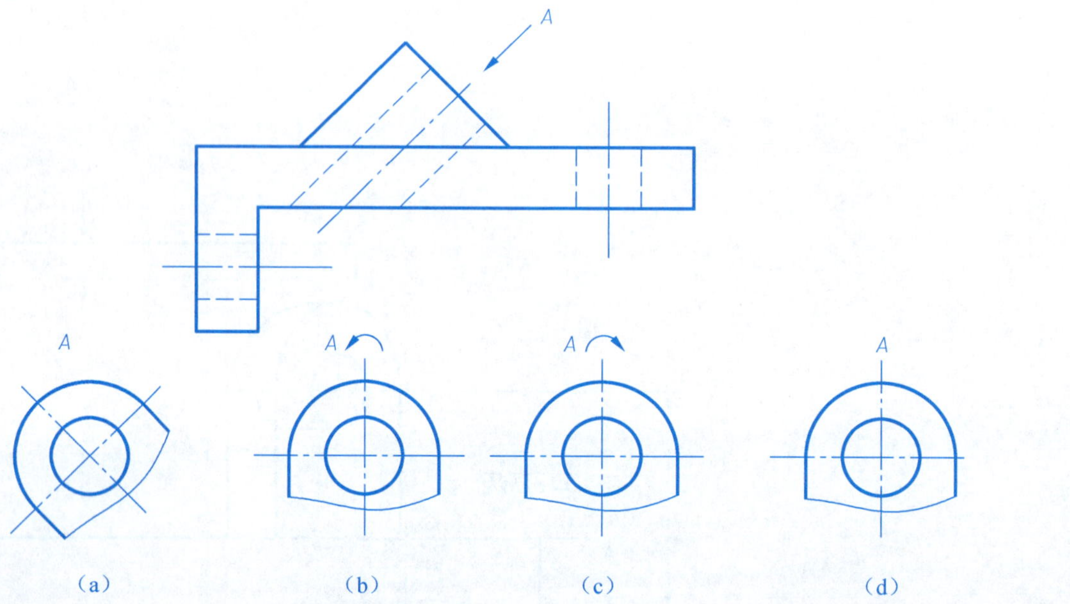

14. 根据俯视图,选择正确半剖主视图。(   )

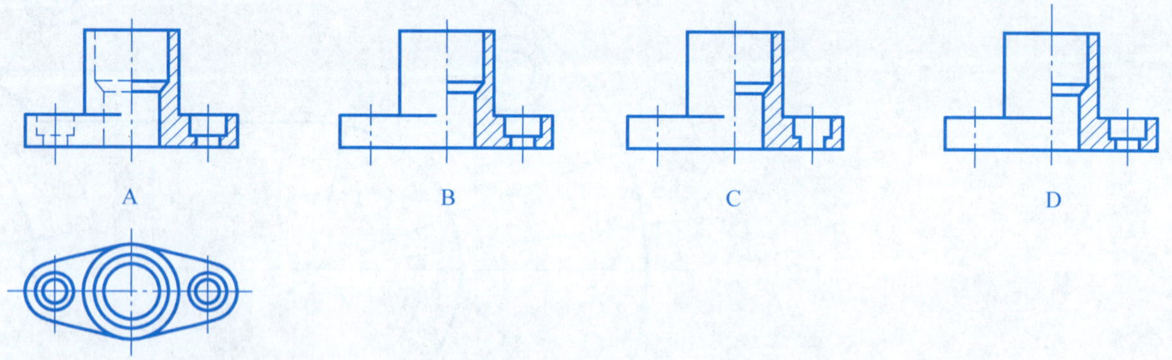

15. 已知零件的主、俯视图，选择正确的 *B* 视图。（　　）

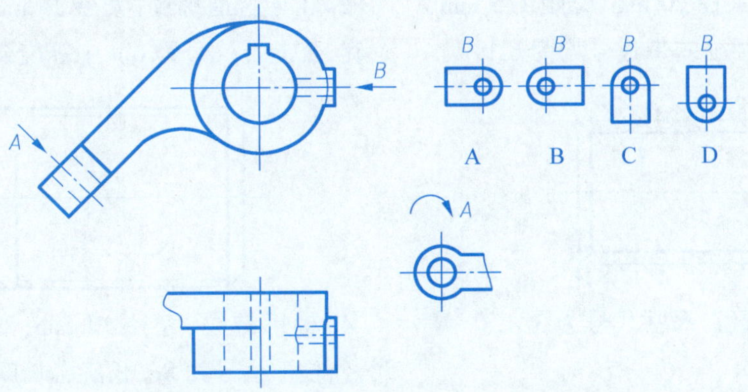

16. 已知零件的俯视图，选择正确的全剖主视图。（　　）

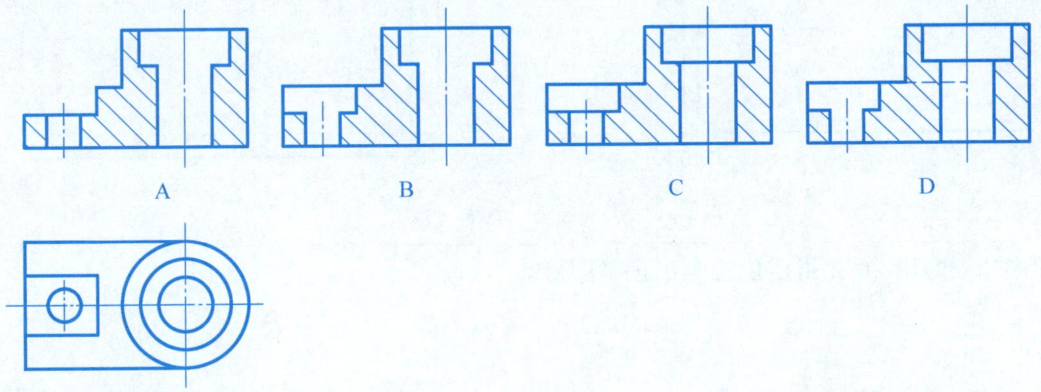

17. 已知零件的俯视图，选择正确的全剖主视图。（　　）

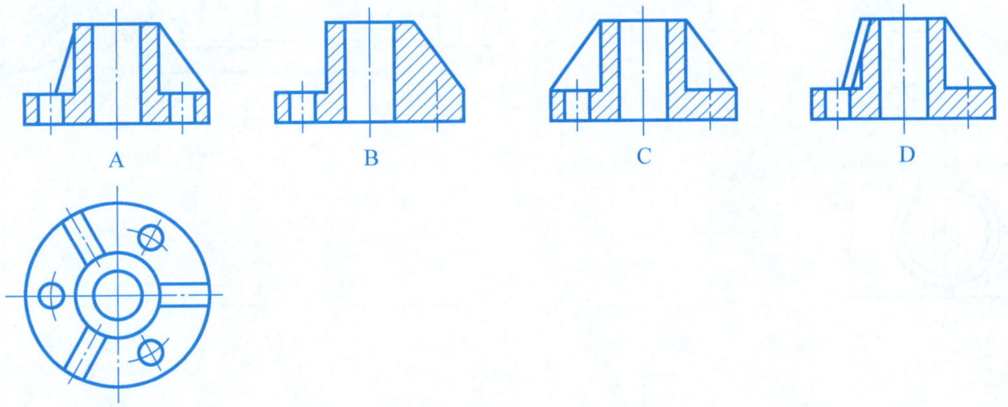

18. 根据俯视图，选择正确半剖主视图。（　　）

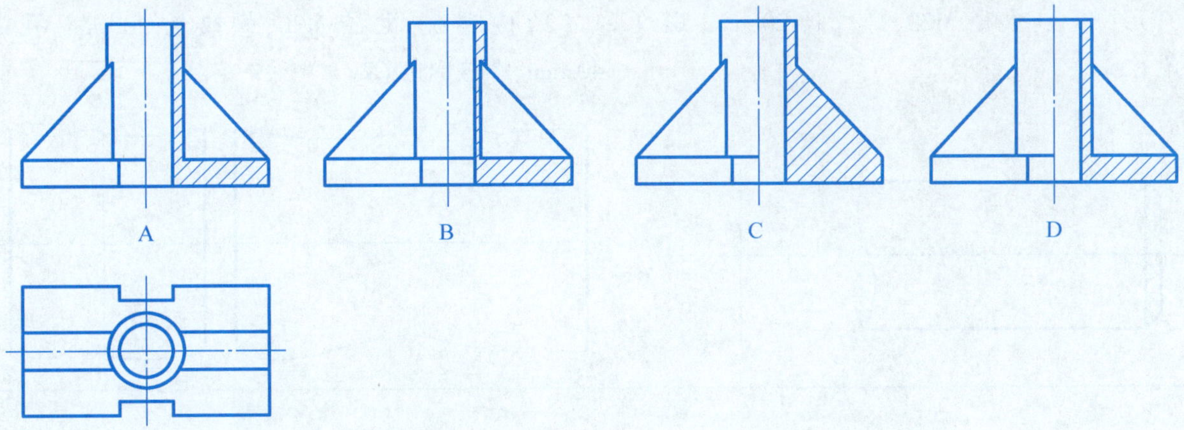

19. 根据俯视图，选择正确的主视图。（　　）

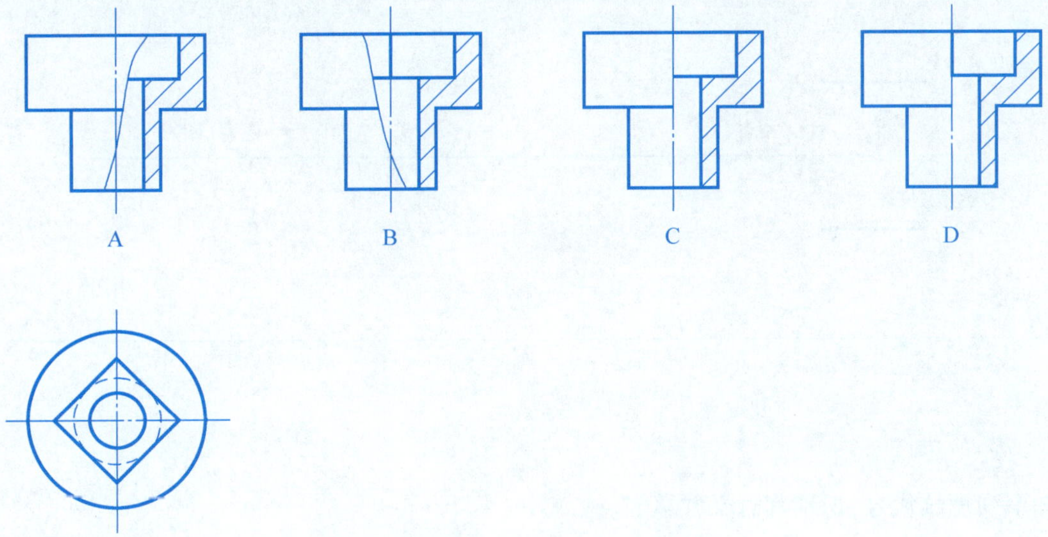

20. 根据俯视图，选择正确的主、俯对应视图。（　　）

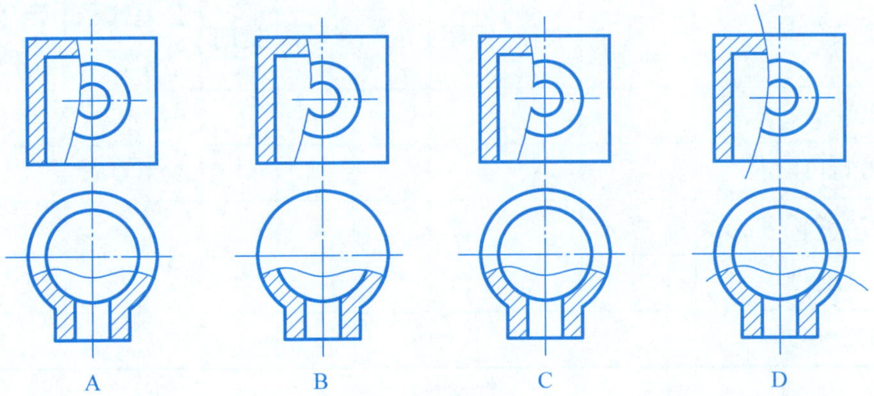

1. 按规定画法，绘制螺纹的主、左两视图(1∶1)。

(1)外螺纹：大径 M20、螺纹长 20 mm、螺纹倒角 $C2$。

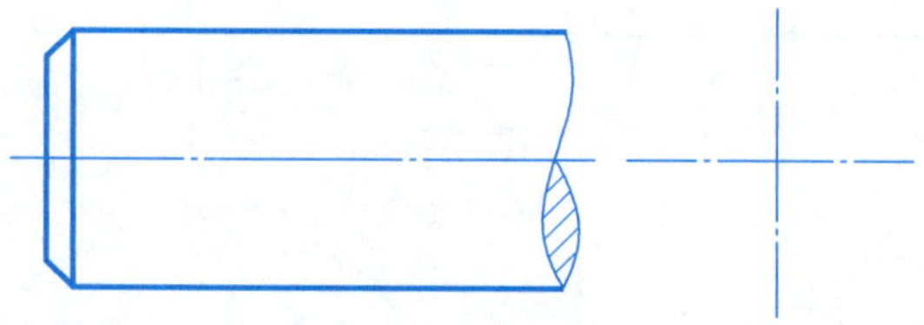

(2)内螺纹：大径 M20、螺纹长 30 mm、孔深 40 mm、螺纹倒角 $C2$。

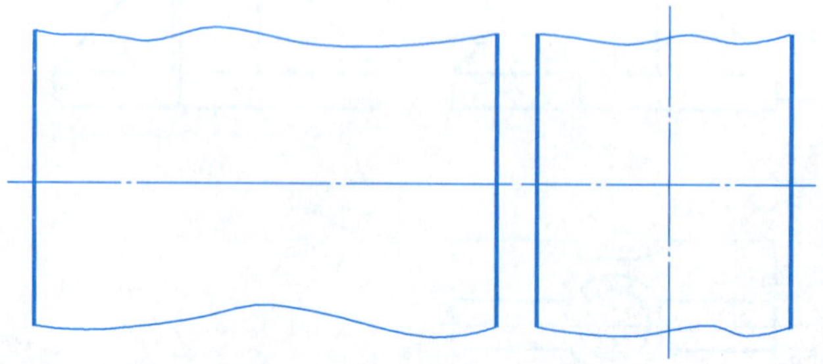

2. 将题1.(1)的外螺纹调头，旋入题1.(2)的螺孔，旋合长度为 15 mm，作连接画法的主视图。

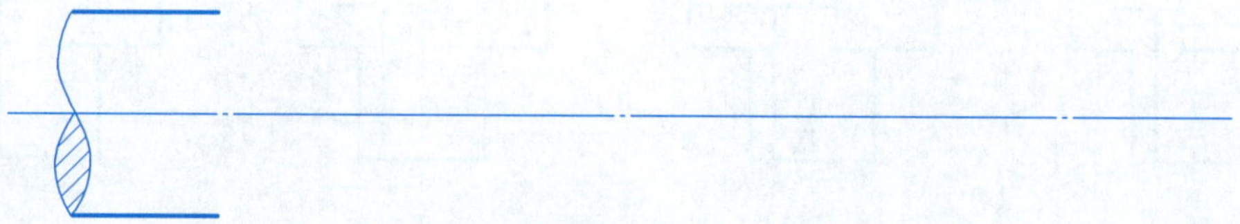

3. 已知下列螺纹代号，识别其意义并填表。

螺纹代号	螺纹种类	大径	螺距	导程	线数	旋向	公差代号（中径）	旋合长度（种类）
M20-5g6g-s								
M20×1LH-6H								
Tr50×24(P8)-8e-L								
G1A								
B32×6-7e								

4. 根据下列给定的螺纹要素，在图中标注出螺纹的标记。

(1)细牙普通螺纹，大径 20 mm，螺距 1.5 mm，单线，左旋，中径及顶径公差带代号均为 6H。

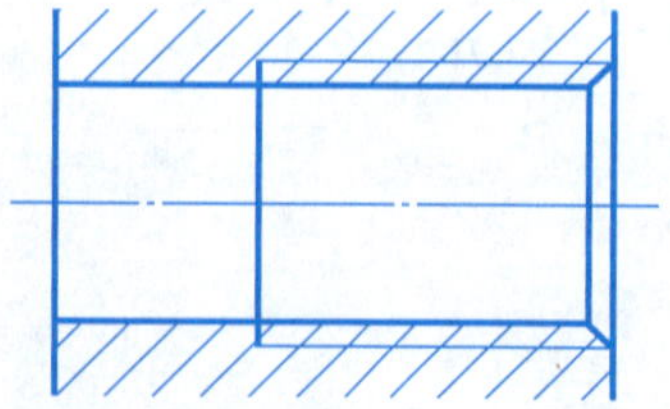

(2)粗牙普通螺纹，大径 24 mm，螺距 3 mm，单线，右旋，公差带代号为 6h，中等旋合长度。

(3)非螺纹密封管螺纹，尺寸代号为 3/4。

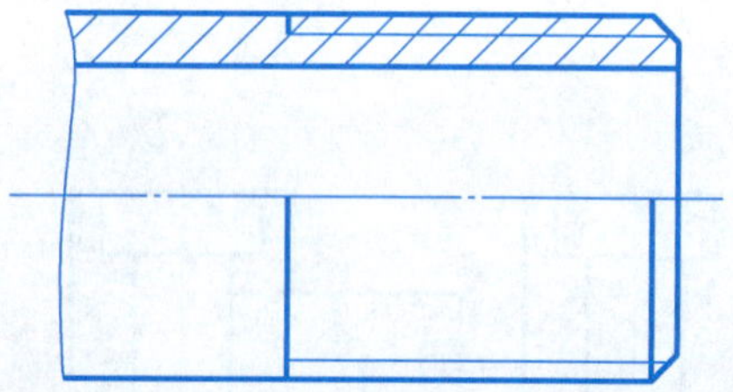

(4)梯形螺纹，大径 32 mm，双线，导程 12 mm 左旋，公差带代号为 8e，长旋合长度。

5. 将图中错误圈出，并在指定位置画出正确图形。

(1)

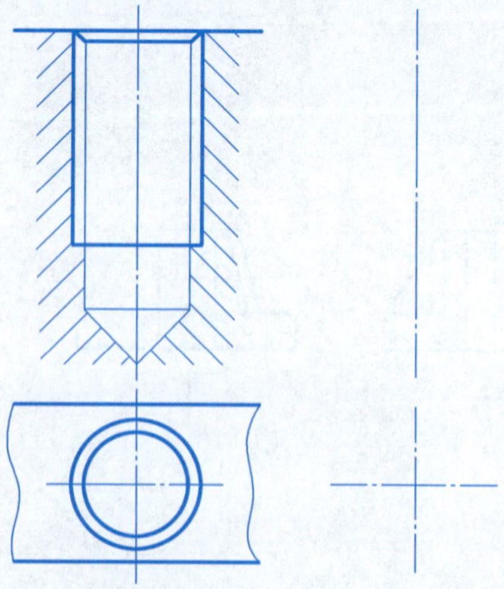

(2)

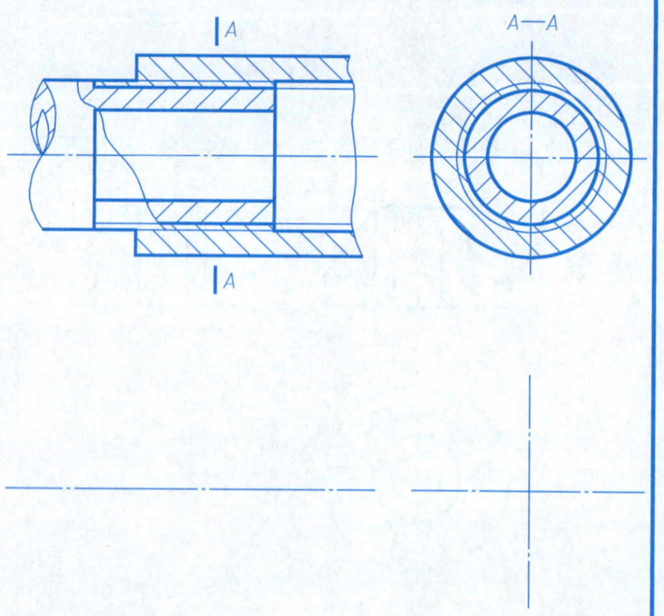

7-2　螺纹紧固件

1. 查表后标注下列螺纹紧固件的尺寸数值，并注写其规定标记。

(1) B 型双头螺柱：螺纹规格 M12、公称长度 $L=40$ mm，$b_m=d$。

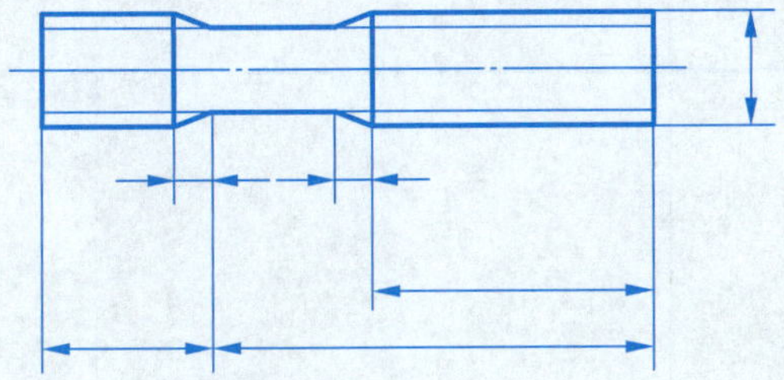

标记______________

(2) A 级 Ⅰ 型六角螺母：螺纹规格 M24。

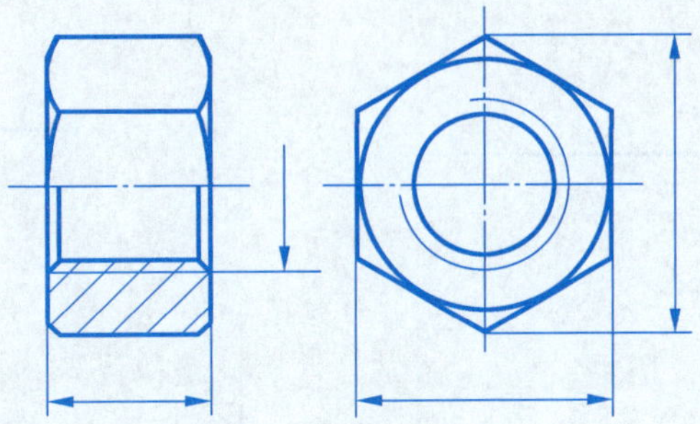

标记______________

2. 指出下列图中的错误，并在其旁边画出正确的图。

(1) 螺栓连接。

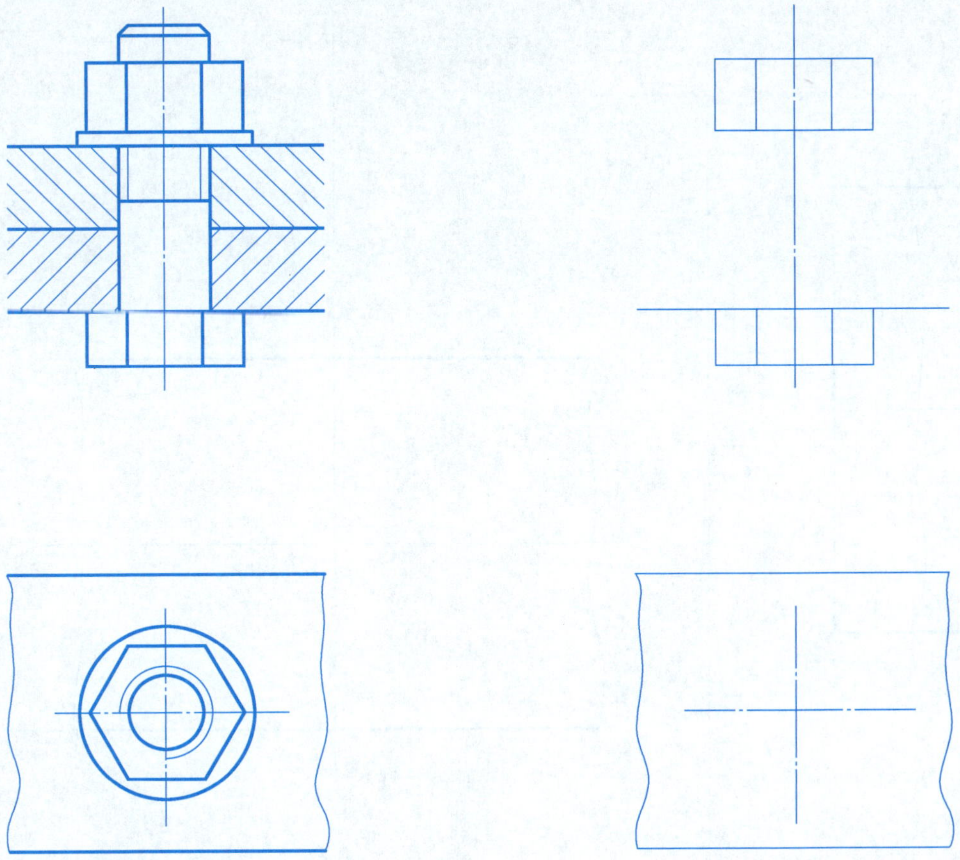

(2) 螺钉连接。

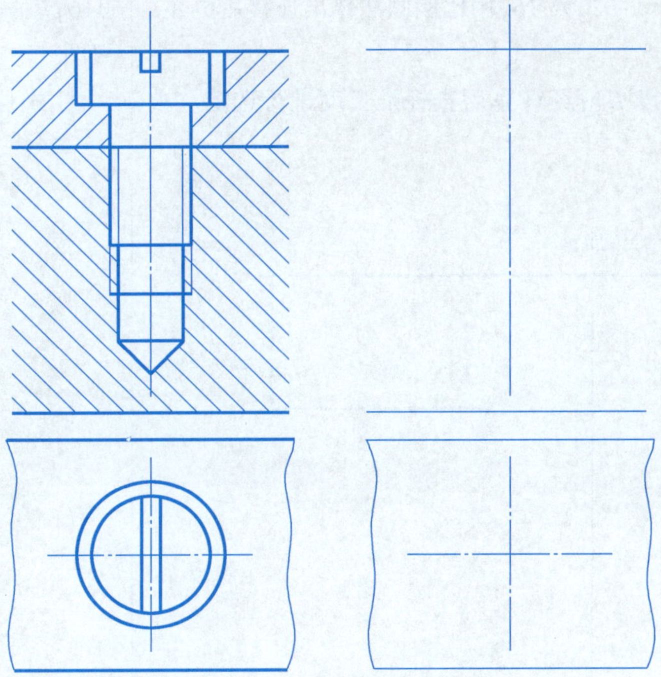

(3) 双头螺柱连接。

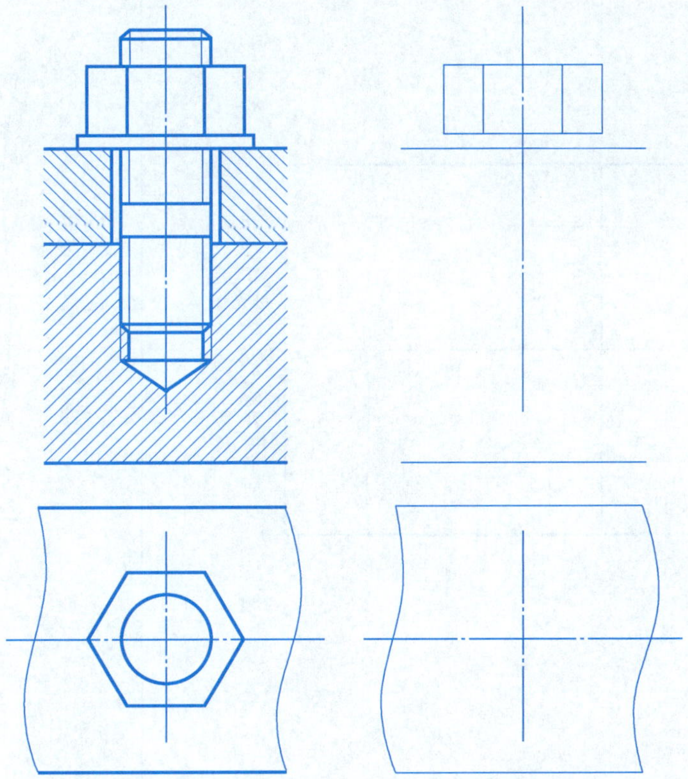

1. 已知双头螺柱 GB/T 899—1988 M16×L、螺母 GB/T 6170—2015 M16,垫圈 GB/T 97.1—2002 16,用比例画法作出连接后的主、俯视图。

注:双头螺柱的公称长度 *L* 应经计算后查标准长度进行选定。被连接材料为铸铁。

2. 已知螺栓 GB/T 5782—2016 M16×L,螺母 GB/T 6170—2015 M16,垫圈 GB/T 97.1—2002 16,用比例画法画出连接后的主、俯视图。

注:螺栓的公称长度 *L* 应经计算后查标准长度进行选定。

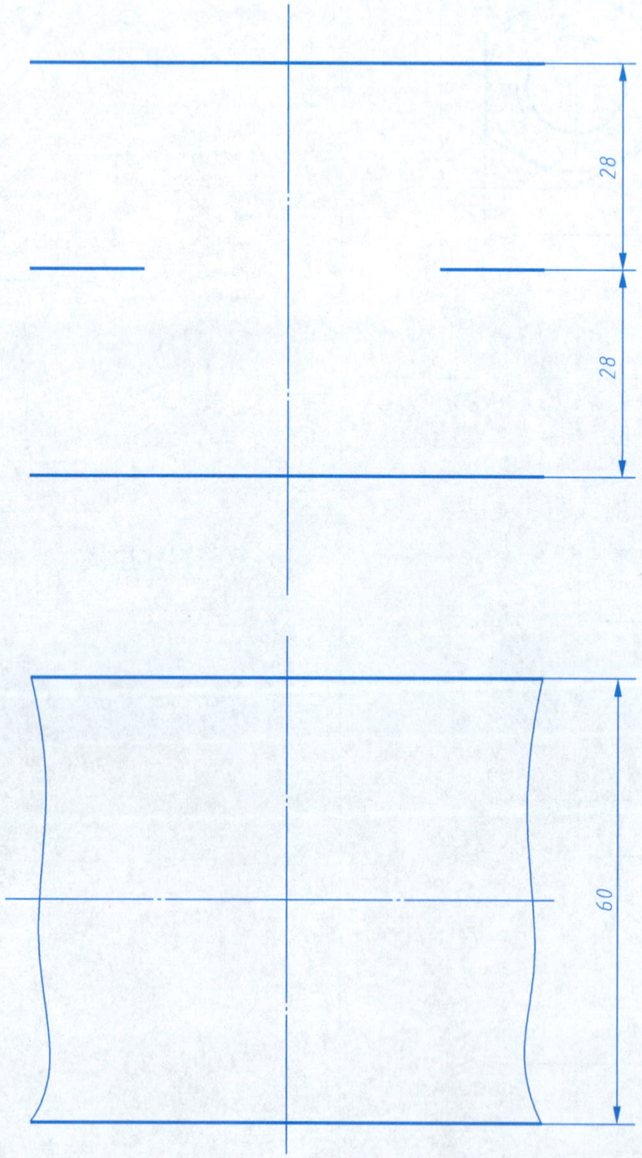

3. 已知螺钉 GB/T 68—2016 M8×L,用比例画法作出连接后的主、俯视图,比例 2∶1。

注:螺钉的公称长度 *L* 应经计算后查标准长度进行选定。被连接材料为铝合金。

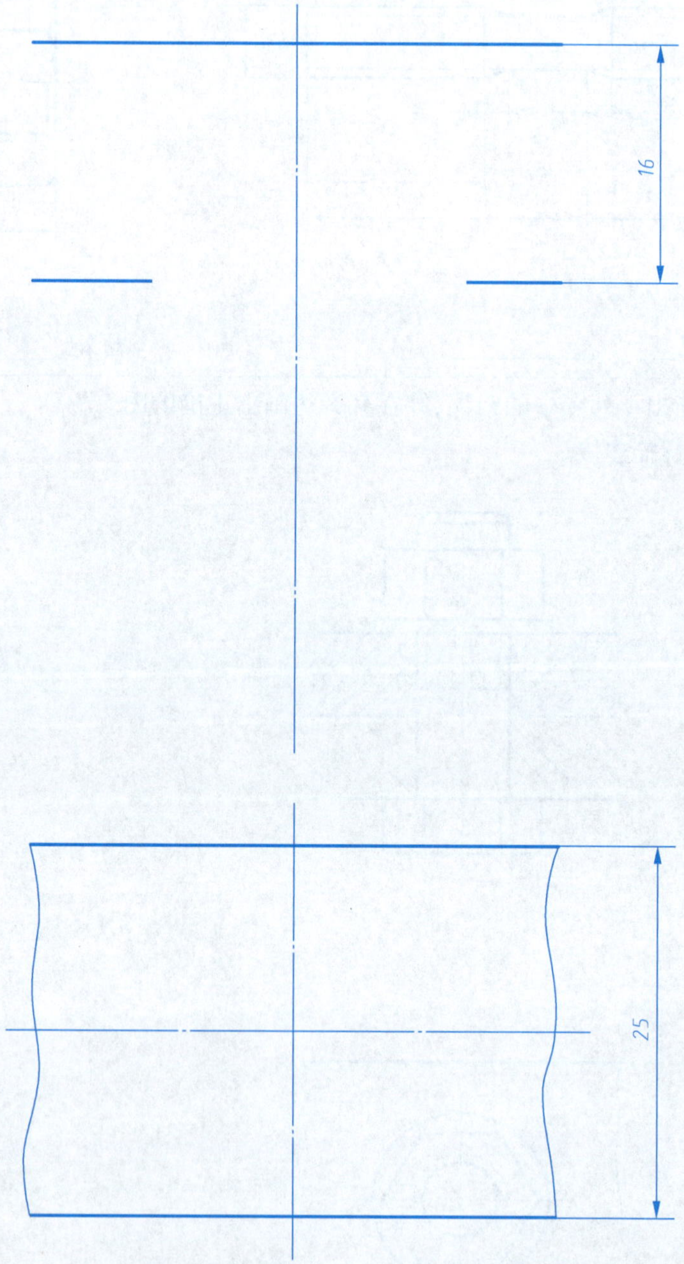

1. 完成轴与套筒用圆柱销 GB/T 119.1 6×40 连接后的装配图。

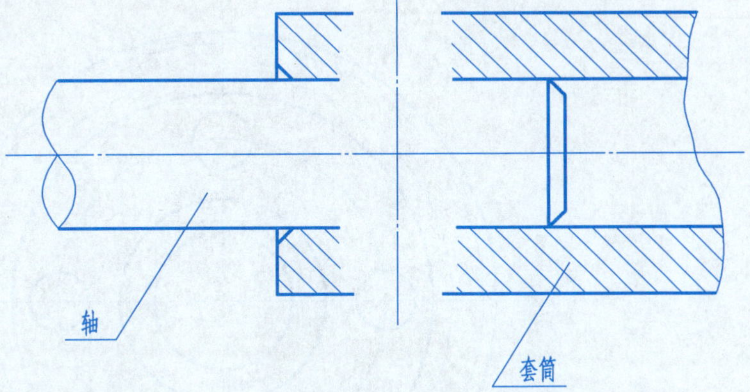

2. 画出 $d=6$、A 型圆锥销连接图(补齐轮廓线和剖面线),并写出该销的标记。

标记:________________

3. 已知齿轮和轴,用 A 型普通平键连接,轴孔直径为 40 mm,键的长度为 40 mm。

(1)按轴径查表确定键和键槽的尺寸,用 1 : 2 补全下列各视图和断面图,并标注出。

(a)轴

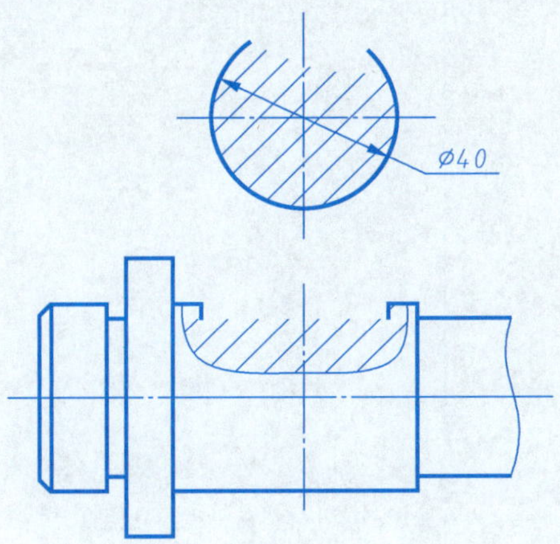

(b)齿轮

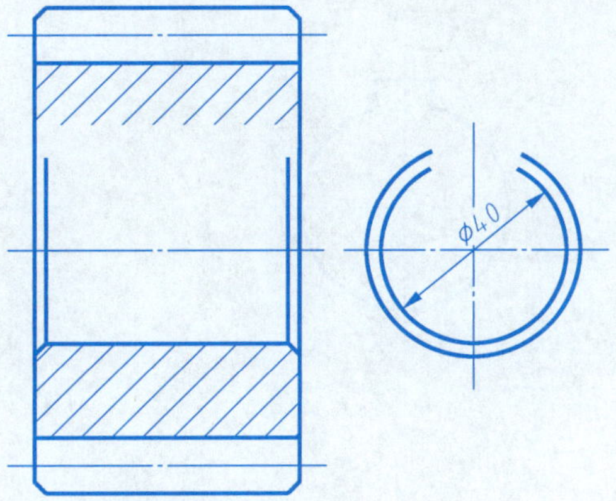

(2)画出上图(a)、(b)中轴与齿轮用键连接的装配图,并写出键的标记。

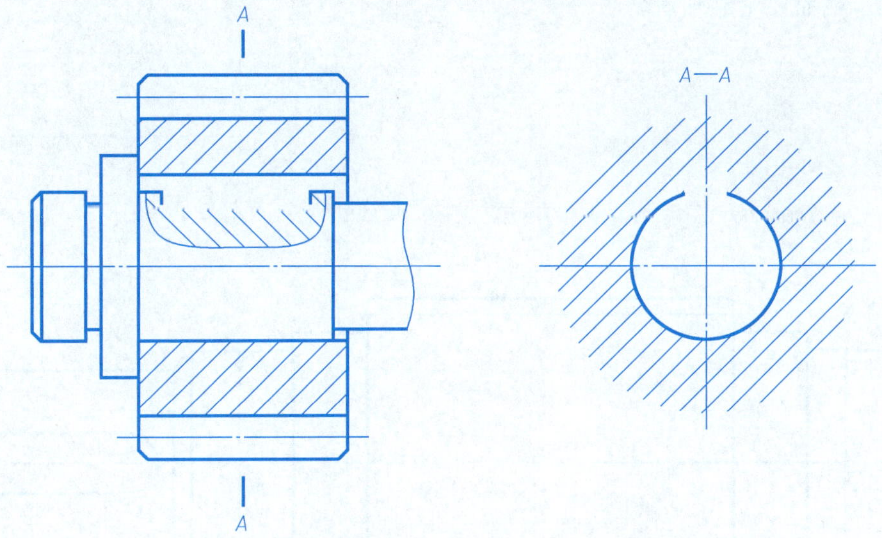

键的标记:________________

7-5 齿轮、轴承和弹簧

1. 已知一平板形直齿圆柱齿轮的 $m=2, z=20$，要求：

(1) 列出计算公式，并填写算出的 d, d_a 及 d_f 数据；

(2) 按 1 : 1 的比例补全齿轮的两视图；

(3) 补全齿轮及键槽尺寸。

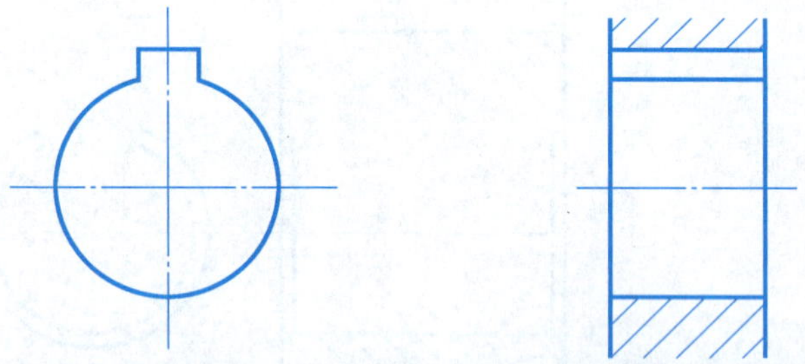

2. 补全图中所缺图线，完成这对齿轮的啮合图。

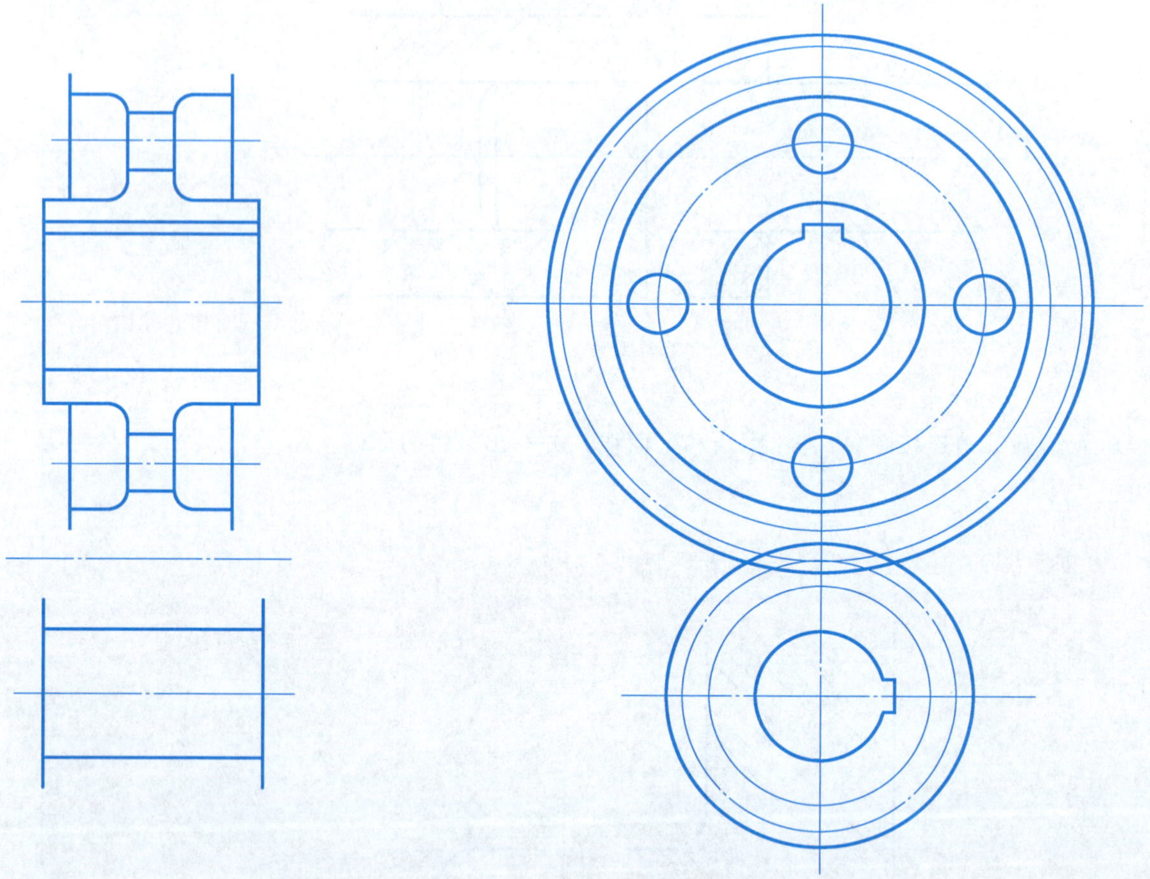

3. 用规定画法，1 : 1 的比例，在齿轮 $\phi30m6$ 轴颈处画 6206 深沟球轴承一对（轴承端面要紧靠轴肩）。

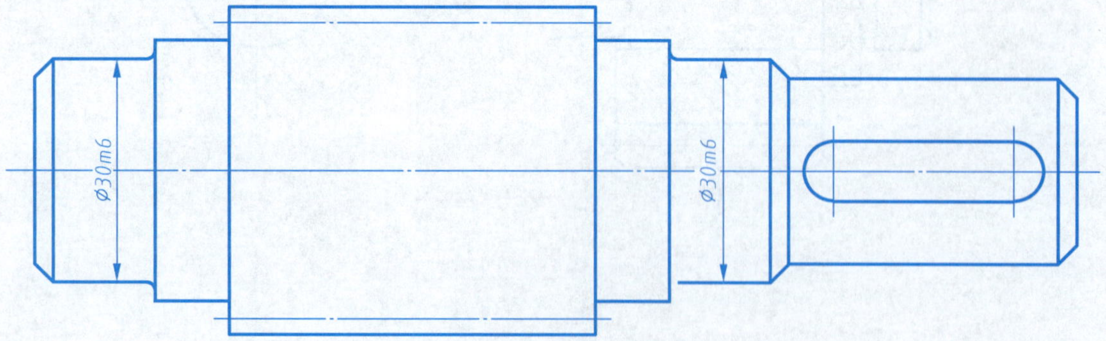

4. 已知圆柱螺旋压缩弹簧的簧丝直径 $d=5$ mm，弹簧外径 $D_2=50$ mm，节距 $t=10$ mm，有效圈数 $n=7$，支承圈数 $n_2=2.5$，右旋。用 1 : 1 比例画出弹簧的全剖视图（轴线水平放置）。

1. 填空

(1)内外螺纹只有当________、________、________、________、________等五要素完全相同时，才能旋合在一起。

(2)当________、________、________均符合国家标准的螺纹，称为标准螺纹。

(3)螺纹按用途可分为________螺纹(如________、________)和________螺纹(如________)。

(4)螺距是相邻两牙(在多线中不论是否为同一条螺旋线)在________(大,中,小)径线上对应两点间的________向距离。

(5)导程是________条螺旋线上的相邻两牙在中径线上对于两点间的轴向距离，如线数用 n 表示，螺距用 p 表示，则导程=________。

(6)不穿通的钻孔末端锥顶角，在制图时画成________(度)。

(7)当不穿通的螺纹孔的钻孔深度与螺纹部分深度分别画出时，在制图中一般推荐两深度间相距________。

(8)滚动轴承(是,不是)________标准件，通常________(需要,不需要)画零件图；

齿轮(是,不是)________标准件，通常________(需要,不需要)画零件图。

(9)螺旋弹簧不论是左旋或右旋，均画成________(左,右)旋，但左旋螺旋弹簧要注出________。

(10)在装配图中，被弹簧挡住的结构一般________(画,不画)出，可见部分应从弹簧的________线或从弹簧钢丝________画起。

(11)表示轴孔有键槽的齿轮一般用________个视图，或者用一个视图和一个表示的________视图。

(12)在剖视图中，当剖切平面通过啮合的轴线时，轮齿一律按________(剖,不剖)绘制；齿轮轮齿部分，齿顶圆和齿顶线用________线绘制；分度圆和分度线用________线绘制；在视图中，齿根圆和齿根线用________线绘制，也可省略不画。在剖视图中，齿根线用________线绘制。

(13)在齿轮零件图中，齿顶圆、分度圆、齿根圆三个圆的直径尺寸，只需注出________的直径。________圆直径不需要注出。

(14)普通平键、半圆键的工作面为________面，钩头楔键的工作面为________面。

(15)销主要用于零件间的________和________。圆锥销的公称直径是指圆锥的________(大,小)端直径。

2. 判断下列各图螺纹退刀槽结构的正误(正确的画"√"错误的画"×")。

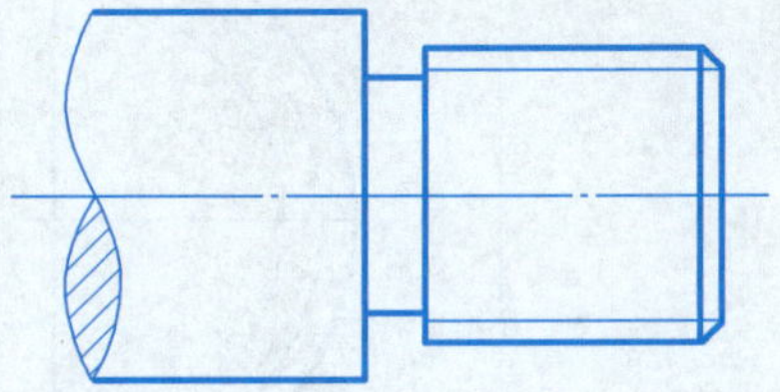

(a)________

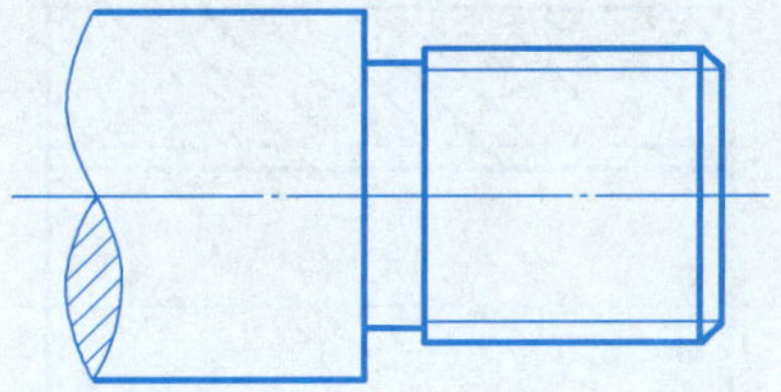

(b)________

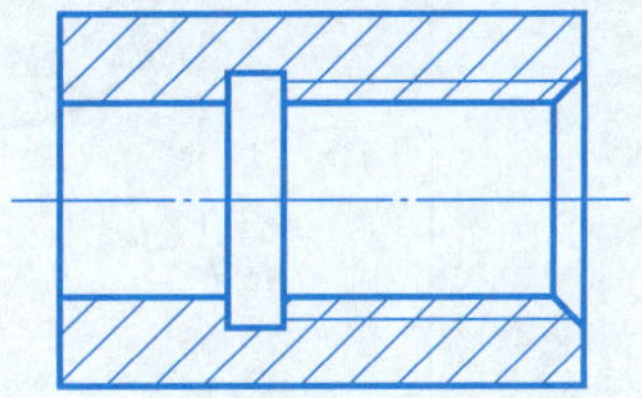

(c)________

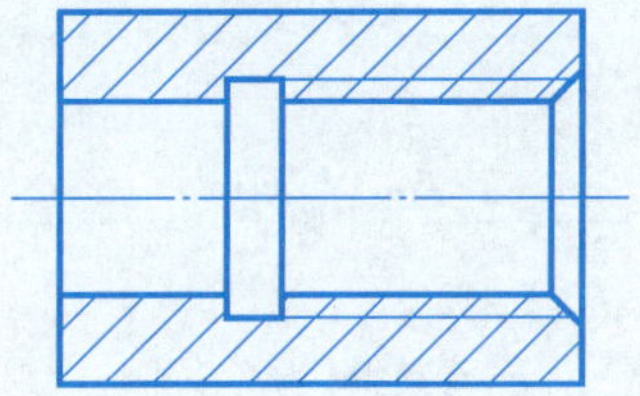

(d)________

3. 判断下列各图尺寸标注的正误(正确的画"√"错误的画"×")。

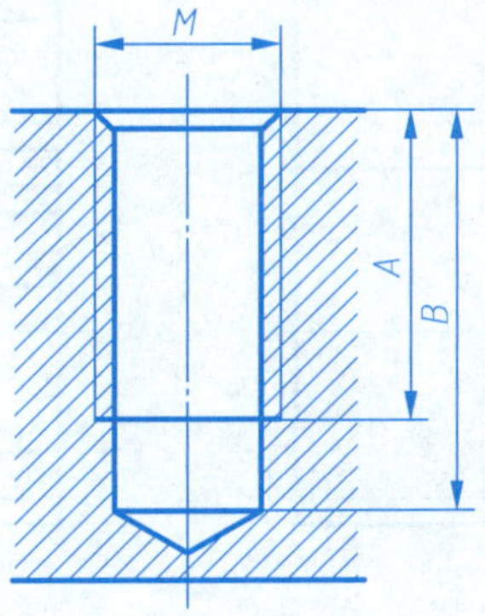

(a)________

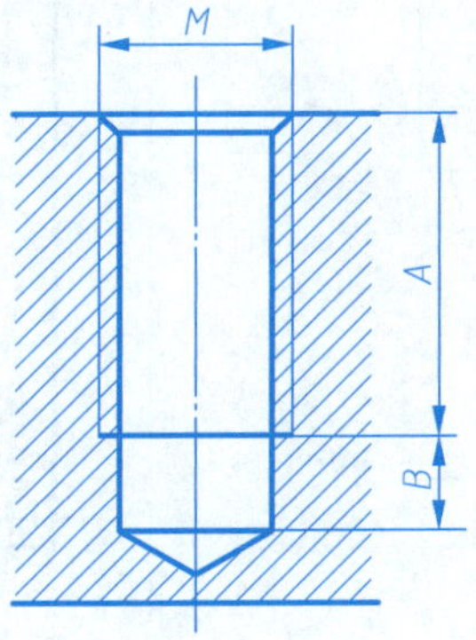

(b)________

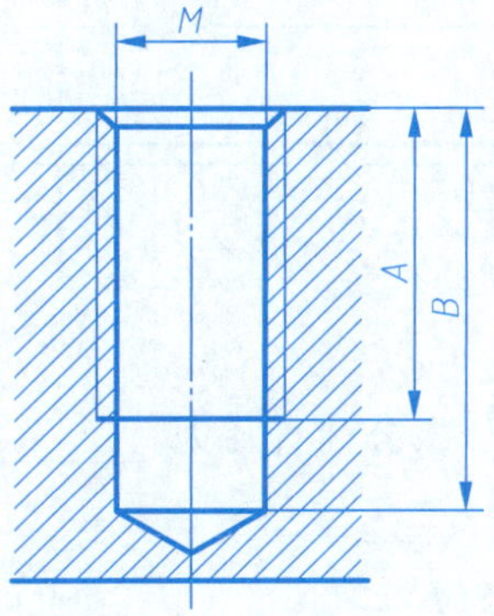

(c)________

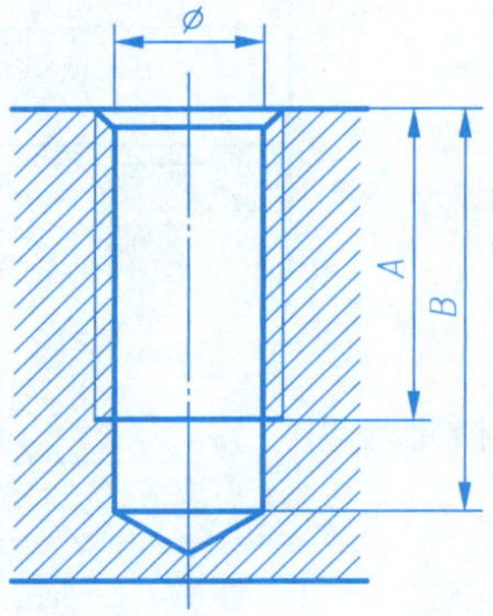

(d)________

4. 根据螺纹代号,查表并填写螺纹各要素。

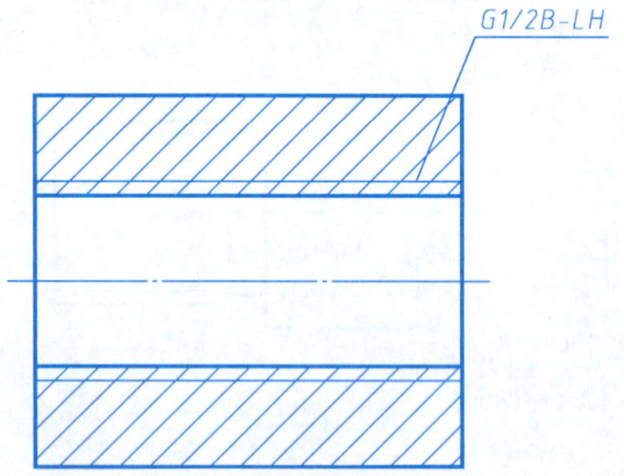

该螺纹为__________螺纹;大径为__________mm;

小径为__________mm;螺距为__________mm;

线数为__________;旋向为__________。

该螺纹为__________螺纹;公称直径为__________mm;

小径为__________mm;螺距为__________mm;

导程为__________;旋向为__________。

5. 选择判断(在绘制正确的图形标号处画"√")。

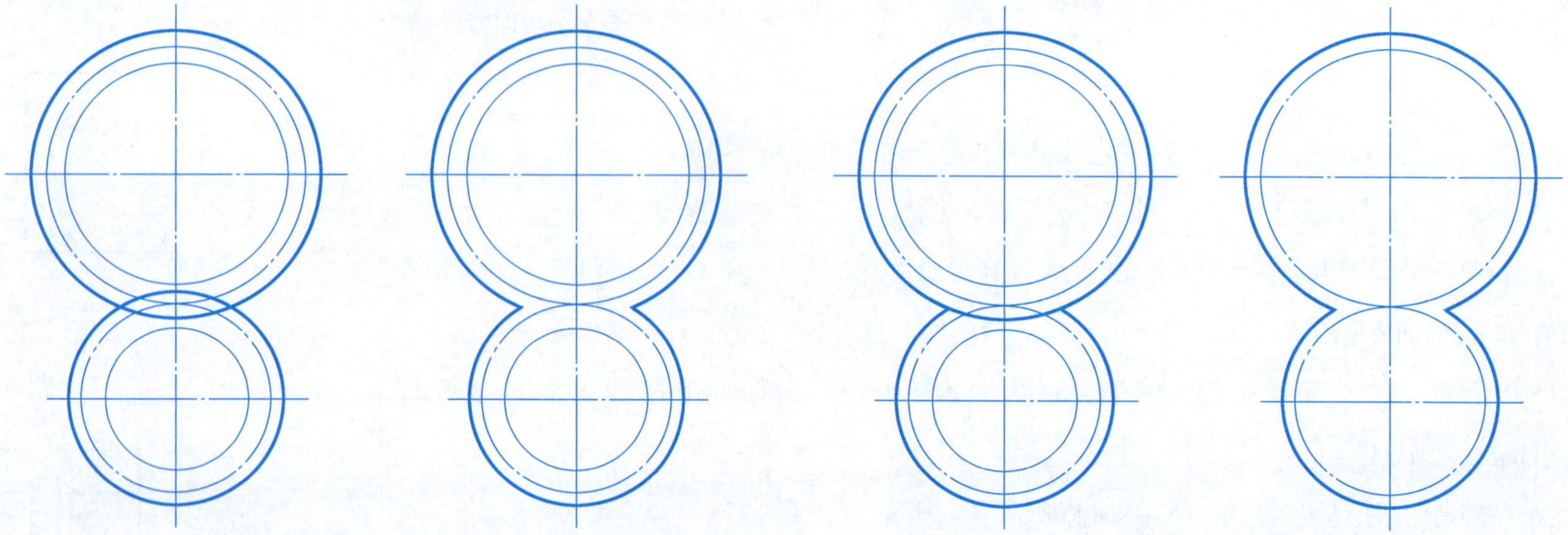

(a)__________ (b)__________ (c)__________ (d)__________

6. 选择判断(在绘制正确的图形标号处画"√")。

(a)__________ (b)__________ (c)__________ (d)__________ (e)__________ (f)__________

一、填空题

1. 零件图一般应包括如下四个方面的内容：一组表达零件的视图、__________、__________和__________。

2. 表面粗糙度符号 表示零件表面是用__________的方法获得的， 表示零件表面是用__________的方法获得的。

3. 当零件大部分表面具有相同的表面粗糙度要求时，则其表面粗糙度要求可统一标注在图样的__________附近。

4. 视图中标注的尺寸，按其作用可分为__________、__________和__________。

5. 尺寸基准按其重要性可分为__________基准和__________基准两种。

6. 在尺寸公差带中，__________确定公差带位置，__________确定公差带大小。

7. 配合有__________和__________两种基准制。配合分成__________、__________和__________。

8. 基孔制的孔(基准孔)用符号__________表示，其基本偏差的值为__________。
基轴制的轴(基准轴)用符号__________表示，其基本偏差的值为__________。

9. 配合是指相互结合的孔和轴公差带之间的关系，两者的__________必须相同。

10. 形状公差的特征项目有____________________；
位置公差的特征项目有____________________。

二、选择题(每道题只有一个答案，将答案填入括号中)

1. 某图样标题栏中的比例为 1 : 10，该图样中有一个图形是局部剖切后单独画出的，其上方标有 1 : 2，则该图形：(　　)。
(A)因采用缩小比例 1 : 2，它不是局部放大图
(B)是采用剖视画出的局部放大图
(C)既不是局部放大图，也不是剖视图
(D)不是局部放大图，是采用缩小比例画出的局部视图

2. 对于公差的数值，下列说法正确的是：(　　)。
(A)必须为正值
(B)必须大于等于零
(C)必须为负值
(D)可以为正、为负、为零

3. 下列尺寸公差注法正确的是：(　　)。
(A) $\phi50^{+0.021}_{+0.002}$　(B) $\phi50^{-0.03}_{-0.01}$　(C) $\phi50^{-0.02}_{+0.03}$　(D) $\phi50^{+0.015}_{-0.01}$

4. 下列一组公差带代号，哪一个可与基准孔 ϕ42H7 形成间隙配合：(　　)。
(A) ϕ42g6　(B) ϕ42n6　(C) ϕ42m6　(D) ϕ42s6

5. 下列一组公差带代号，哪一个可与基准轴 ϕ50h7 形成过盈配合(　　)。
(A) ϕ50F8　(B) ϕ50H8　(C) ϕ50K8　(D) ϕ50S8

6. 下列线性尺寸公差注法错误的是(　　)。

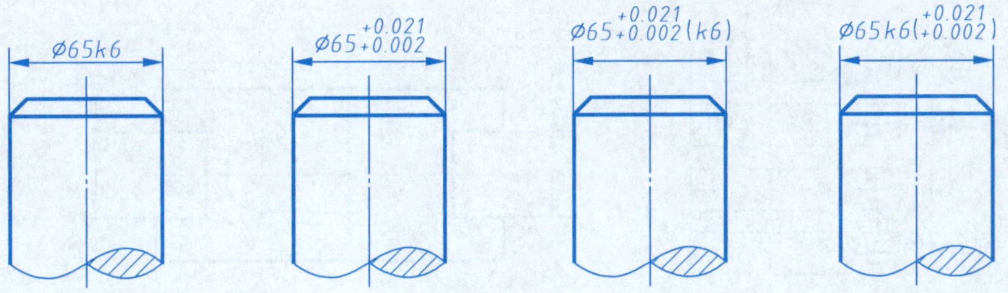

(A)　(B)　(C)　(D)

7. 下列装配图中标注线性尺寸的配合代号错误的是(　　)。

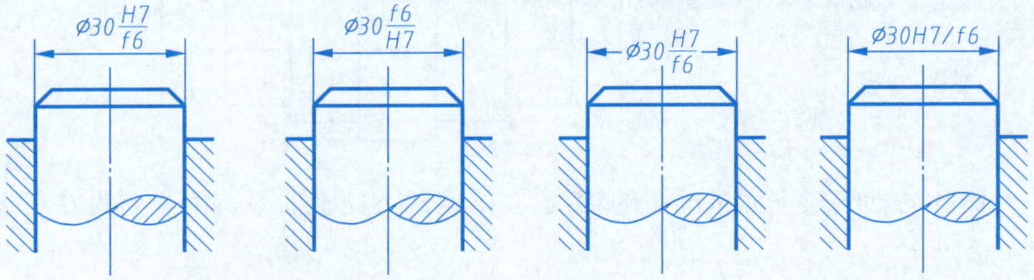

(A)　(B)　(C)　(D)

8. 下图中，倒角标注错误的是(　　)。

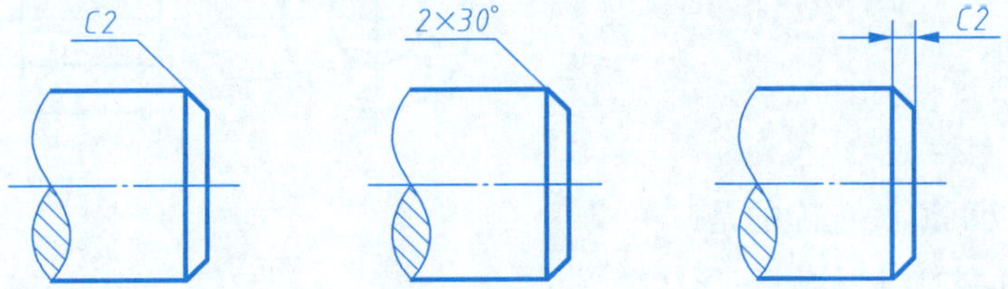

(A)　(B)　(C)

9. 图中被测孔的轴线对两槽的公共中心平面的对称度公差为 0.08 mm，欲满足这一要求，下面哪一个框格是正确的？(　　)。

(A) ⌯ | 0.08 | A | B

(B) ⌯ | 0.08 | A-B

(C) ⌯ | 0.04 | A-B

(D) ⌯ | 0.04 | B-A

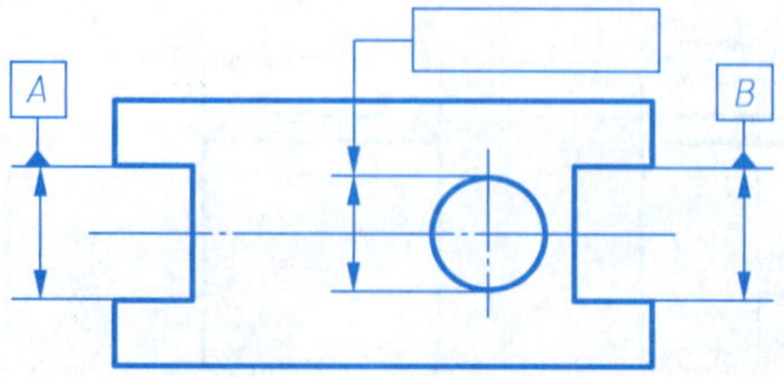

10. 按图中要求，应选哪一个符号填入框格内的“Ⅰ”中？(　　)

(A) ↗

(B) ◎

(C) ⌰

(D) ⌯

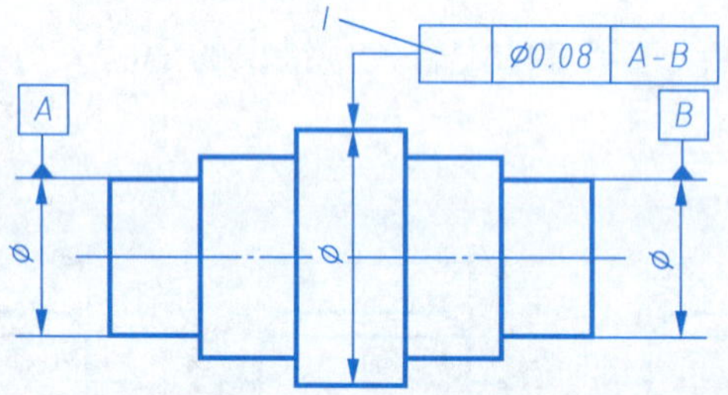

11. 图形中上面孔的轴线对下面基准孔的轴线，在给定的方向上的平行度公差为 0.03 mm，下面的标注哪一个是正确的？(　　)

(A) // | ⌀0.015

(B) // | 0.06

(C) // | ⌀0.03 | A

(D) // | 0.03 | A

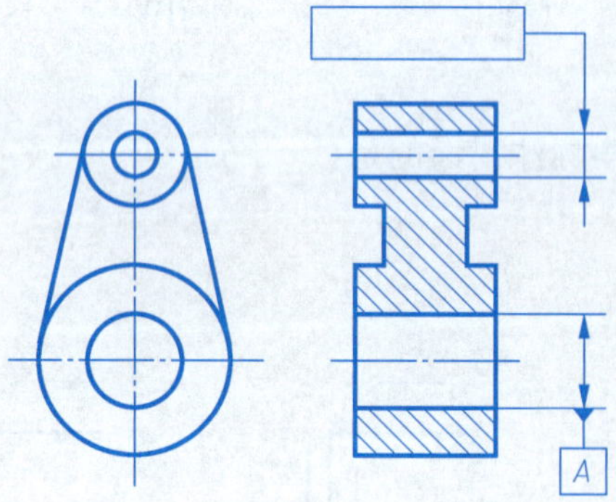

12. 根据国家标准，以下说法正确的是(　　)。

(A)线轮廓度和面轮廓度均属于形状公差

(B)线轮廓度和面轮廓度有基准要求时属于位置公差，没有基准要求时属于形状公差

(C)线轮廓度和面轮廓度均属于位置公差

(D)线轮廓度属于形状公差，面轮廓度属于位置公差

三、尺寸注法

1. 改正错误的标注，补全漏注的尺寸(按 1∶1 量取，取整数，不要的打“×”)。

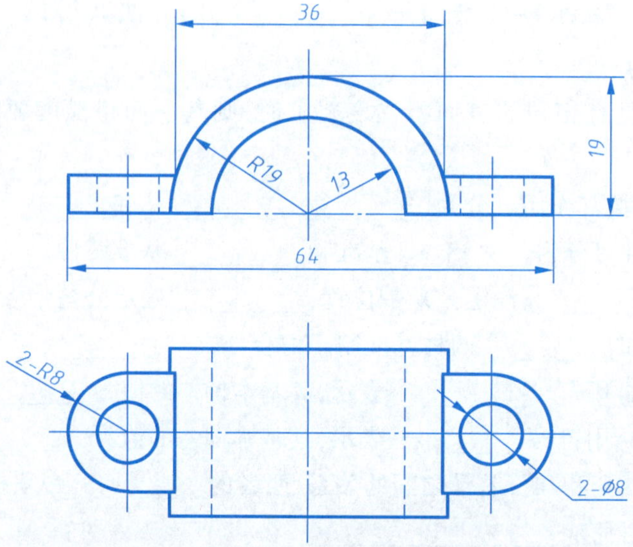

2. 改正错误的标注，补全漏注的尺寸(按 1∶1 量取，取整数，不要的打“×”)。

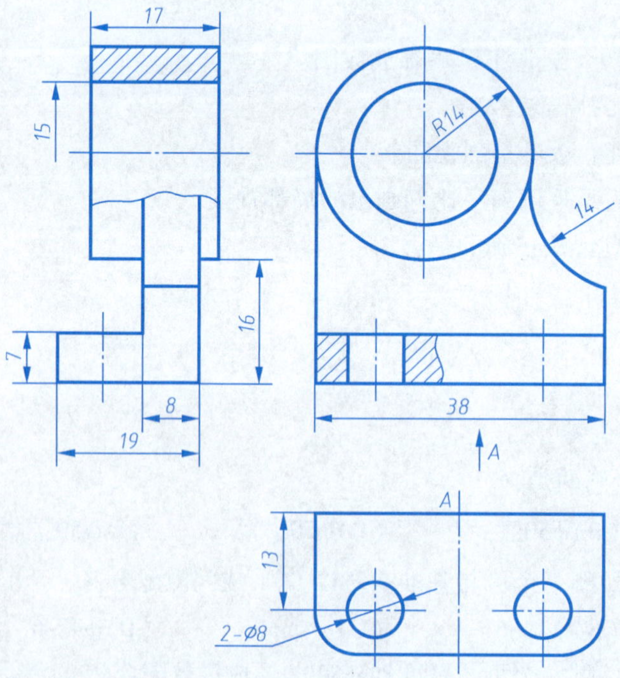

8-3 零件图的技术要求(一)

1. 将指定表面粗糙度用代号标注在图中。

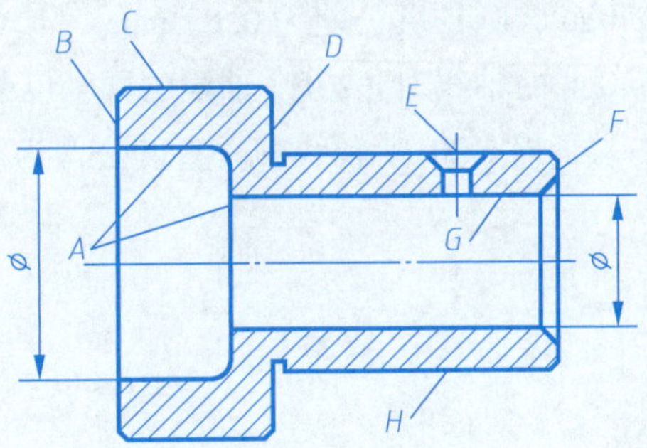

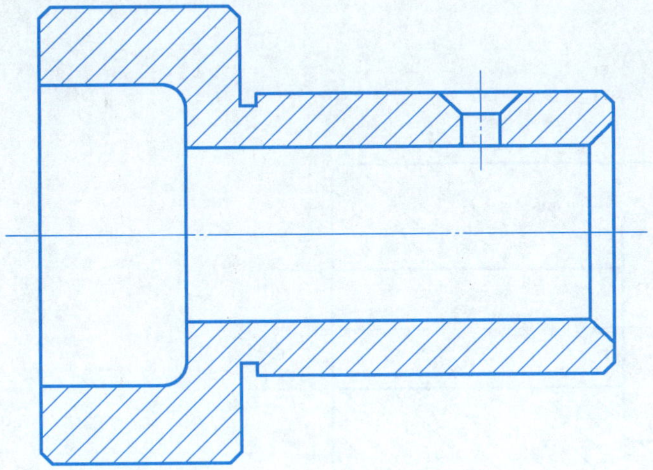

A 面	Ra 25
B 面	Ra 3.2
C 面	Ra 3.2
D 面	Ra 3.2
E 面	Ra 12.5
F 面	Ra 12.5
G 面	Ra 0.8
H 面	Ra 3.2
其余面	Ra 25

2. 根据装配图中的配合尺寸，在零件图中注出基本尺寸和上、下极限偏差数值。并填空说明属何种配合制度和配合类别。

(1) 轴和套的配合采用基________制，是________配合。

(2) 套和座体的配合采用基________制，是________配合。

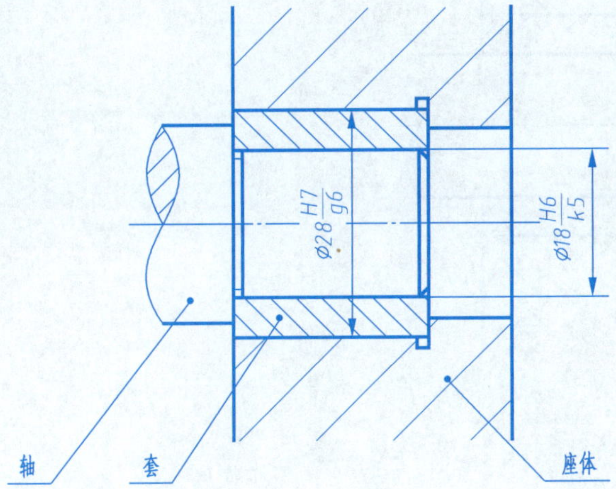

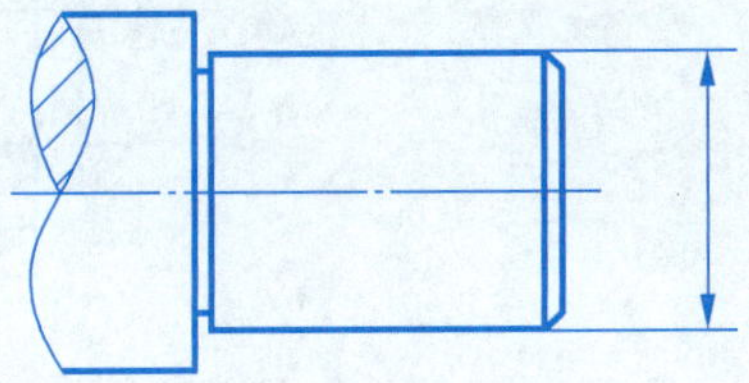

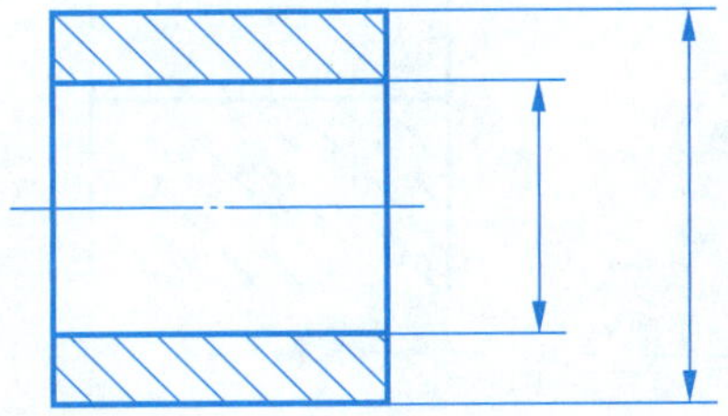

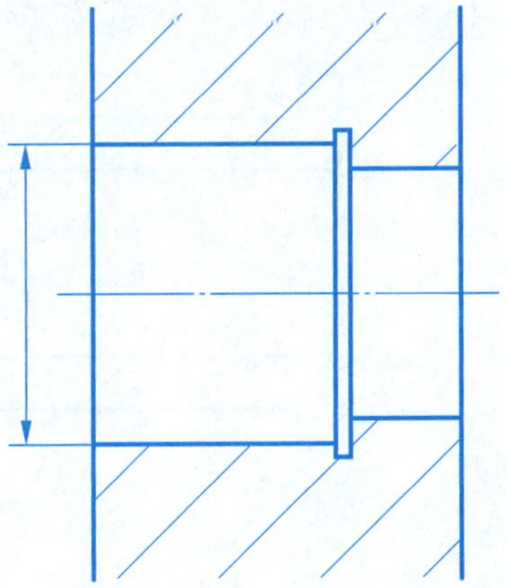

3. 根据零件图上标注的偏差数值,在装配图上标注出相应的配合代号。

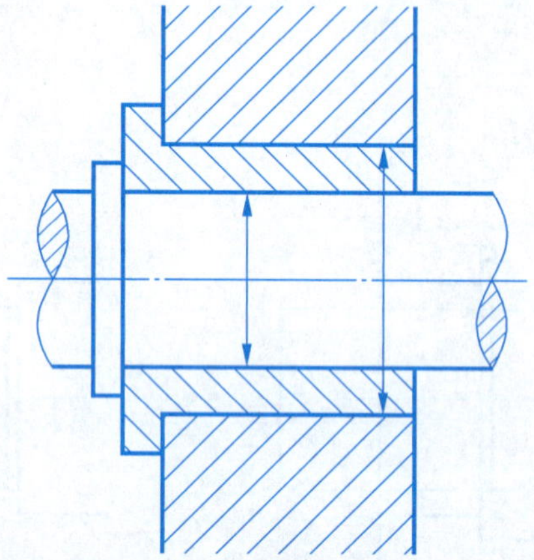

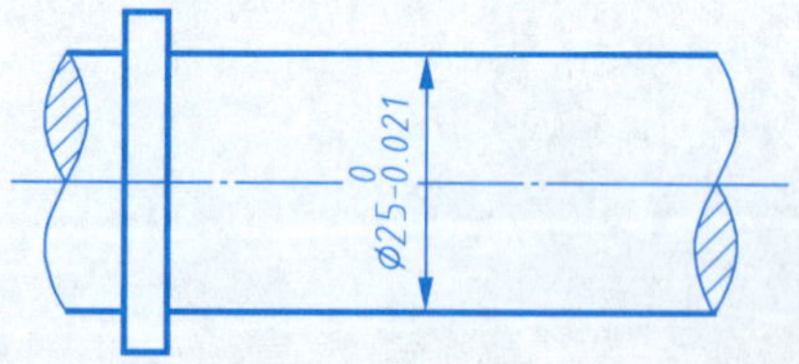

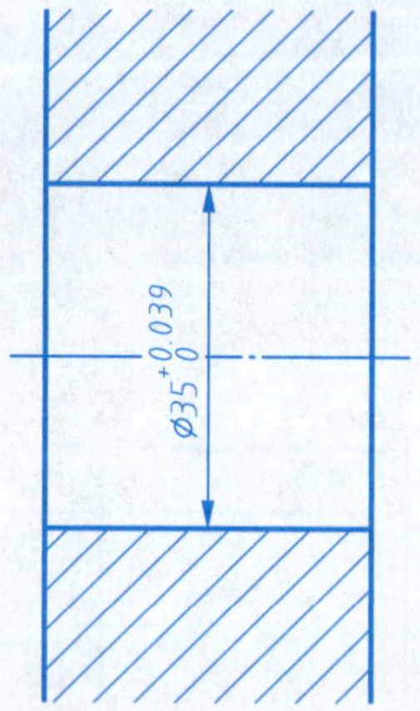

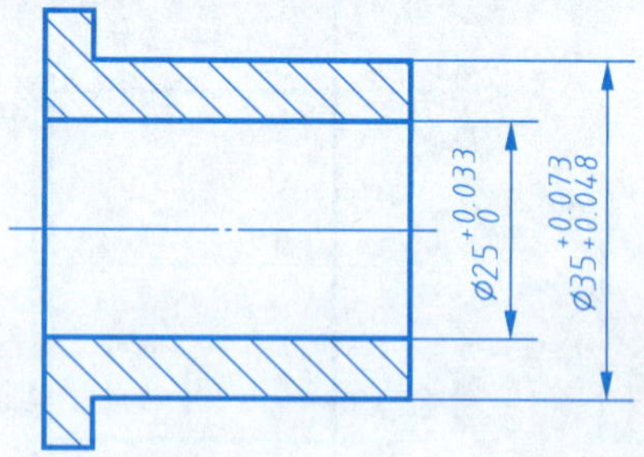

4. 根据文字说明,在图中标注形位公差的符号和代号。

(1) ϕ40g6 的圆柱度公差为 0.03 mm。

(2) ϕ40g6 的轴线对 ϕ20H7 轴线的同轴度公差为 ϕ0.05。

(3) 右端面对 ϕ20H7 轴线的垂直度公差为 0.15mm。

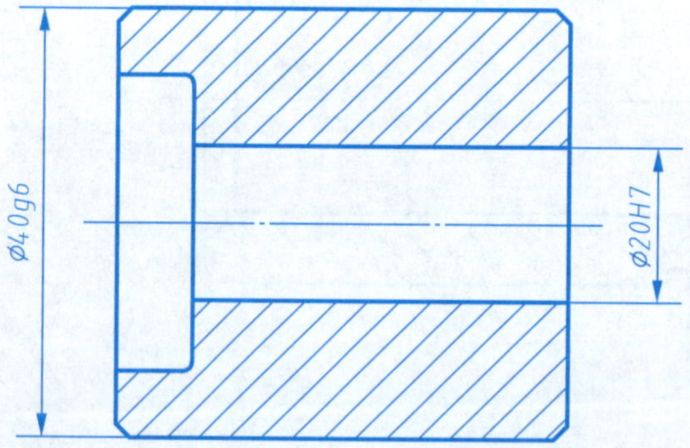

根据叉架的轴测图和所注尺寸，按比例 1：1 在 A3 图纸上画出叉架的零件图。

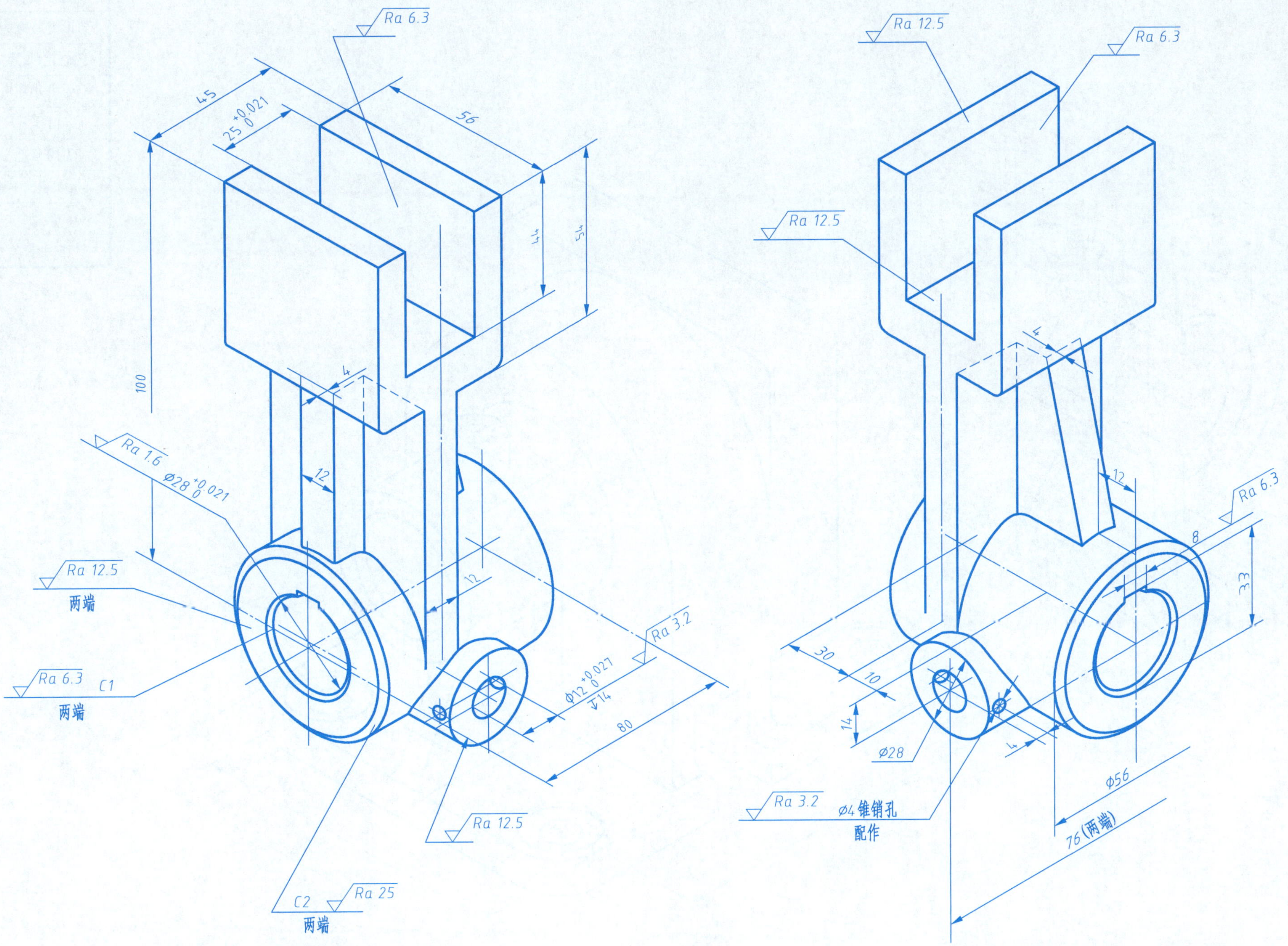

技术要求

1. 无铸造缺陷；
2. 未注圆角R3。

$\sqrt{}$ ($\sqrt{}$)

8-6 根据轴测图画零件图(二)

根据箱体的轴测图和所注尺寸，按比例 1 : 2 在 A3 图纸上画出箱体的零件图(其中 ϕ90、ϕ40 孔的倒角均为 C2.5，箱体底部凹槽四周壁厚均为 10)。

表面	Ra/μm
120×120 端面	6.3
ϕ60 端面(左右)	6.3
箱体底面	6.3
ϕ40 及 ϕ90 孔	3.2
圆凸台顶面	6.3
ϕ10 小孔	12.5
ϕ14 沉孔	12.5
M10 螺孔	12.5
各孔口倒角表面	12.5
其余	∀
技术要求　未注圆角 R3~R4	

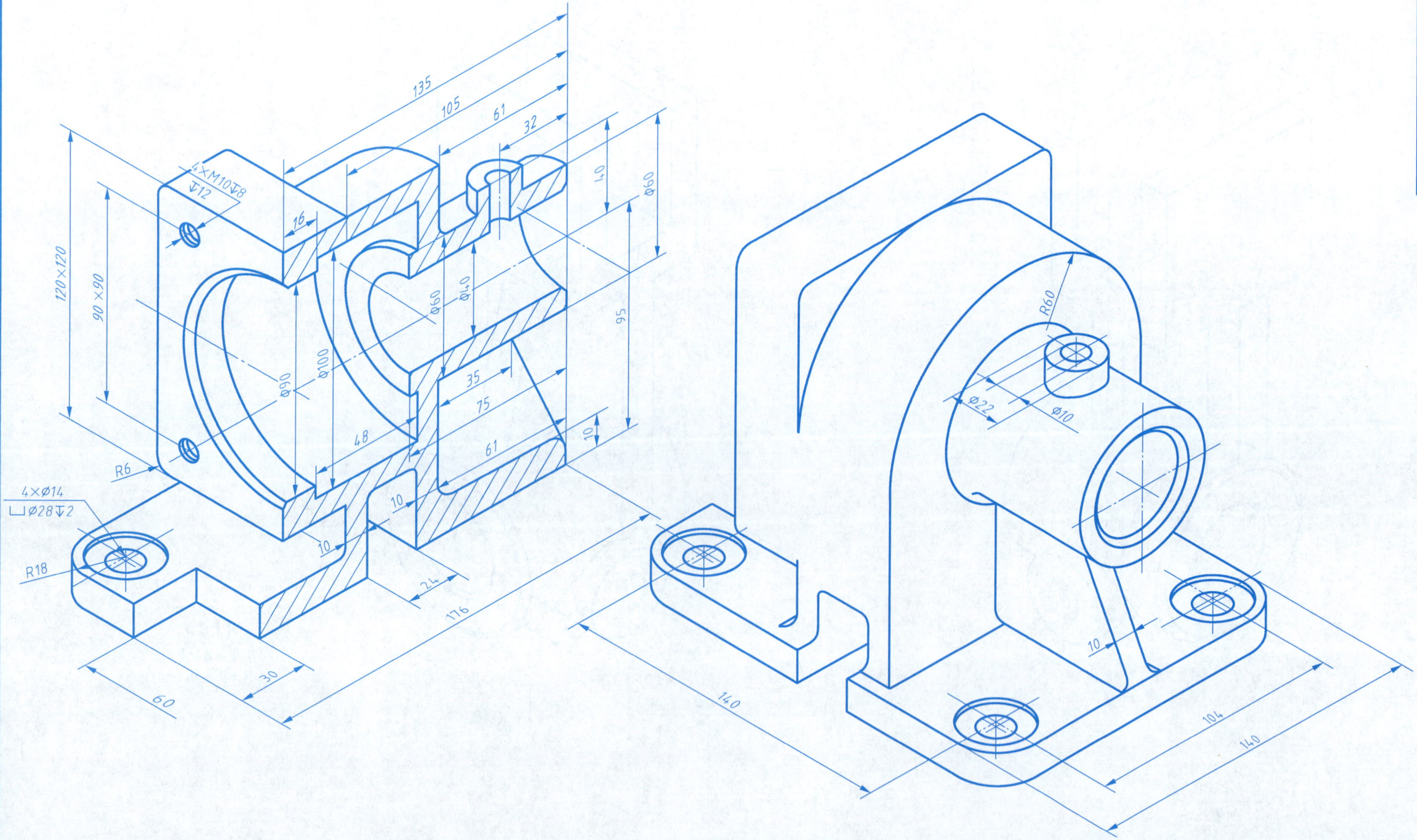

根据阀体的轴测图和所注尺寸，按比例 1 : 1 在 A3 图纸上画出阀体的零件图。

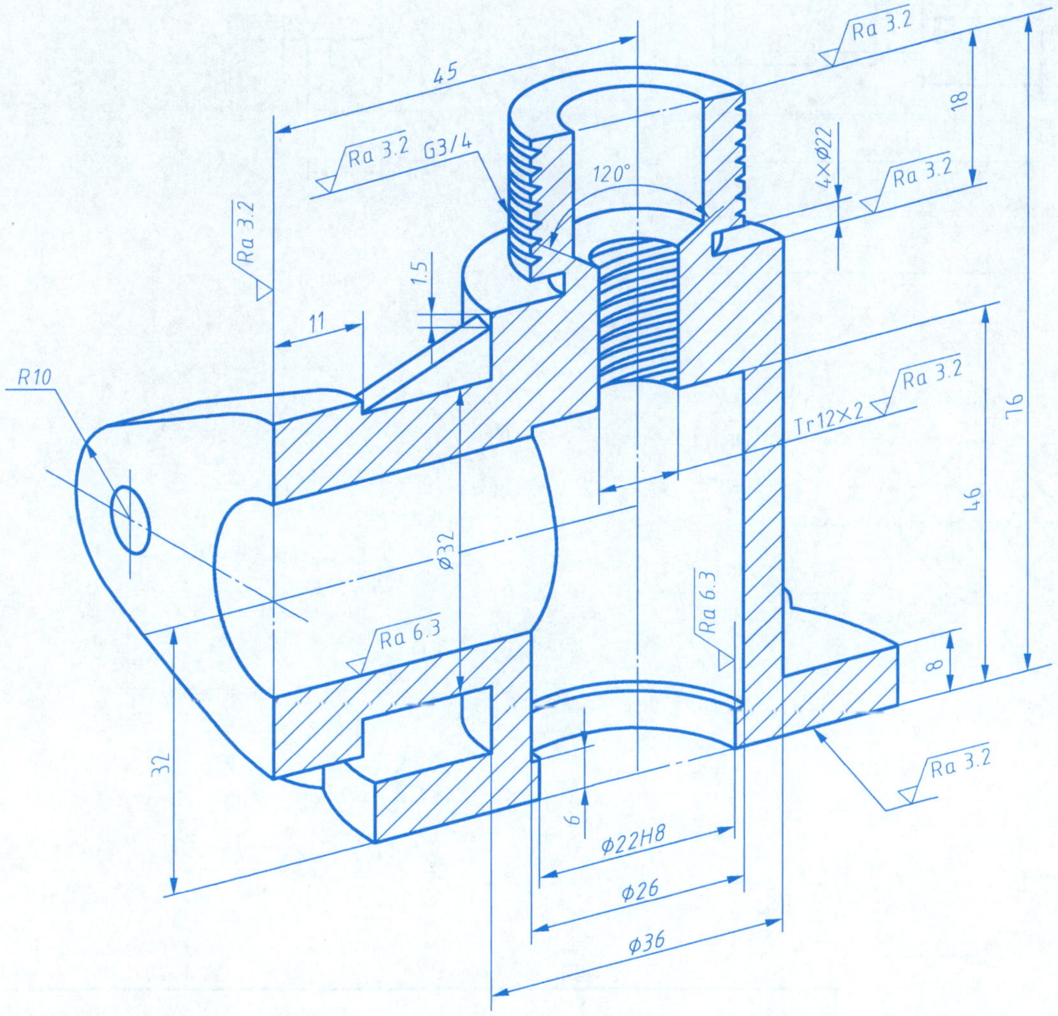

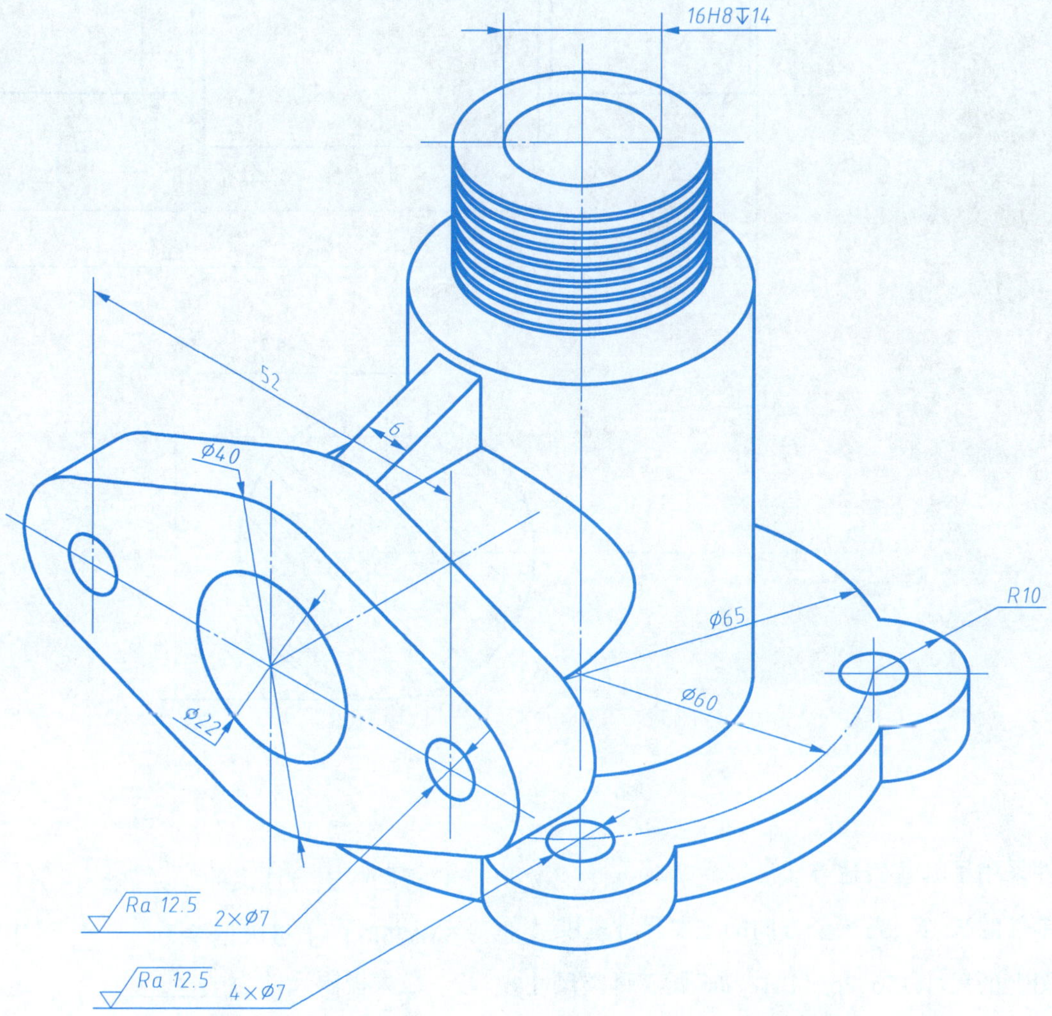

技术要求

1. 未注圆角R3;
2. 铸件不得有砂眼 裂纹等缺陷。

$\checkmark$ ($\checkmark$)

8-8 读零件图回答问题(一)

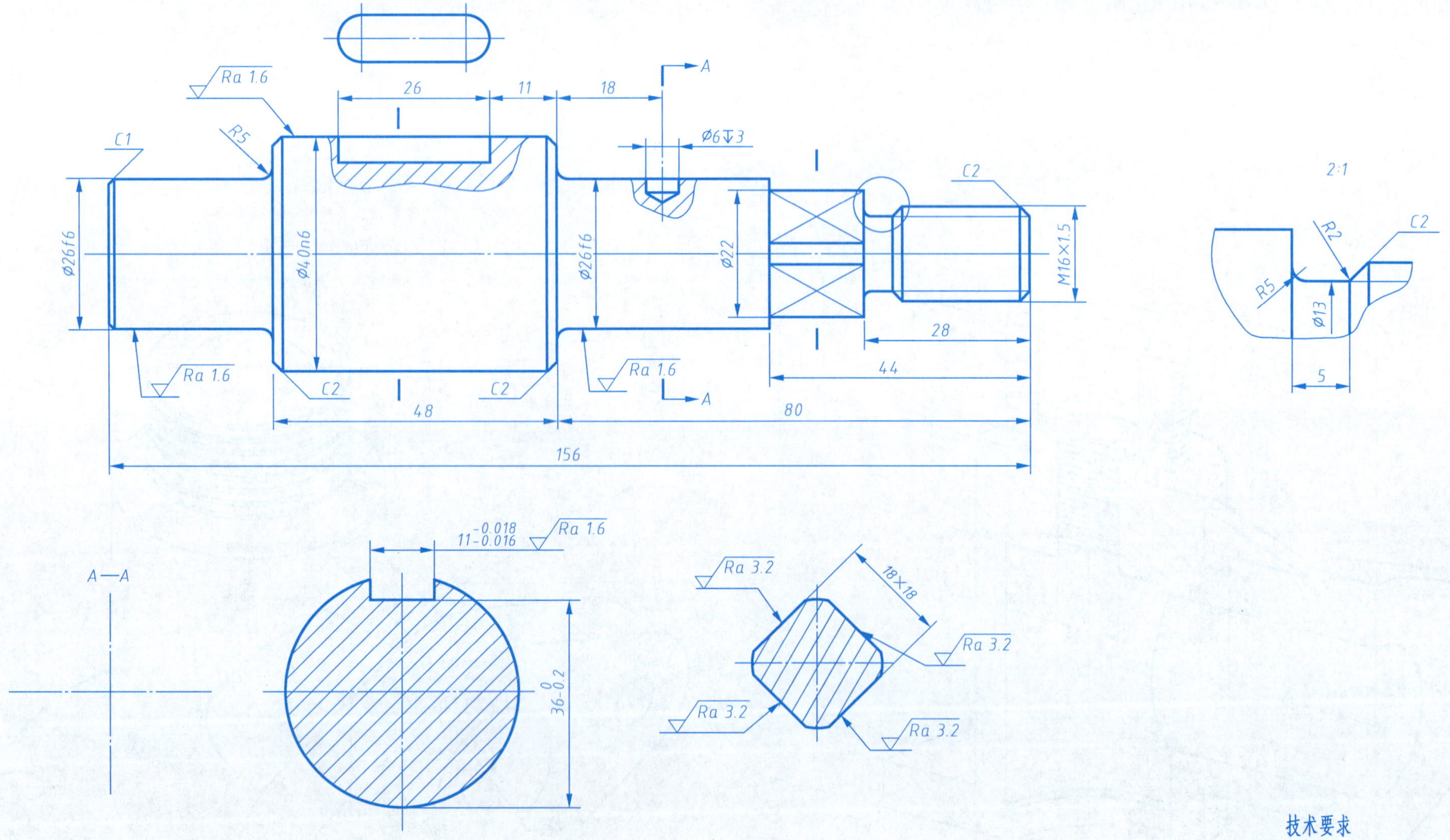

技术要求

1.调质处理HB241～269;

2.未注圆角R1.5。

$\sqrt{Ra\ 6.3}$ ($\sqrt{}$)

(1)该零件采用了哪些表达方法。

(2)找出零件的长、宽、高三个方向的主要尺寸基准。

(3)主视图上的尺寸156、26、11、18、ϕ6属于哪类尺寸?

总体尺寸为________;定位尺寸为________;

定形尺寸为________。

(4)标题栏上方注出的“$\sqrt{Ra\ 6.3}$($\sqrt{}$)”的含义是________。

(5)ϕ26f6的上极限偏差为________,下极限偏差为________,

最大极限尺寸为________,

最小极限尺寸为________,公差为________。

(6)在图中作出C—C的移出断面图。

						45	重庆理工大学
标记	处数	分区	更改文件号	签名	年月日		
设计			标准化			阶段标记 重量 比例	输出轴
						1:1	01
审核							
工艺			批准			共 张 第 张	

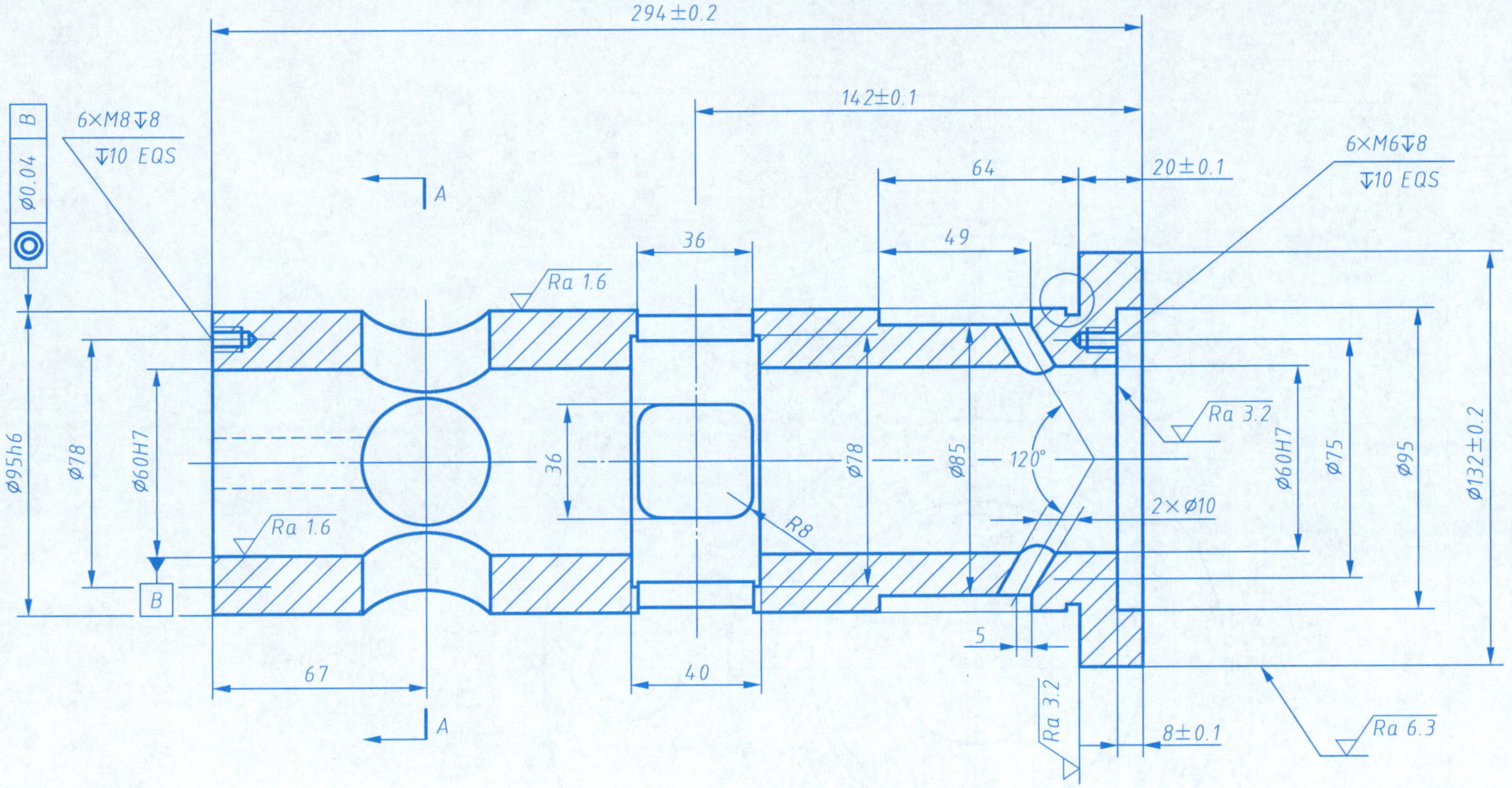

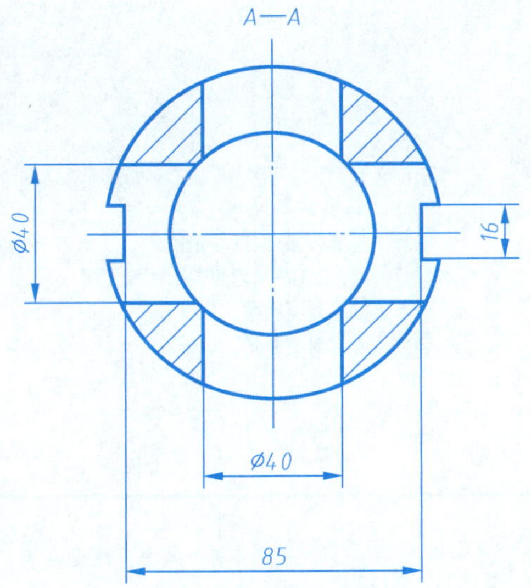

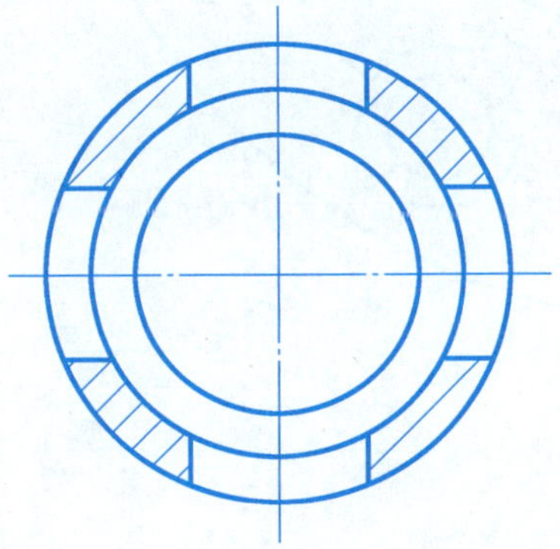

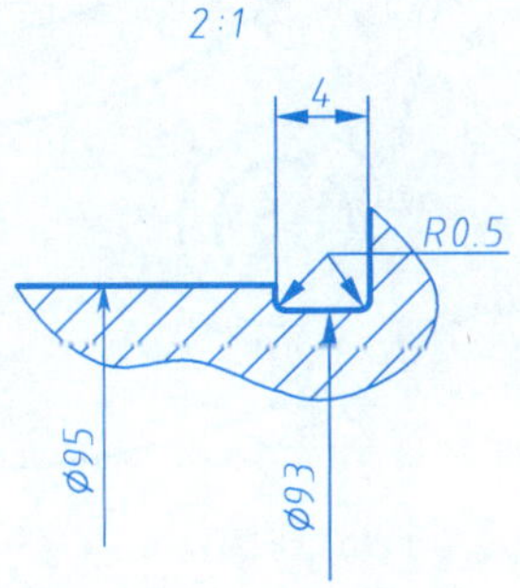

(1)读套筒零件图,画出其左视图(虚线省略不画)。

(2)回答下列问题:

①在垂直轴线方向有________种孔,一种是________孔,一种是________的________孔。

②砂轮越程槽有________处,其尺寸为________mm、________mm 和________mm。

③图中有________个 M6 孔,其定位尺寸为________mm。

Ra 12.5 (√)

技术要求

1. 锐边倒钝;
2. 未注圆角C2;
3. 全部螺孔均有倒角C1。

						45				重庆理工大学
标记	处数	分区	更改文件号	签名	年月日					
设计			标准化			阶段标记		重量	比例	套筒
									1:2	02
审核										
工艺			批准			共 张 第 张				

8-10 读零件图回答问题(三)

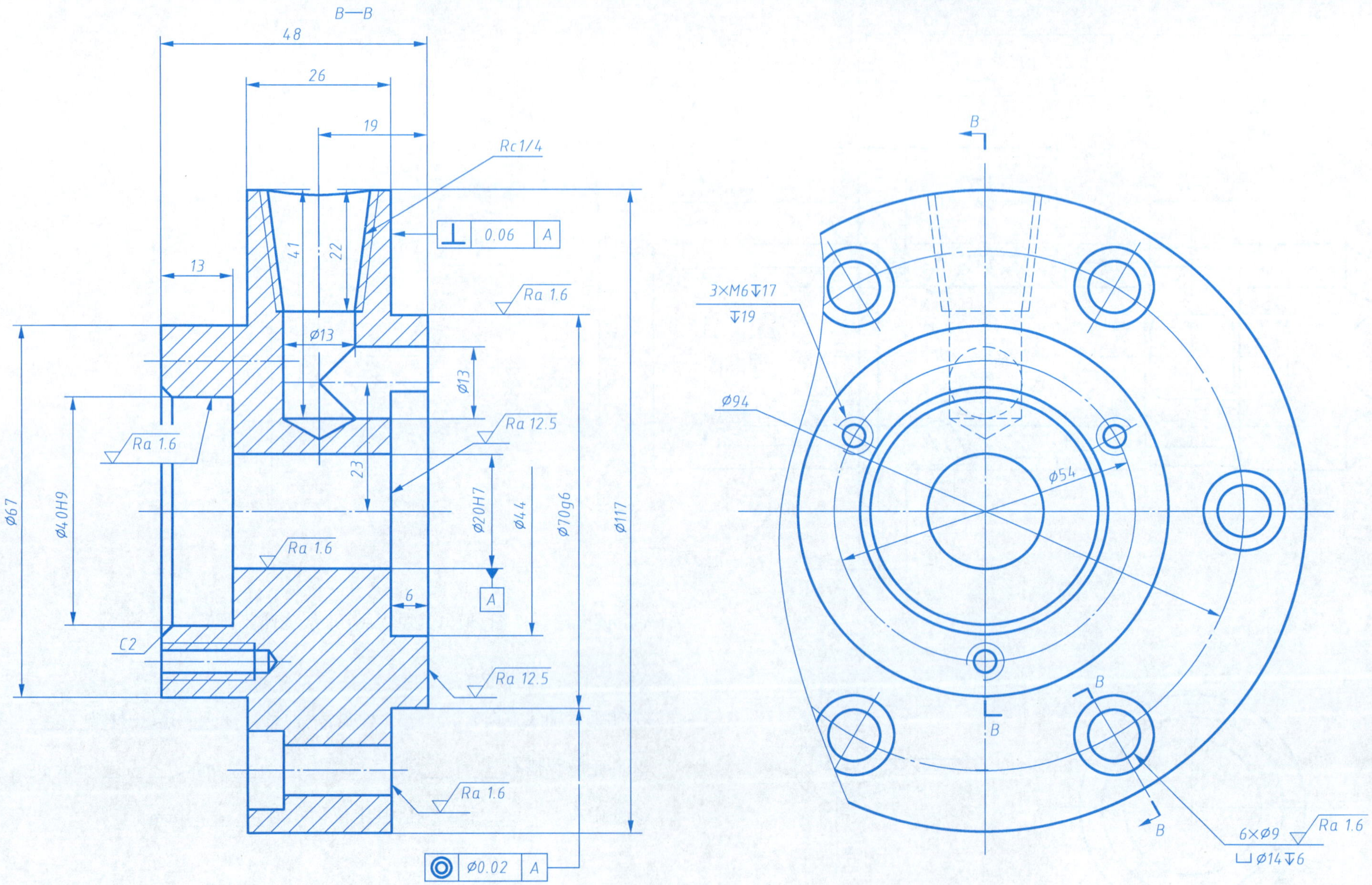

技术要求

1. 铸坯不得有砂眼 裂纹等缺陷。
2. 锐边倒角,未注倒角均为C1。
3. 全部螺纹孔均有倒角。
4. 铸件应人工时效处理。

Ra 6.3 (√)

(1)零件的主视图采用了________剖切的________剖视图。

(2)右端面上 $\phi13$ 孔的定位尺寸为________。

(3)左端面表面粗糙度 Ra 为________。

(4)图中同轴度公差框格的含义是________。

(5)六个沉头孔的定位尺寸为________。

(6)零件上有几个螺纹孔________。

(7)图中垂直度公差框格的含义是________。

(8)查表并写出 $\phi20H7$ 的极限偏差是________。

(9)画出零件的右视图外形图。

						HT150			重庆理工大学
标记	处数	分区	更改文件号	签名	年月日				
设计			标准化			阶段标记	重量	比例	端盖
								1:1	03
审核									
工艺			批准			共 张 第 张			

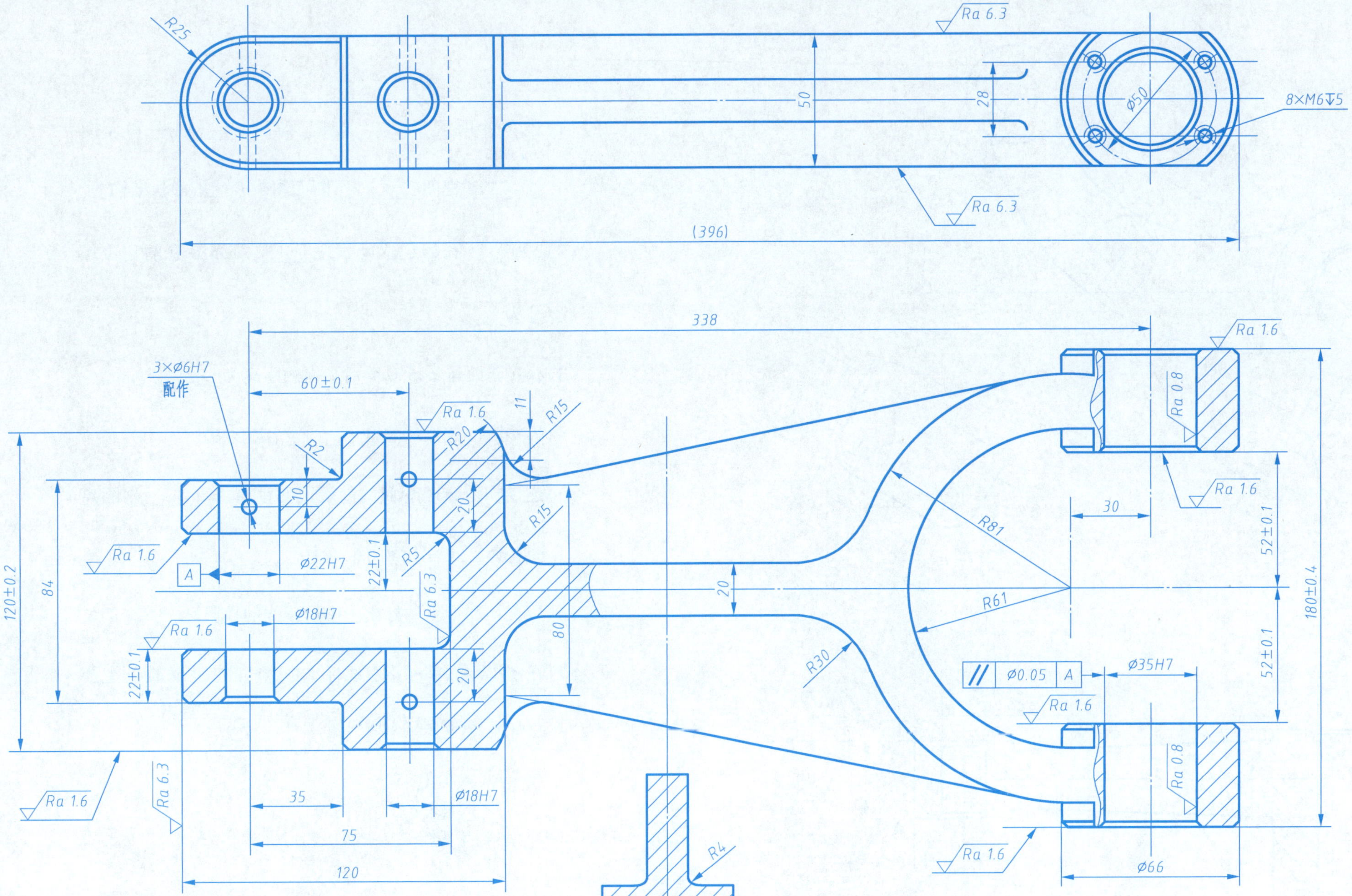

(1)零件的俯视图是________剖视图。

(2)图中最下方的图形称为________。

(3)指出零件三个方向的主要尺寸基准。

(4)零件有________种表面粗糙度要求，请从光滑到粗糙排序________。

(5)图中 8×M6↧14 的含义是________。

(6)该零件属于________类零件。

(7)ϕ6H7 的孔有________个。

(8)C1 表示________。

(9)尺寸(396)起________作用。

(10)零件的材料是________。

√(√)

技术要求

1.未标注圆角均为R3。

2.非工作面涂漆。

3.未标注倒角均为C1。

						ZG35				重庆理工大学
标记	处数	分区	更改文件号	签名	年月日					
设计			标准化			阶段标记		重量	比例	往复杠杆
									1:2	04
审核										
工艺			批准			共 张 第 张				

8-12 读零件图回答问题(五)

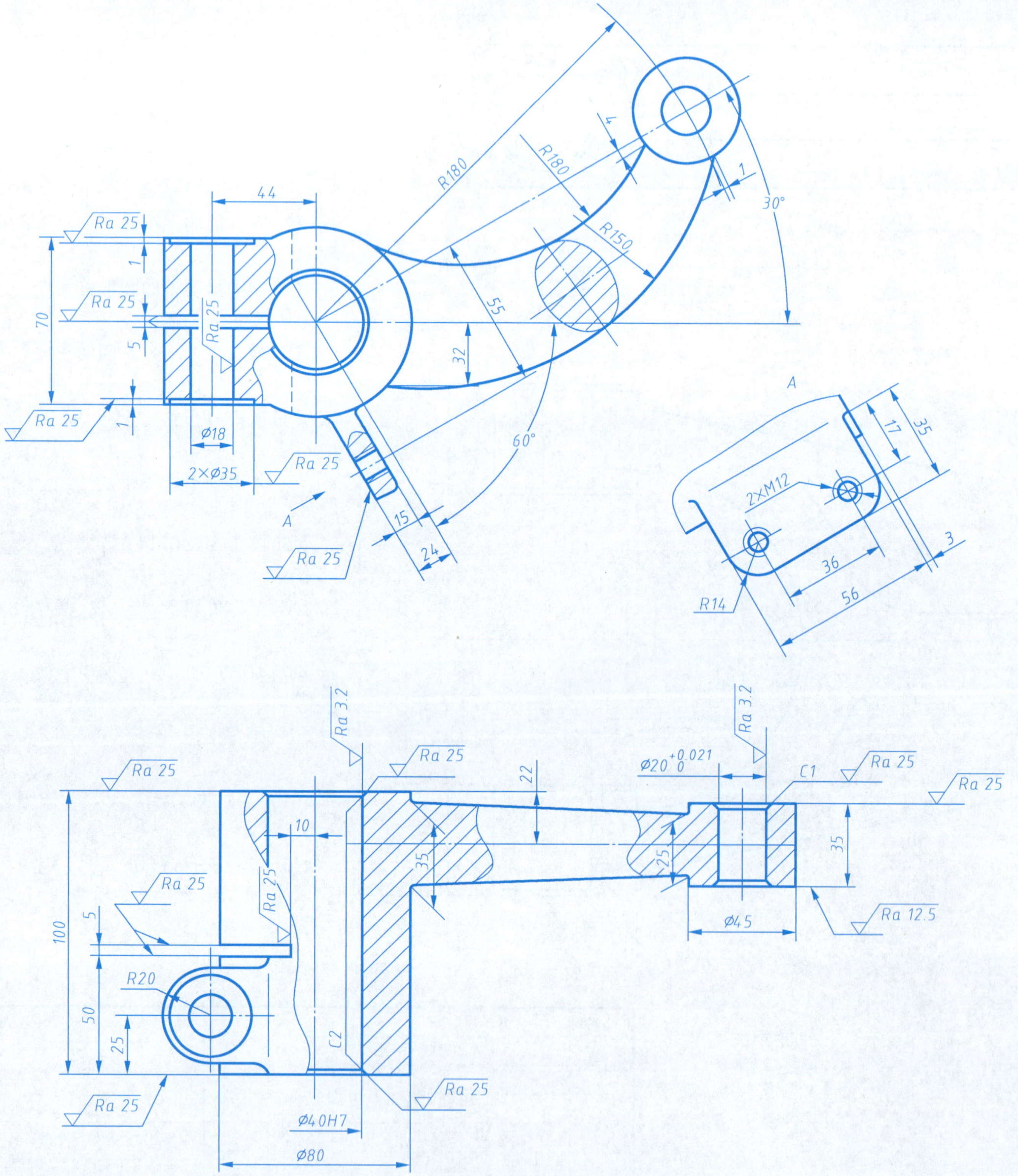

(1)该零件用了________视图，与________视图和 A 向________视图，________断面图来表达其形状结构。

(2)$\phi20^{+0.021}_{0}$ 孔的定位尺寸为________，$\phi18$ 孔的定位尺寸为________。

(3)$\phi80$ 套筒与 $\phi45$ 套筒后端面的距离为________mm。

(4)连接脚的定位尺寸是________，定形尺寸是________。

(5)连接脚距 $\phi80$ 套筒的前端面的距离为________，距离 $\phi80$ 套筒的后端面的距离为________。

(6)用文字和指引线标出图中过渡线的投影。

(7)在图中用文字和指引线标出长、宽、高三个方向的主要尺寸基准。

技术要求

未标注圆角为R2～R4。

$\checkmark$ ($\checkmark$)

						HT200		重庆理工大学
标记	处数	分区	更改文件号	签名	年月日			弯臂
设计			标准化			阶段标记	重量	比例
								1:2
审核								04
工艺			批准			共 张 第 张		

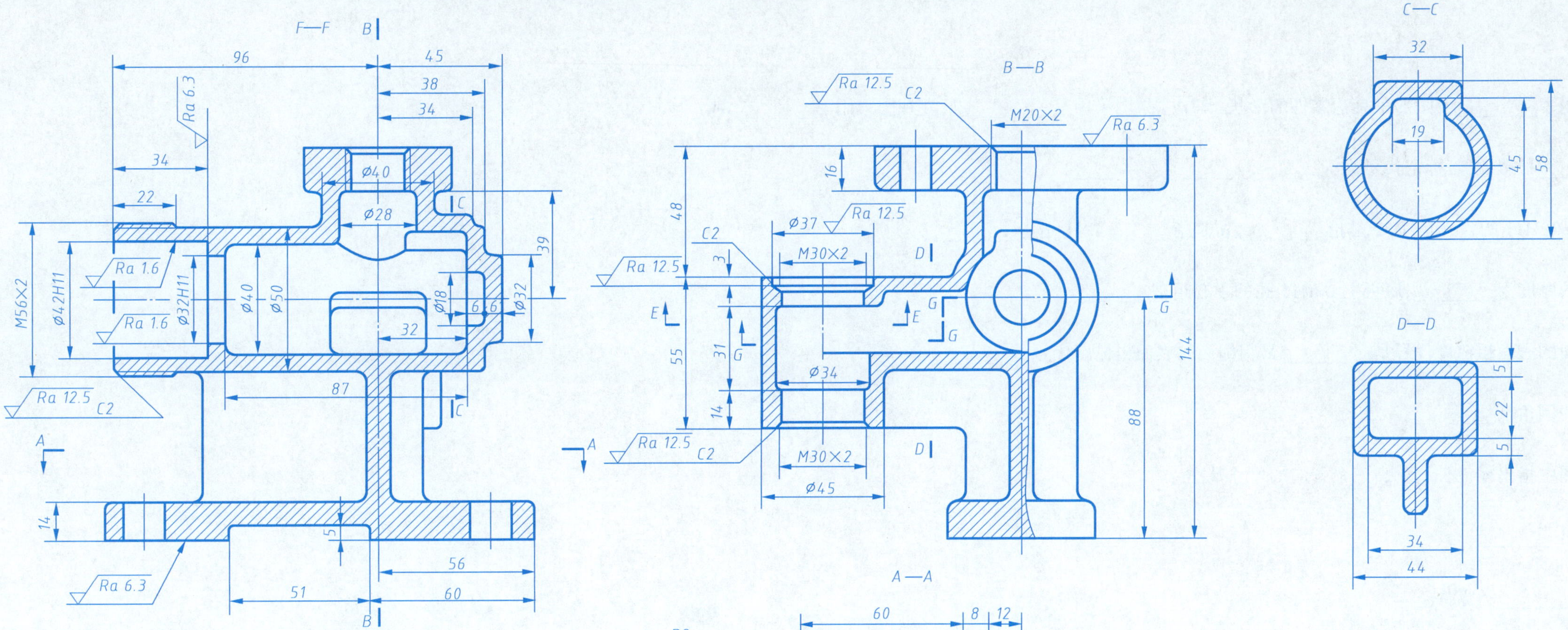

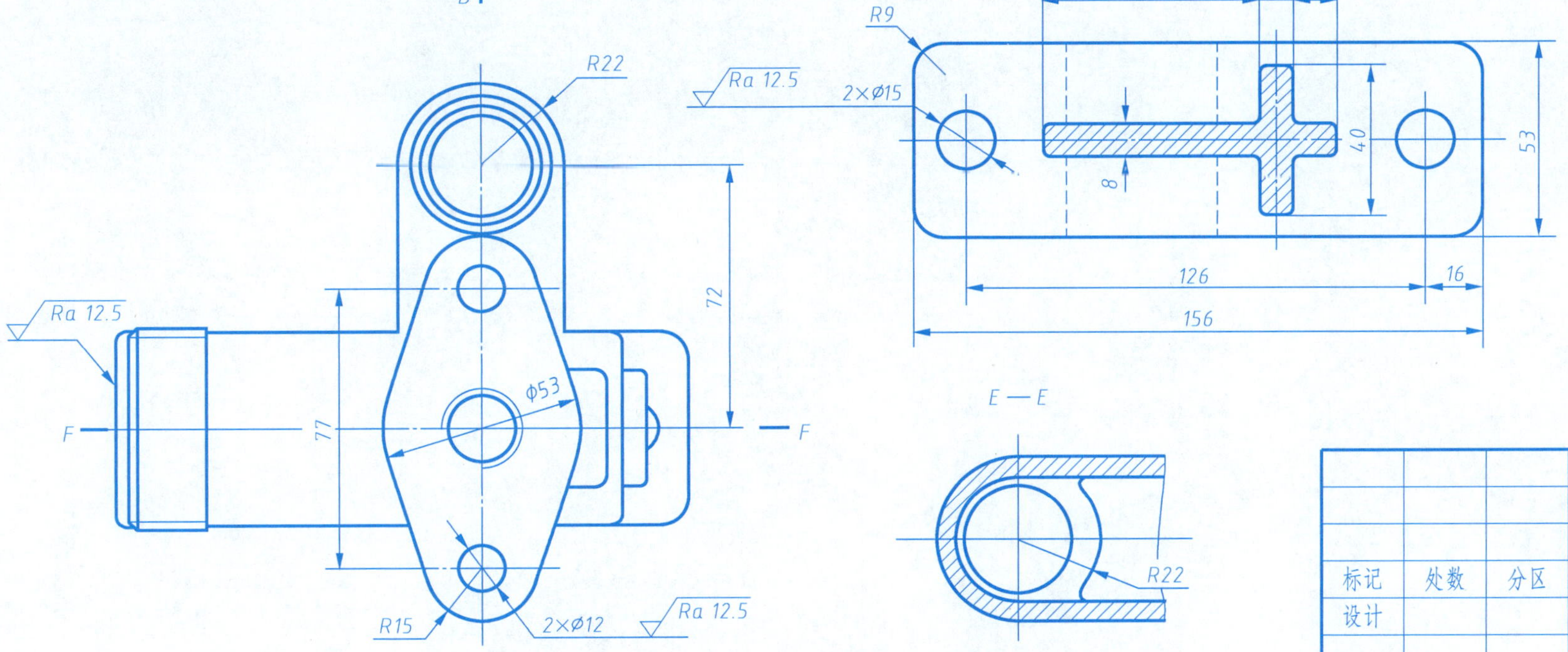

技术要求

1. 铸件不许有砂眼气孔表面应平整光滑;
2. 铸件应进行时效处理;
3. 未注圆角R3~R5;
4. 其余未注倒角为C1.6。

						HT200				重庆理工大学
标记	处数	分区	更改文件号	签名	年月日					左泵缸
设计			标准化			阶段标记		重量	比例	
									1∶2	07
审核										
工艺			批准			共　张　第　张				

(1)该零件图采用了________个图形来表达零件的形状,其中主视图采用了________剖,左视图采用了________剖。

(2)图中有________种螺纹,其标记代号为________、________、________。

(3)图中标注的 ϕ32H11 的含义是:ϕ32 是指________、H 是指________ 11 是指________。

(4)图中两肋板的厚度为________,底板上 2×ϕ15 孔的中心距是________。

(5)图中最光滑面的表面粗糙度代号是________,最粗糙面的表面粗糙度代号是________。

(6)图中未标注的倒角是________。

(7)用指引线在图中指出零件长、宽、高三个方向的尺寸基准。

(8)零件的材料是________。

(9)该零件属于________类零件。

(10)画出 *G*—*G* 剖视图。

一、填空题

1. 在装配图中，相互邻接的金属零件的剖面线，其倾斜方向应________，或方向一致而间隔________；同一装配图中的同一零件的剖面线应方向________，间隔________。

2. 在装配图中，宽度小于或等于2 mm的狭小面积的剖面区域，可用涂黑代替剖面符号。当两邻接剖面区域均涂黑时，两区域之间应留出不小于________ mm的空隙 。

3. 在装配图中，对于紧固件及轴、连杆、球、键、销等实心零件，若纵向剖切且剖切平面通过其对称平面或轴线时，则这些零件均按________绘制。如需要特别表明零件的构造，如凹槽、键槽、销孔等，则可用________图表示。

4. 在装配图中，当剖切平面通过的某些部件为标准产品或该部件已由其他图形表示清楚时，可按________绘制。

5. 一张完整的装配图应包含的内容为：________；________；________；零件序号、标题栏和明细栏。

6. 在装配图中，零件的________角、________角、凹坑、凸台、沟槽、滚花、刻线及其他细节等可不画出。

7. 装配图一般应标注以下几类尺寸：________尺寸、________尺寸(配合尺寸及相对位置尺寸)、________尺寸、________尺寸和其他重要尺寸。

8. 在装配图中可假想沿某些零件的结合面剖切或假想将某些零件________，需要说明时可加标注“拆去××等”。

9. 在装配图中，可省略螺栓、螺母、销等紧固件的投影，而用________线表示出其________所在位置。

二、选择题

1. 明细栏一般配置在装配图中标题栏上方，其序号栏目的填写顺序是(　　)。

A. 由上下向，顺次填写　　B. 由下向上顺次填写

C. 不必符合图形上的编排次序

2. 在装配图中，相邻零件的相邻表面处的画法是(　　)。

A. 接触面及配合面只画一条线，两零件相邻但不接触仍画两条线

B. 应视具体情况区别对待，例如间隙配合的孔轴表面，为图示其间隙，也应画两条线

C. 无论接触或不接触都应画两条线。

3. 表达某产品的全套图样中，有1张装配图，9张零件图，则在该装配图的标题栏中，有关张数和张次应填为(　　)。

A. 共10张第1张　　B. 共1张第1张

C. 不必填张数和张次　　D. 细双点画线

4. 装配图中，若干相同的零、部件组，可仅详细地画出一组，其余只需用下列线形中的哪一种表示其位置(　　)。

A. 粗实线　　B. 细实线

C. 细点画线　　D. 细双点画线

5. 对于在装配图中单独画出某一零件的视图的表示法，正确的说法是(　　)。

A. 装配图中不可出现单个零件的视图，否则易产生混淆

B. 装配图中，可以出现单个零件的视图，此时应标注投射方向、字母和零件的名称，当按投影关系配置时，可省略投射方向和字母

C. 装配图中可以单独画出某一零件的视图，但必须标注零件名称、投影方向和字母

6. 装配图中的零件除标准件外，其余零件均应称为(　　)。

A. 非标准件　　B. 专用件　　C. 特殊零件

9-2 由零件图画装配图(一)

作业要求：

参考千斤顶示意图和说明，看懂给出的零件图，画出千斤顶的装配图。

千斤顶示意图说明：该千斤顶是一种手动起重、支承装置。扳动绞杠而转动螺杆、螺套间的螺纹，可使螺杆上升、下降，起到起重、支承的作用。

千斤顶底座上装有螺套，螺套与底座间由螺钉固定。螺杆与螺套由方牙螺纹传动，螺杆头部中穿有绞杠，可扳动螺杆传动。

螺杆顶部的球面结构与顶垫的内球面接触起浮动作用。螺杆与顶垫之间有螺钉限位。

千斤顶图装配示意图

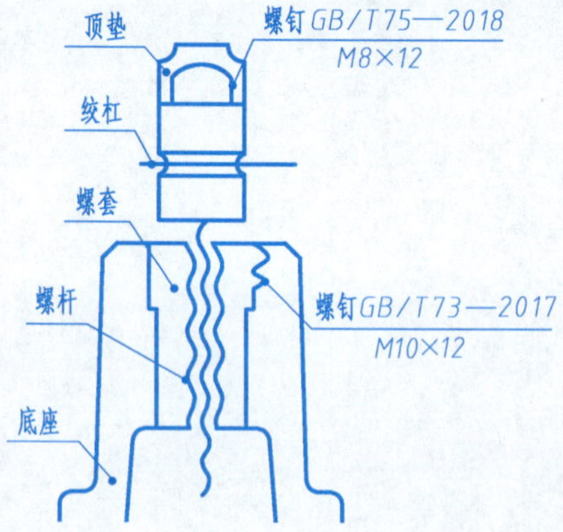

千斤顶	01-00

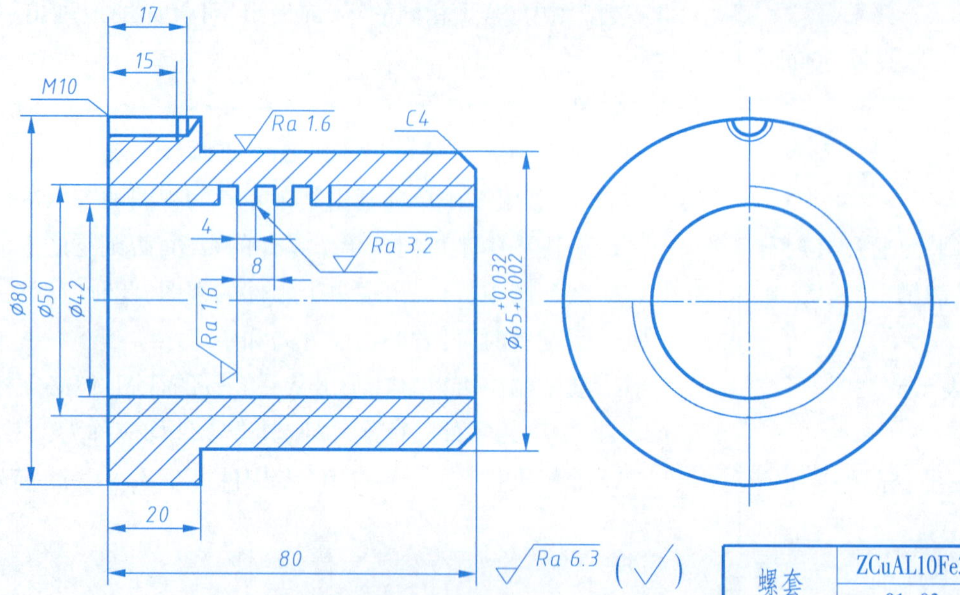

螺套	ZCuAL10Fe3
	01-03

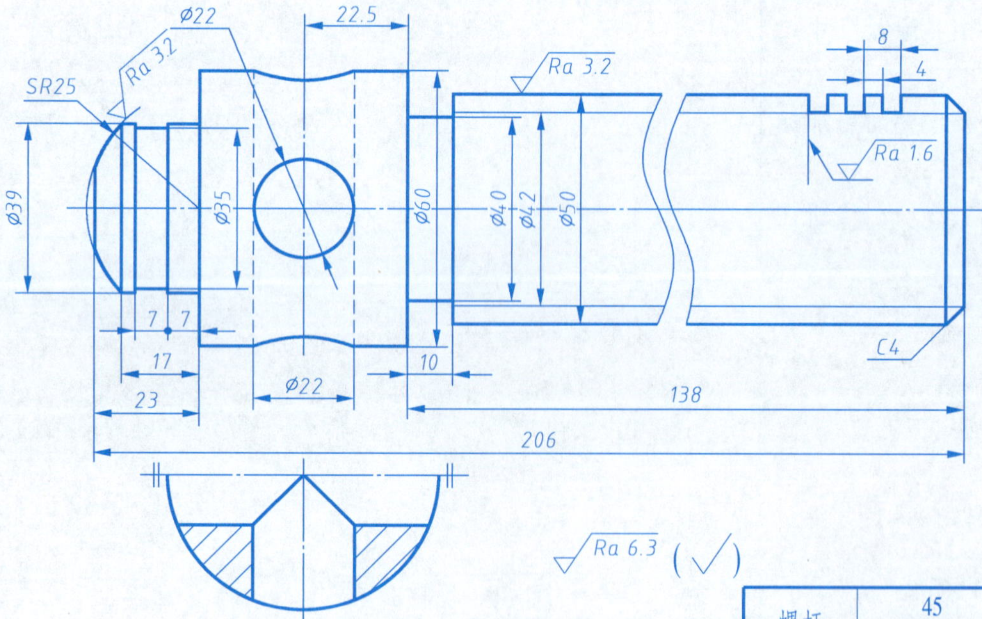

螺杆	45
	01-02

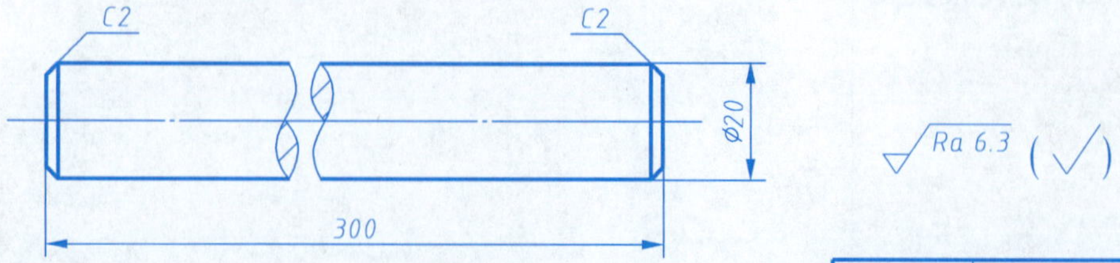

绞杠	35
	01-04

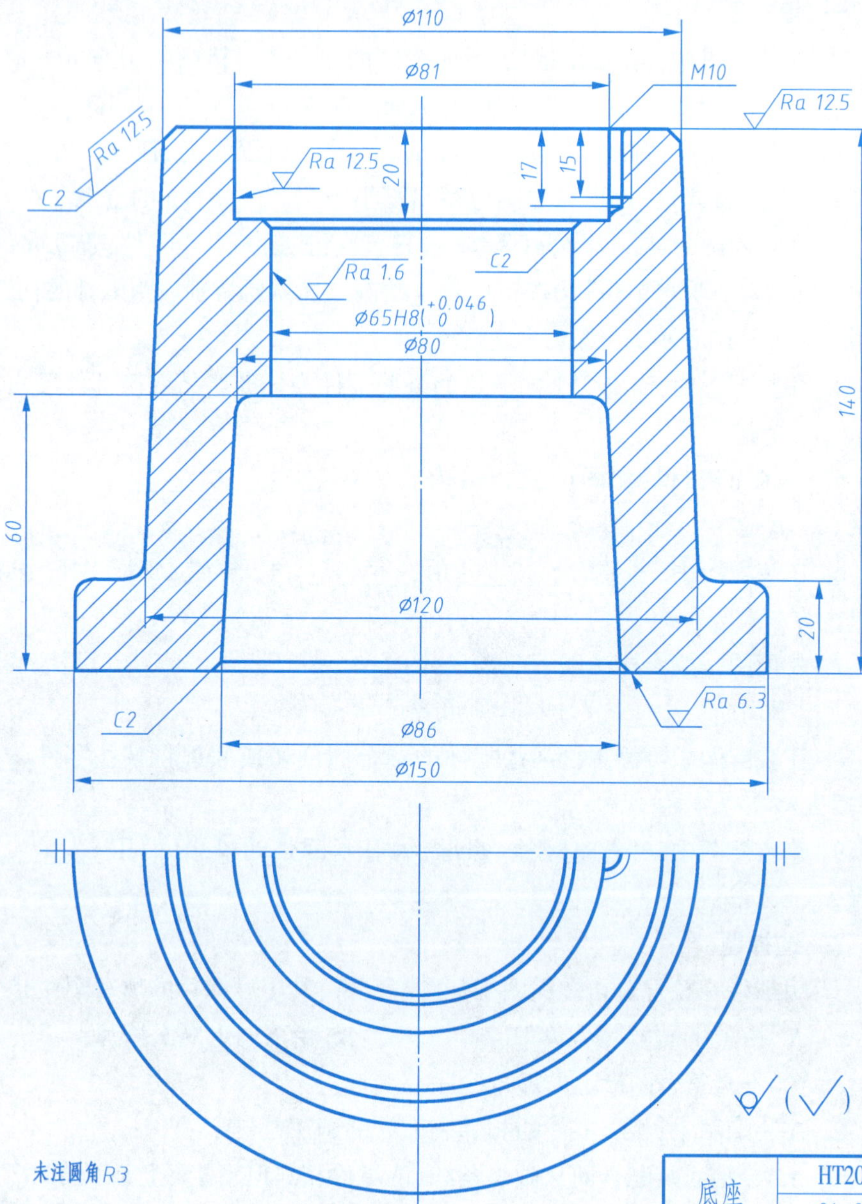

未注圆角R3

底座	HT200
	01-01

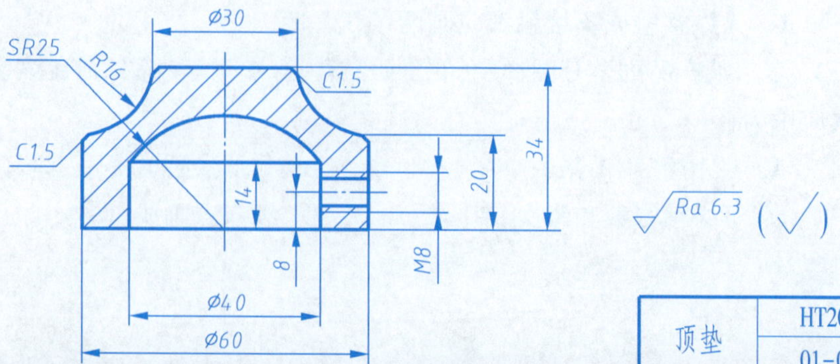

顶垫	HT200
	01-05

9-3　由零件图画装配图(二)

姓名		班级		学号		65

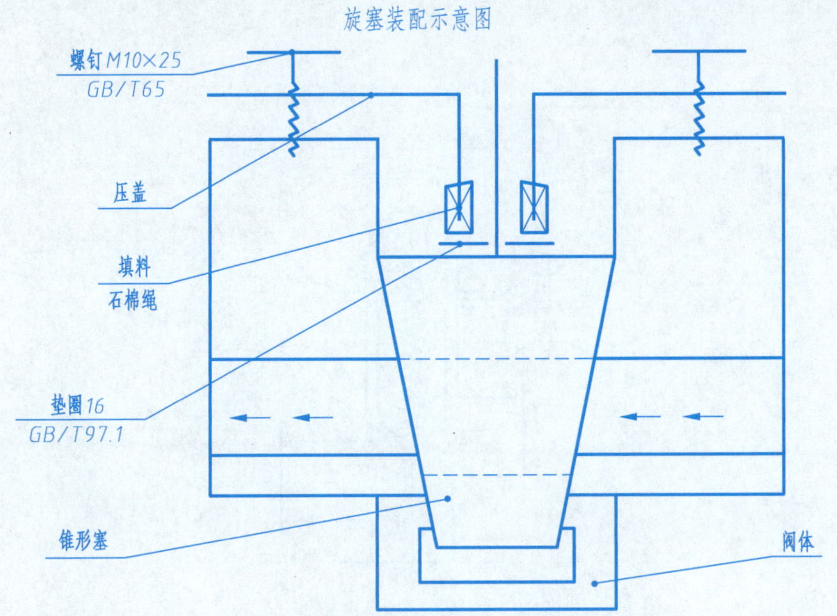

作 业 要 求:

参考旋塞的立体图和装配示意图,看懂给出的零件图,画出旋塞的装配图。

旋塞立体图和说明

左图是旋塞的立体图,它以螺纹连接于管道上,作为开关设备,其特点是开、关迅速。左图表明开的位置在锥形塞顶部开有长槽作为标记。当旋塞旋转 90°以后,长槽处于和管道垂直位置,表明已关闭。为了防止泄漏,在锥形塞与阀体间充填填料(石棉绳),并压盖压紧(填料压紧后的高度约为 12 mm),压紧后要求达到密封可靠且锥形塞转动灵活。

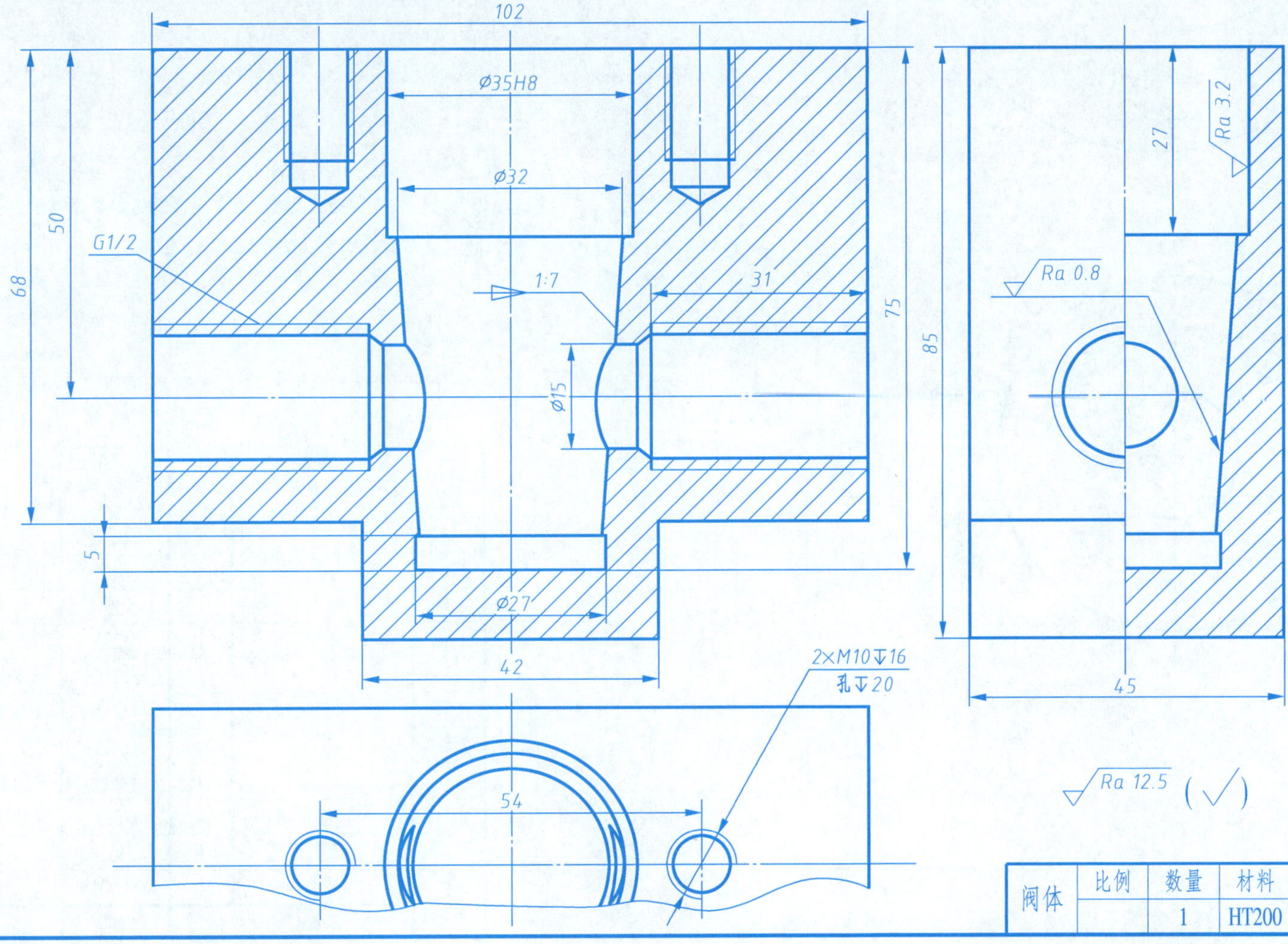

阀体	比例	数量	材料	序号
		1	HT200	01

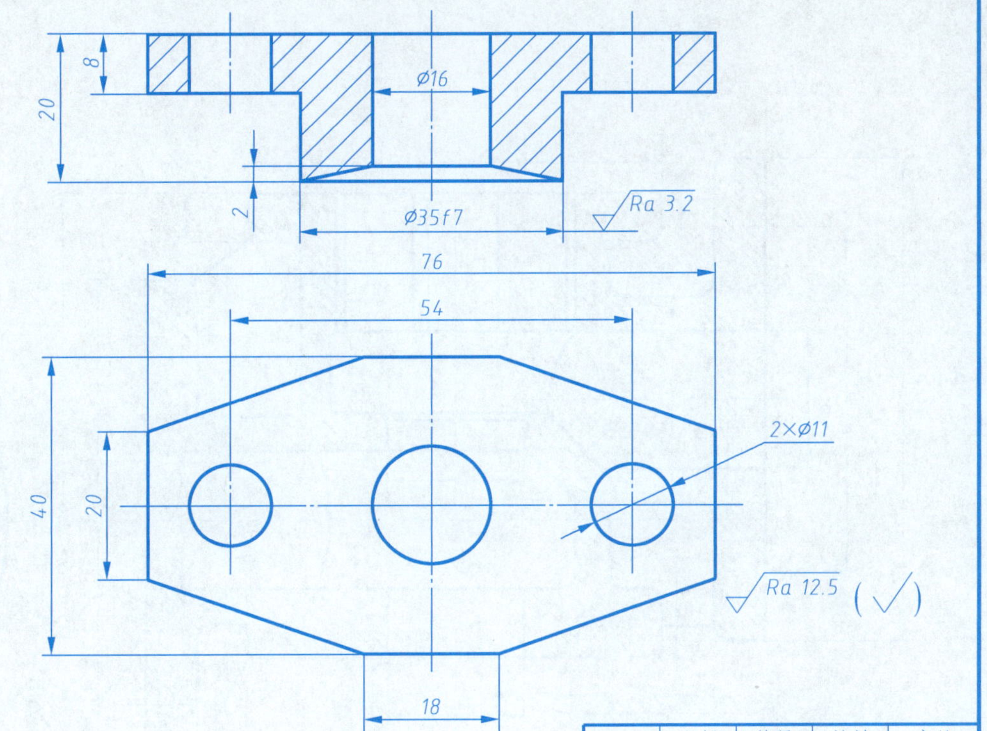

压盖	比例	数量	材料	序号
		1	HT200	01

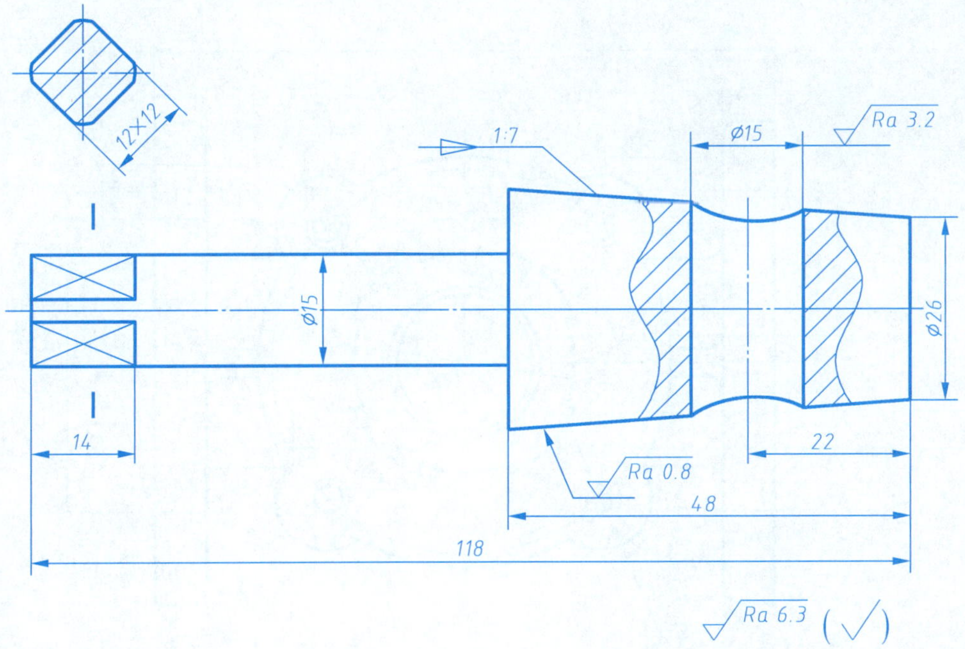

锥形塞	比例	数量	材料	序号
		1	45	02

9-4 由零件图画装配图(三)

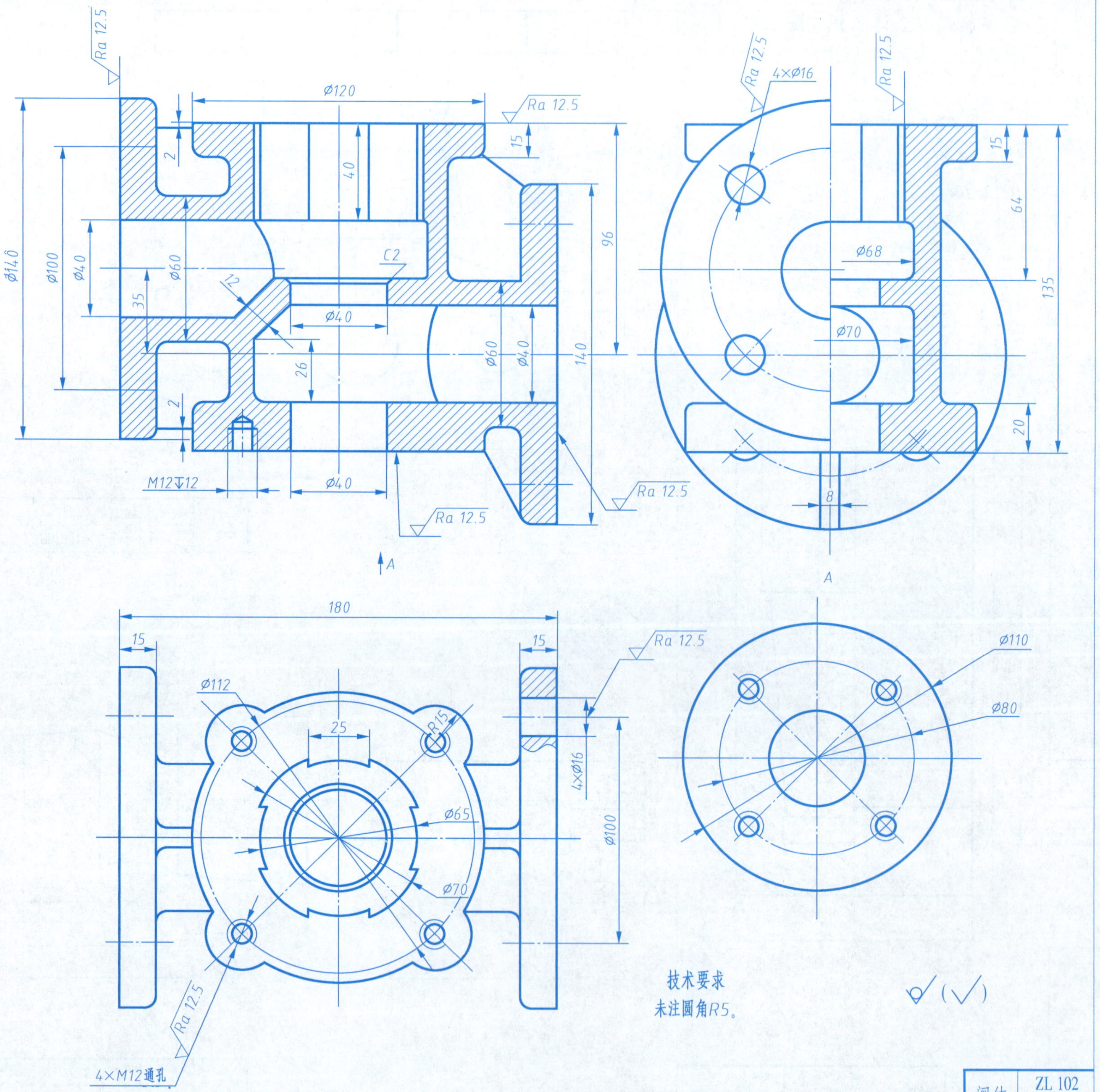

回油阀装配示意图

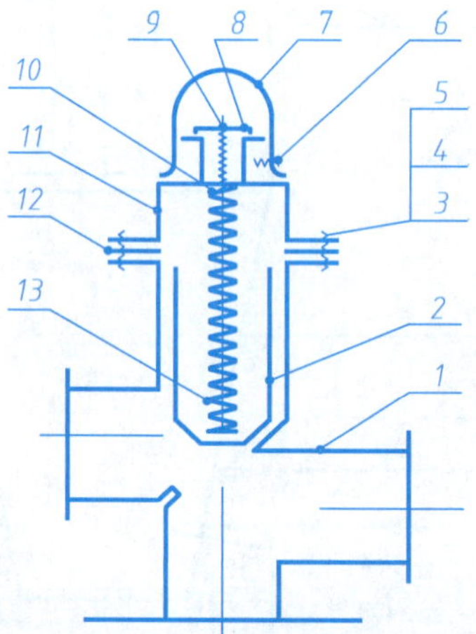

回油阀说明

回油阀是供油管道上的装置,在正常关闭时,阀门2靠弹簧13的压力处在关闭位置,此时油阀体右孔流入,经阀体下部的孔进入导管。当导管中油压增高超过弹簧压力时,阀门被顶开,油就顺阀体左端孔经另一导管流回油箱,以保证管路的安全。弹簧压力的大小靠螺杆9来调节。为防止螺杆松动,在螺杆上部用螺母8并紧。罩子7用来保护螺杆,阀门两侧有小圆孔,其作用是使进入阀门内腔的油流出来,阀门的内腔底部都有螺孔,是供拆卸时使用的,阀体1与阀盖11用4个螺柱连接,中间有垫片12以防漏油。

序号	名称	数量	材料	备注
13	弹簧	1	65Mn	
12	垫片	1	纸板	
11	阀盖	1	ZL102	
10	弹簧垫	1	H62	
9	螺杆	1	35	
8	螺母	1	Q235	GB/T 6170
7	罩子	1	ZL102	
6	螺钉	1	Q235	GB/T 175
5	垫圈	4	Q235	GB/T 97.1
4	螺母	4	Q235	GB/T 6170
3	螺柱 M12×35	4	Q235	GB/T 899
2	阀门	1	H62	
1	阀体	1	ZL102	

阀体	ZL 102	01-01

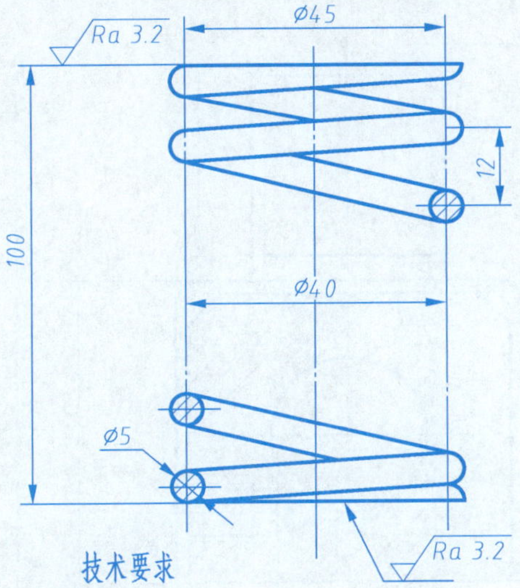

技术要求

1. 有效圈数 $n=7.5$；
2. 总圈数 $n_1=10$；
3. 旋向：右；
4. 展开长度：$L=1256$。

(√)

弹簧	65Mn	
	01-09	

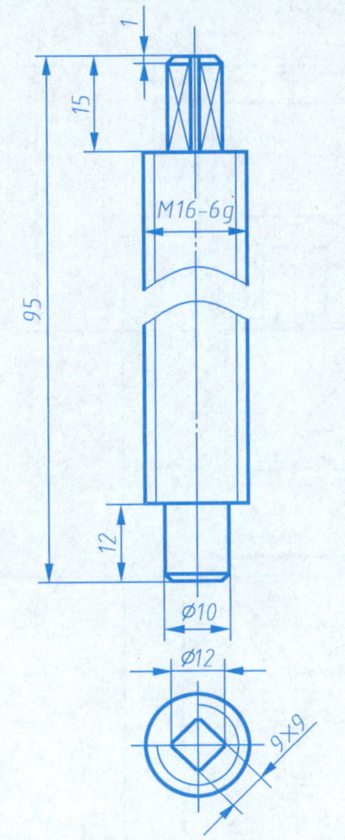

Ra 12.5 (√)

螺杆	纸板
	01-19

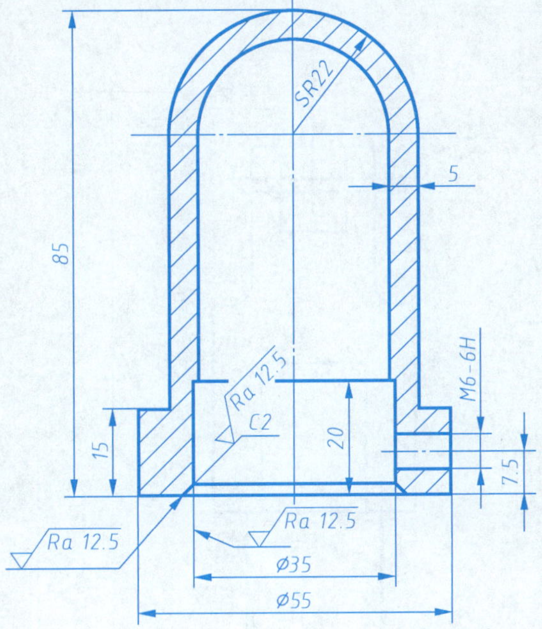

(√)

罩子	ZL102
	01-07

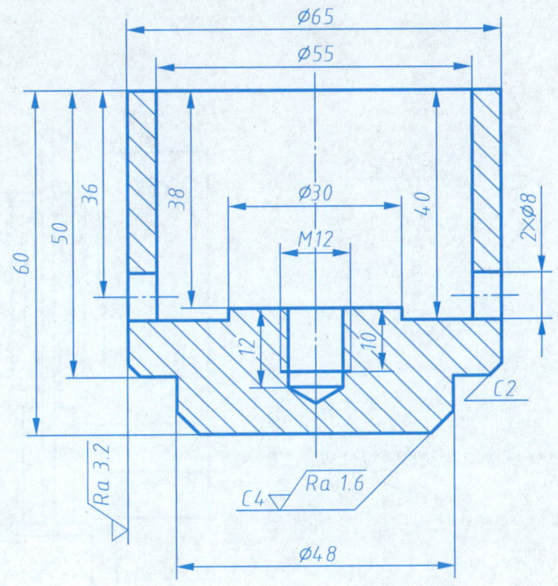

Ra 12.5 (√)

阀门	H62
	01-02

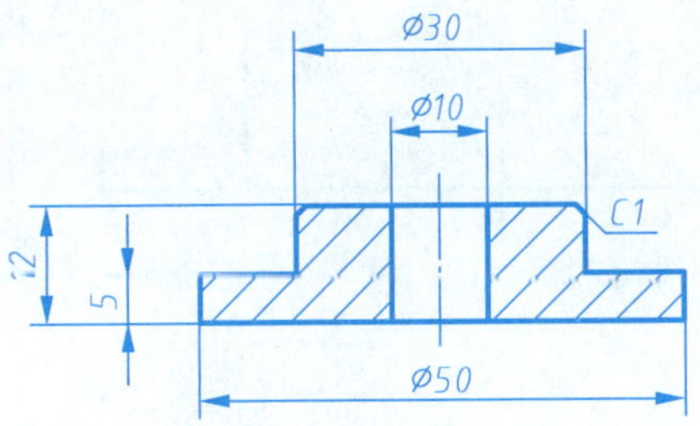

Ra 12.5 (√)

弹簧垫	H62
	01-01

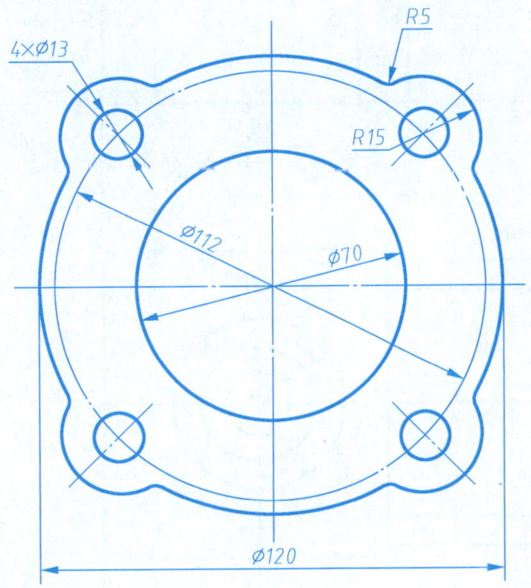

垫片	纸板
	01-12

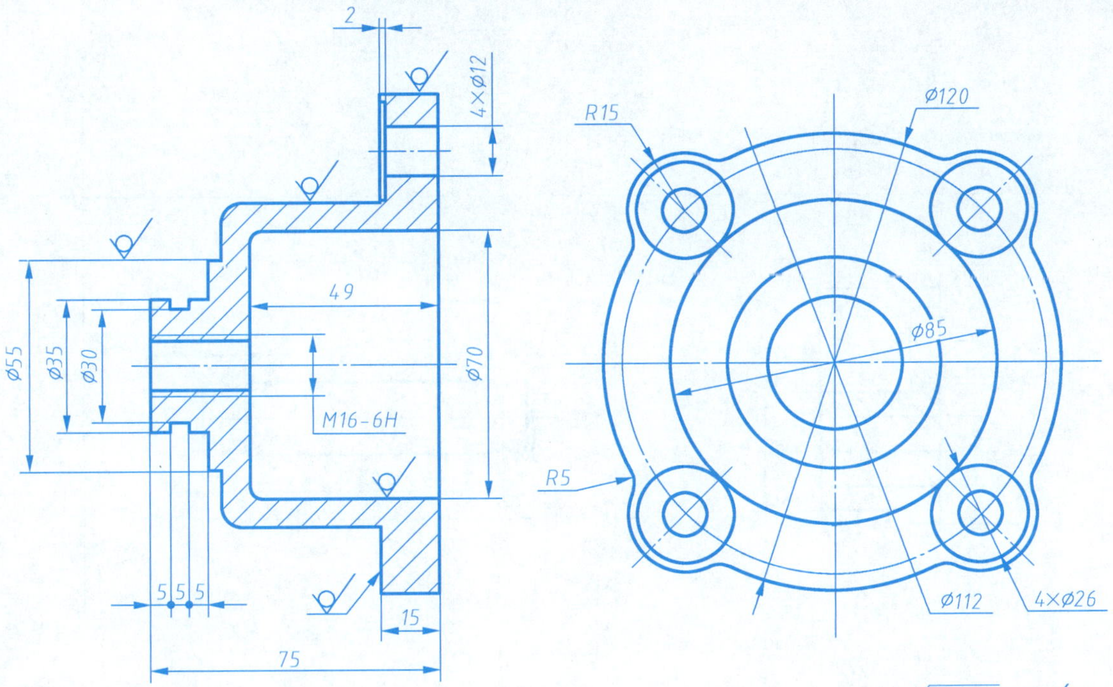

Ra 12.5 (√)

阀盖	45
	01-11

9-6 由零件图画装配图(五)

拼画压阀装配图

压阀工作原理

用力向下压转动手柄11，阀瓣5下移压缩弹簧4，从而使管路接通。

去除外力之后，阀瓣在弹簧的作用下复位，从而使管路截止。

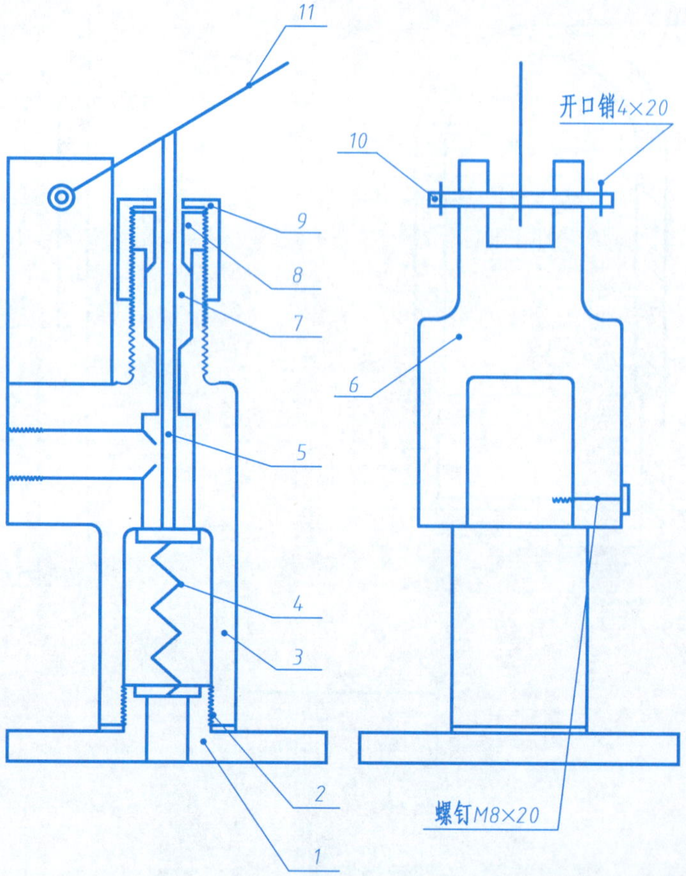

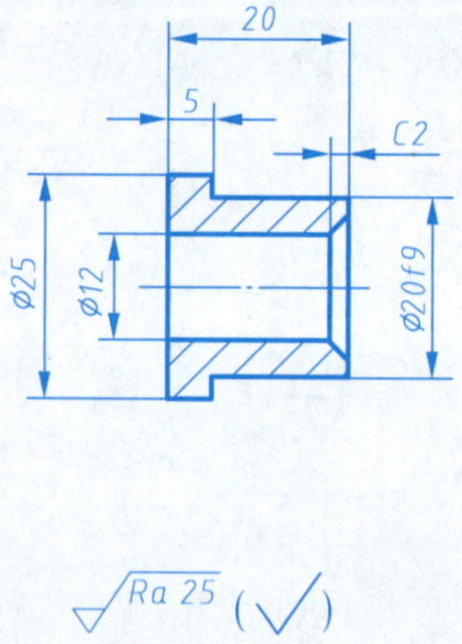

填料压盖	比例	数量	材料	序号
		1	Q235	08

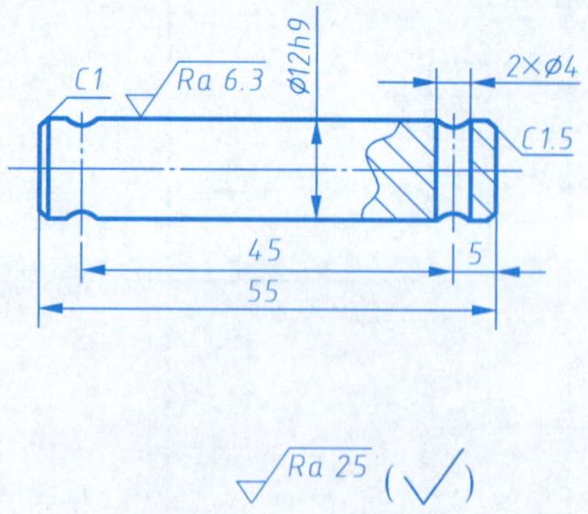

轴	比例	数量	材料	序号
		1	Q235	10

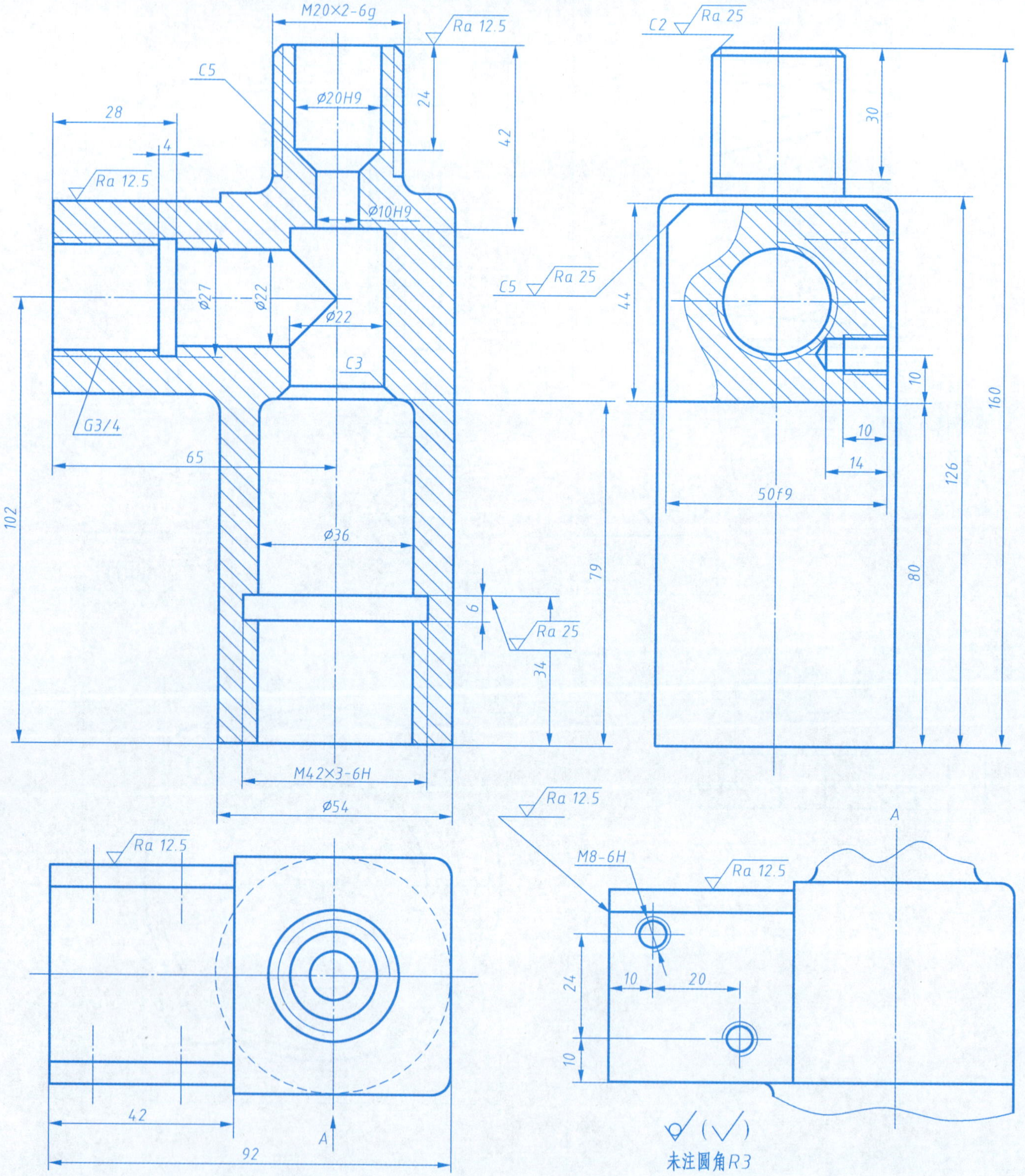

阀体	比例	数量	材料	序号
		1	HT200	03

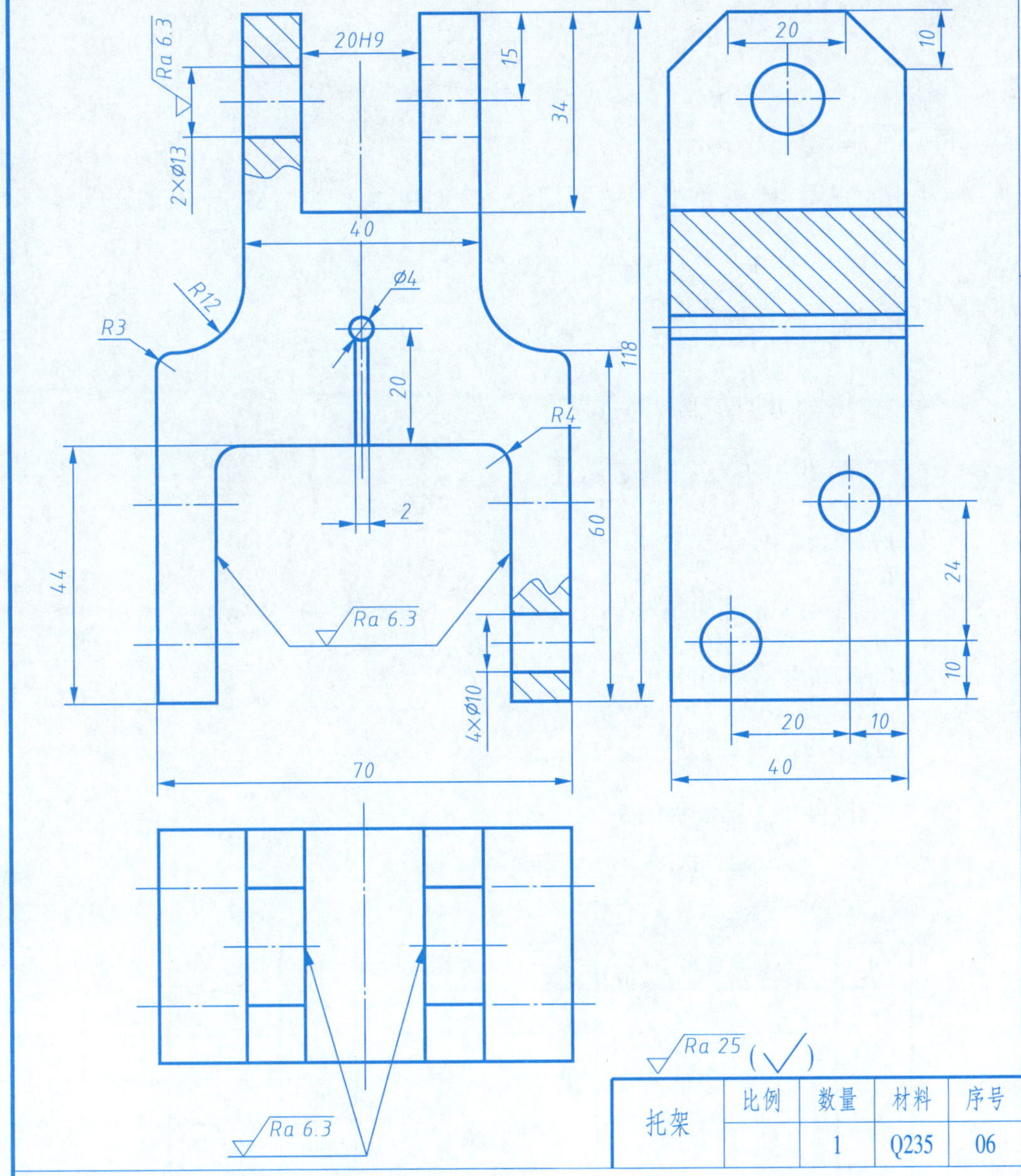

托架	比例	数量	材料	序号
		1	Q235	06

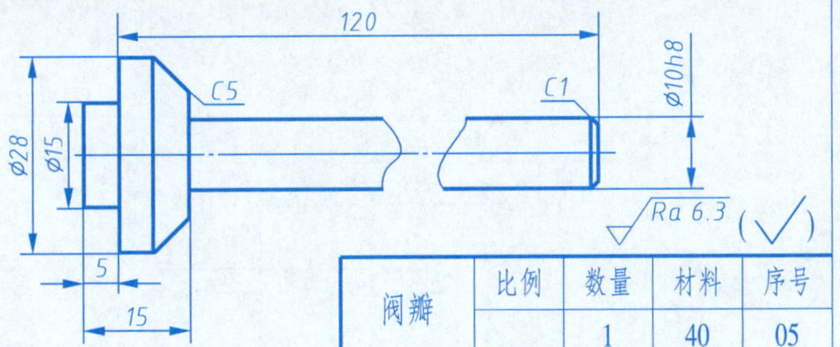

阀瓣	比例	数量	材料	序号
		1	40	05

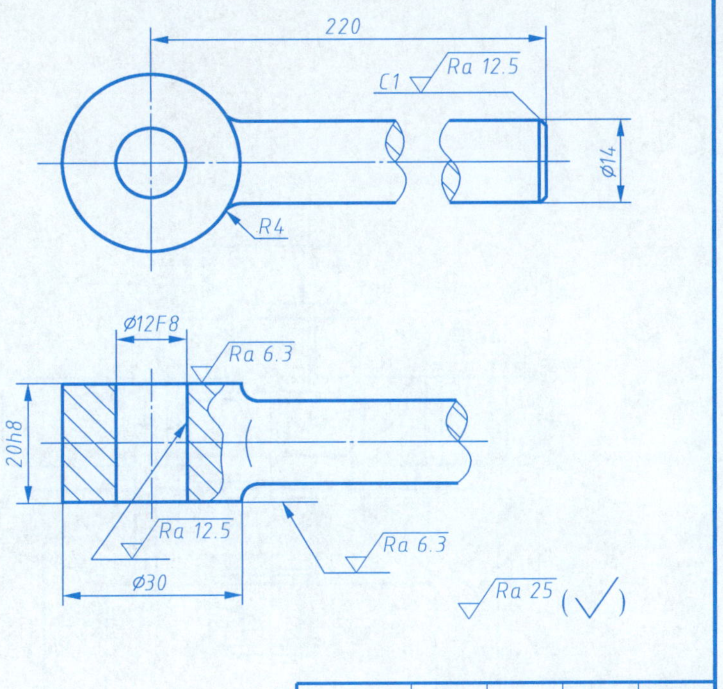

手柄	比例	数量	材料	序号
		1	Q235	11

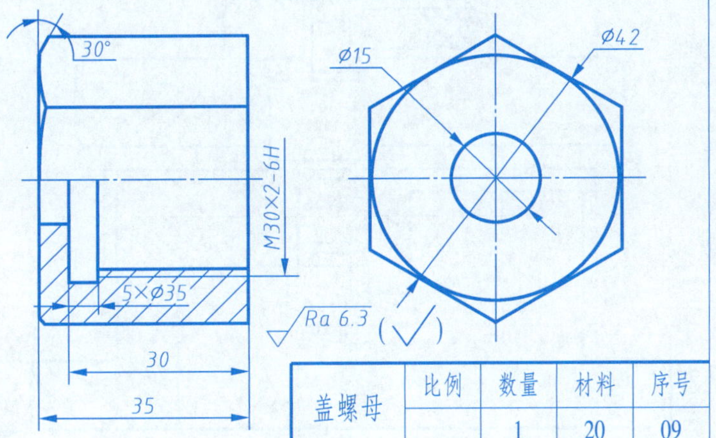

盖螺母	比例	数量	材料	序号
		1	20	09

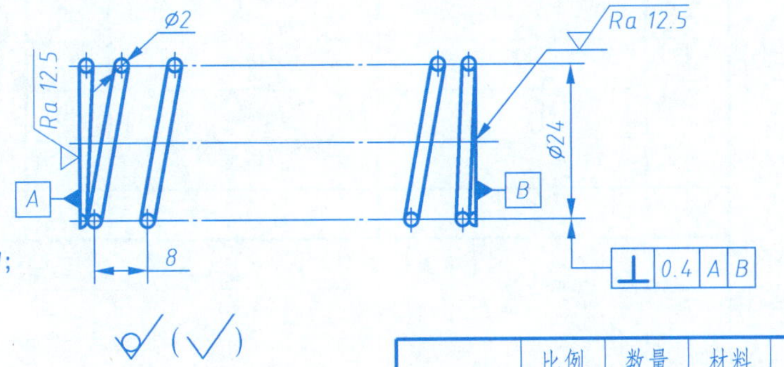

技术要求
1.展开长度$L=661$;
2.旋向:右旋
3.总圈数$n_1=9.5$;
4.工作圈数$n=7$;
5.硬度45HRC。

托架	比例	数量	材料	序号
		1	60Mn	04

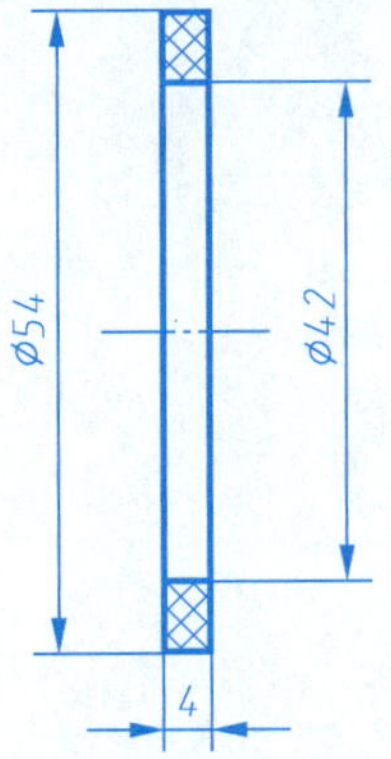

垫片	比例	数量	材料	序号
		1	橡胶	02

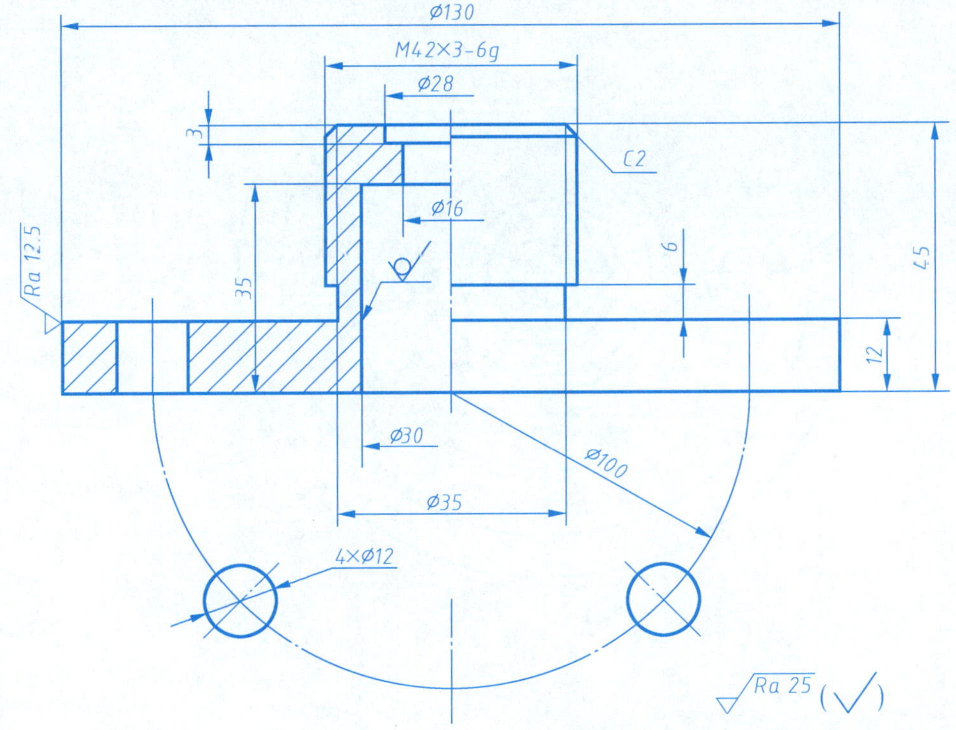

法兰	比例	数量	材料	序号
		1	HT200	01

9-8 读装配图回答问题(一)

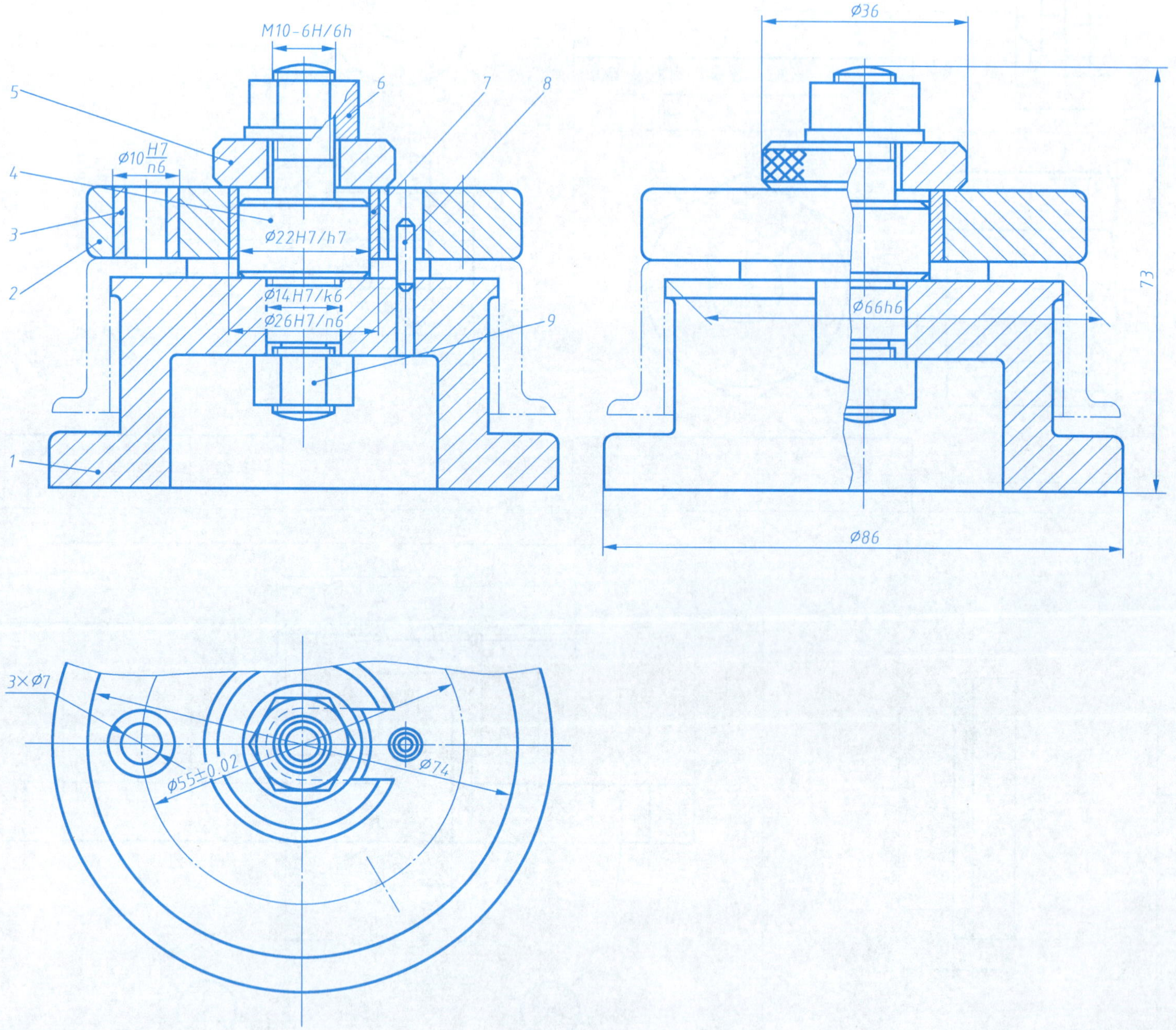

(1)主视图为____剖视图,左视图为____剖视图,俯视图是____视图。

(2)件 2 与件 3 是____配合,件 4 与件 7 是______配合。

(3)为取下工件,先松件____,再取下件____与件____即可。

(4)该钻模,工件装夹一次能钻______个孔。

(5)装配图中的双点画线表示____________。

(6)钻模的总体尺寸为____________。

(7)与件号 1 相邻的零件有____________(写出件号)。

(8)钻套的主要作用是____________,

件 7 的作用是____________。

(9)拆画件 1、2 的零件图。

序号	代 号	名 称	材料	数量	备 注
9	GB/T 41	六角螺母	35	1	
8	GB/T 119.1	销 3×28	35	1	
7		衬套	45	1	
6		特制螺母	35	1	
5		开口垫圈	40	1	
4		轴	40	1	
3		钻套	T8	3	
2		钻模板	40	1	
1		底座	HT150	1	

钻模	比例	数量	重量
制图			
校核			

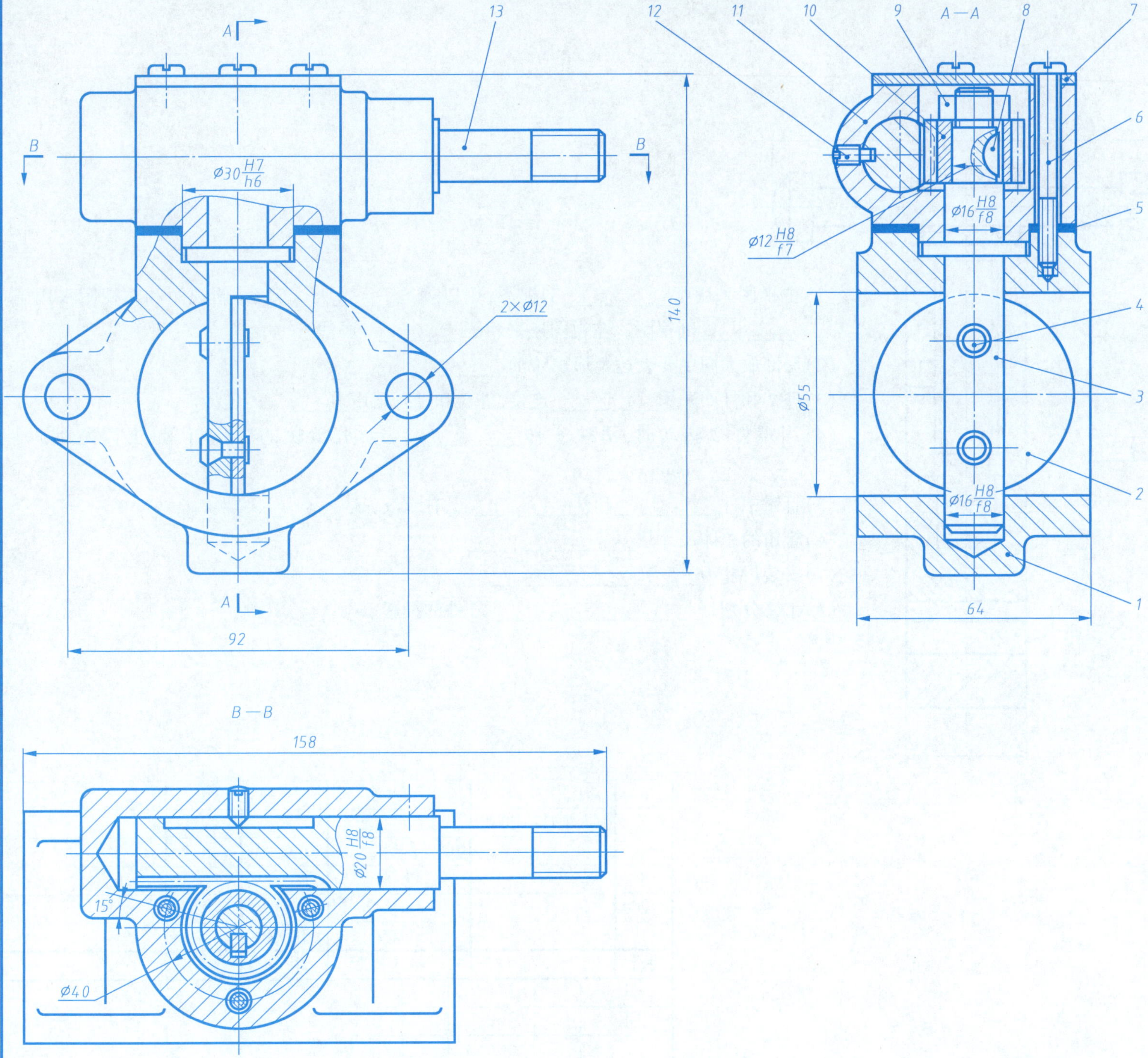

(1)蝴蝶阀由__种零件组成,其中标准件有____种。

(2)蝴蝶阀用了_______个图形来表达,其中主视图采用了____剖,左视图作了______剖,俯视图采用了______剖和______剖。

(3)齿杆 13 只能____动,阀门 2 和阀杆 3 是____连接。

(4)写出阀盖 11 与阀体 1 处的配合尺寸__________,它们是______制的________配合。

(5)装配图中的性能规格尺寸是_______、安装尺寸是________、________。

(6)拆画阀体 1 的零件图。

序号	名称	代号	数量	材 料
13	齿杆	$m=1.5, Z=10$	1	45
12	螺钉	GB 75-85-M5×10	1	35
11	阀盖		1	HT200
10	齿轮	$m=15, Z=16$	1	45
9	螺母	GB 6170-86-M10	1	35
8	半圆键	GB 1099-72-4×13	1	45
7	盖板		1	A3
6	螺钉	GB 67-85-M5×55	3	35
5	垫片		1	工业用纸
4	铆钉	GB 868-86-4×12	2	ML2
3	阀杆		1	45
2	阀门		1	Q235-A
1	阀体		1	HT200

蝴 蝶 阀	比例	重量	共 张	(图号)
	1:1		第 张	
制图				
校核				

9-10 读装配图回答问题(三)

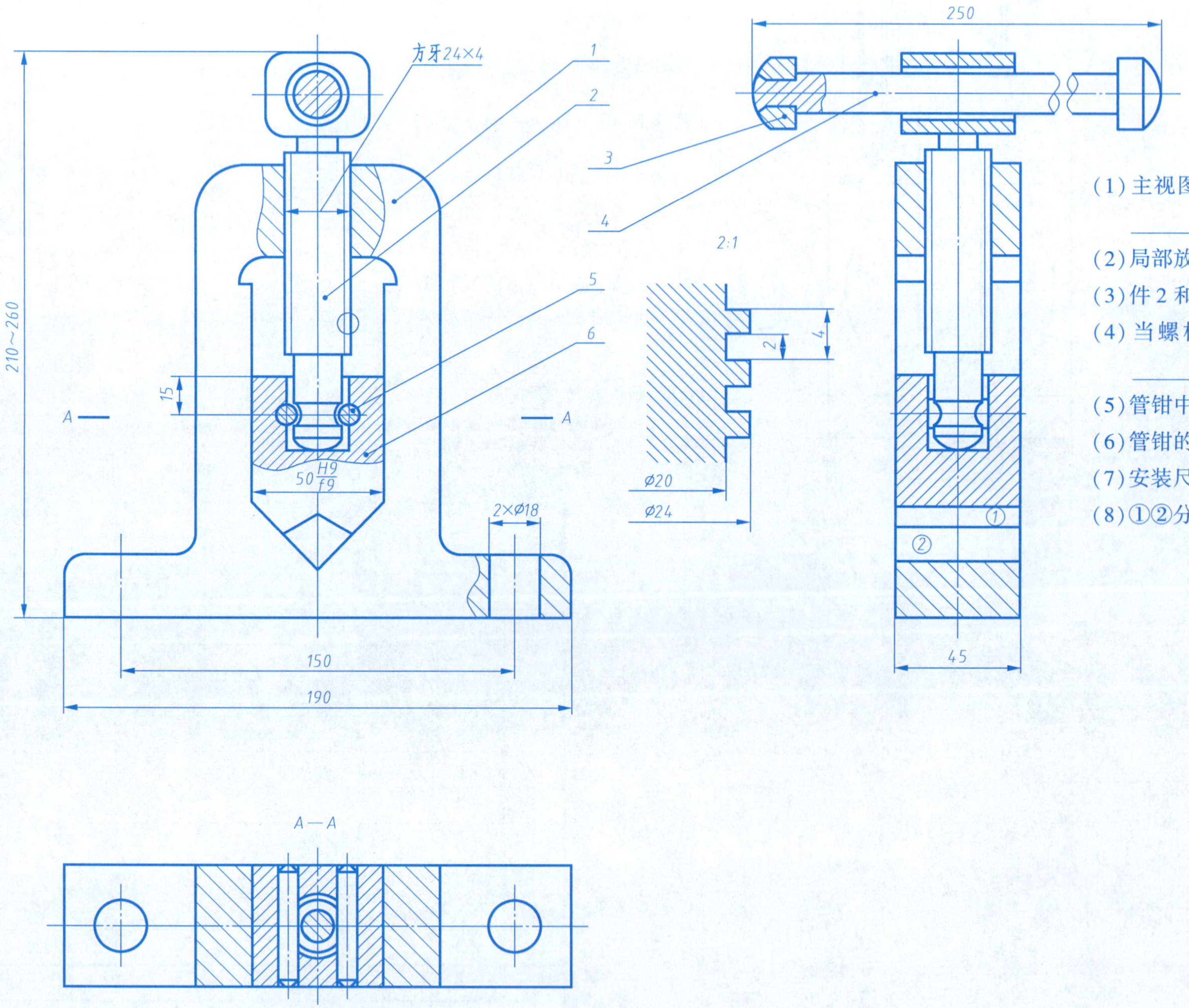

(1)主视图采用了＿＿＿＿剖视图，用以表达＿＿＿＿关系，俯视图和左视图采用了＿＿＿＿剖视图。左视图还采用了＿＿＿＿画法。

(2)局部放大图主要表达矩形螺纹的＿＿＿＿。

(3)件2和件6采用＿＿＿＿连接，件3和件4采用＿＿＿＿连接。

(4)当螺杆2转动时，滑块6作＿＿＿＿运动，滑块的工作行程(升降范围)是＿＿＿＿mm。

(5)管钳中件＿＿＿＿和件＿＿＿＿上有螺纹，是＿＿＿＿螺纹。

(6)管钳的总体尺寸是＿＿＿＿＿＿。

(7)安装尺寸为＿＿＿＿＿＿。

(8)①②分别是＿＿＿＿＿＿号件的投影。

序号	代号	名称	材料	数量	备注
6		滑块	Q275-A	1	
5	GB/T 117—2000	圆柱销4×45	30	2	
4		手柄杆	Q235—A	1	
3		套圈	Q235—A	1	
2		螺杆	A6	1	
1		钳座	HT200	1	

标记	处数	分区	更改文件号	签名	年月日		重庆理工大学
设计			标准化			阶段标记 重量 比例	管钳
审核						1:2.5	GQ-00
工艺			批准			共 张 第 张	

9-11 读装配图回答问题(四)

(1)表达针型阀结构及工作原理、装配关系，采用了________视图与________视图。主视图采用________剖的目的为保留________号件的外形。俯视图为________视图。两处折断画法分别表示________号件。

(2)________号件的作用是压紧填料，起________作用。

(3)与5号件相接触，具有螺纹连接的零件有________号件。

(4)欲拆下2号件轴应旋松________号件，再拆下________号件，方能取出。

(5)为调整针型阀输送液体流量的大小，应旋转________号件，使________号件上升和下降，以控制锥隙的大小来实现，上升和下降的最大距离为________mm。

(6)转配图中有________处属于装配尺寸，外形尺寸为________，性能、规格尺寸为________。

(7)G1/2A的含义为________________。

(8)拆画件2、件5的零件工作图。

说明

针型阀是以上升和下降轴尖“针”形来调节输送流通流量的装置。

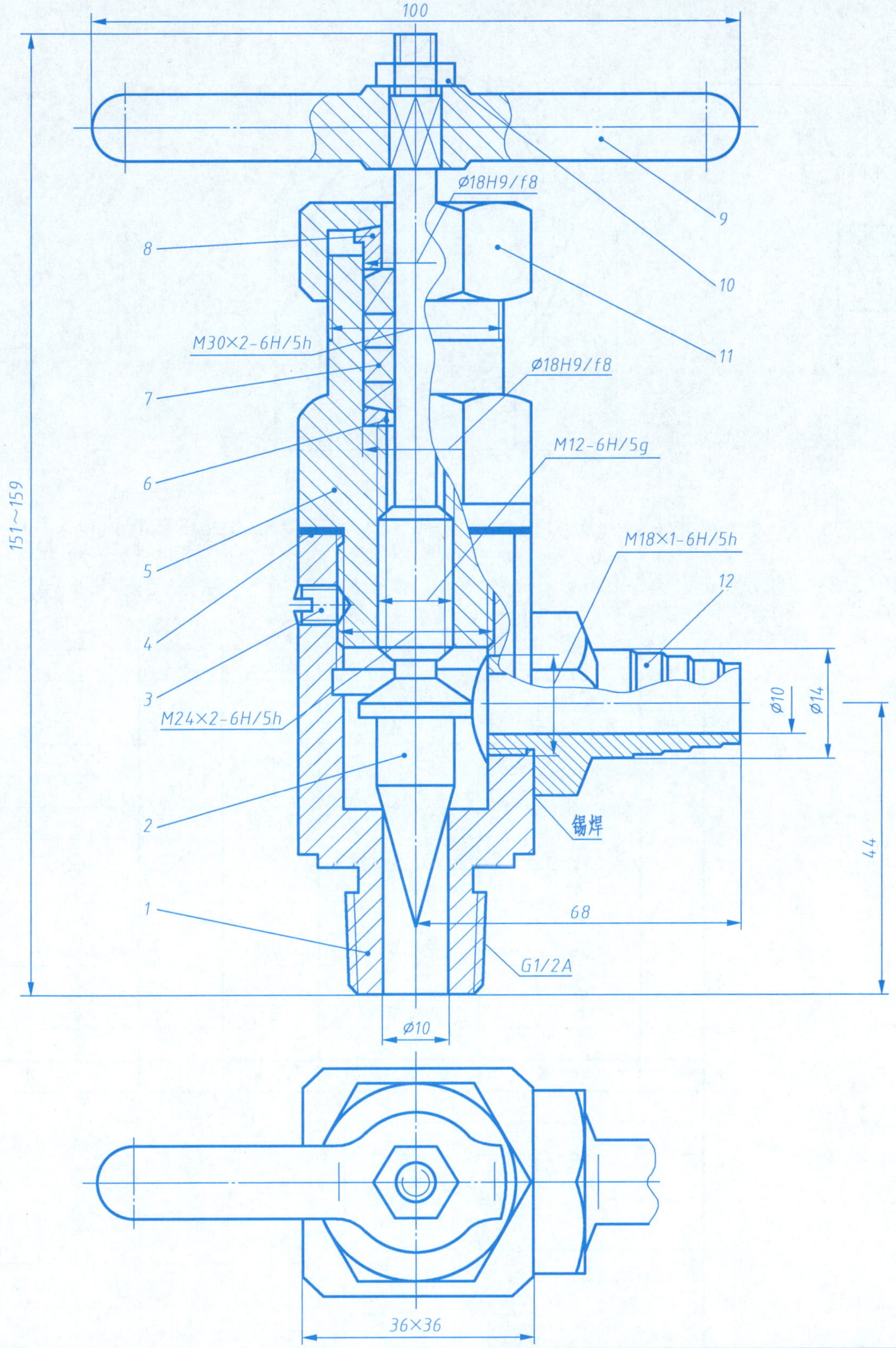

技术要求

1. 装配前各零件应仔细的清除毛刺，清洗污垢。
2. 各螺纹连接部位应涂二硫化钼。
3. 手柄表面涂灰色漆。

序号	代号	名称	材料	数量	备注
12		套头	1Cr18Ni9Ti	1	
11		压盖螺母	Q235-A	1	
10	GB/T 6170	螺母 M6	Q235-A	1	
9		手柄	Q235-A	1	
8		填料压盖	1Cr18Ni9Ti	1	
7		填料	石棉	1	
6		垫环	1Cr18Ni9Ti	1	
5		阀盖	2Cr18Ni9Ti	1	
4		垫片	聚乙烯	1	
3	GB/T 73	螺钉 M6×7	Q235-A	1	
2		轴	3Cr13	1	
1		阀体	2Cr18Ni9Ti		

标记	处数	分区	更改文件号	签名	年月日				重庆理工大学
设计			标准化			阶段标记	重量	比例	针型阀
								1:1	ZXF-00
审核									
工艺			批准			共 张 第 张			

9-12 读装配图回答问题(五)

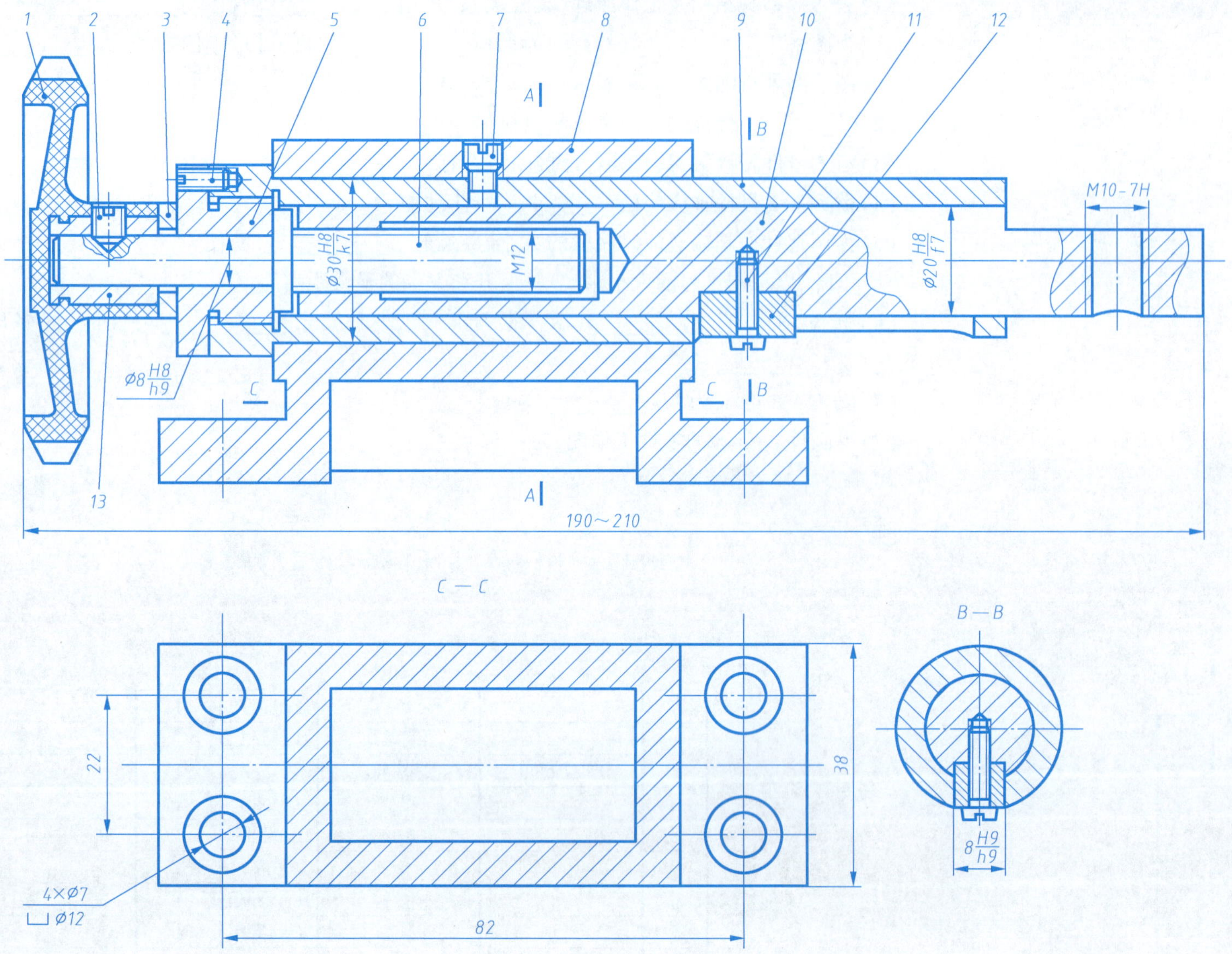

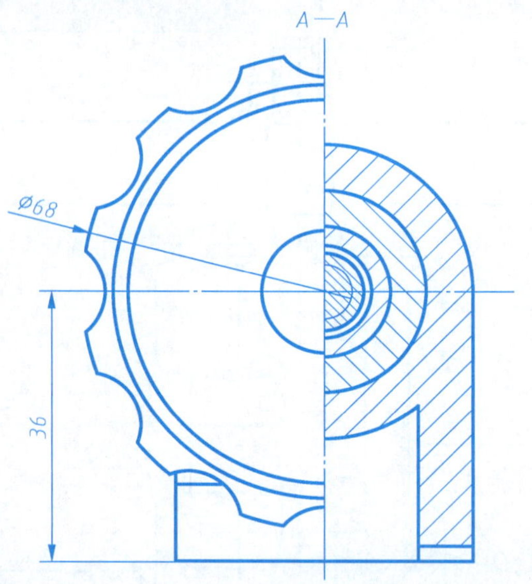

工作原理

导杆10右端头的M10螺孔,用于固定焊枪。当转动手轮1时,螺杆6作旋转运动,导杆10在导套9内作轴向移动进行微调。导杆10上装有平键12,它在导套9的槽内起导向作用,由于导套9用固定螺钉7固定,所以它只能作直线运动。轴套5对螺杆6起支承和轴向定位全用。为了便于安装,件5的大端铣出平面。调整好位置后,用紧定螺钉4固定。手轮1的轮毂内嵌装一个铜套,热压成型后加工。

序号	代　号	名　称	材　料	数　量	备　注
13		铜套	H68	1	
12		键 8×16	45	1	
11	GB/T 65	螺钉 M3×12	Q235	1	
10		导　杆	45	1	
9		导　套	45	1	
8		支　座	ZL102	1	
7	GB/T 75	螺钉 M6×8	Q235	1	
6		螺　杆	45	1	
5		轴　套	45	1	
4	GB/T 73	螺钉 M3×8	Q235	1	
3		垫　圈	Q235	1	
2	GB/T 71	螺钉 M5×8	Q235	1	
1		手　轮	酚醛塑料	1	

标记	处数	分区	更改文件号	签名	年月日		重庆理工大学
设计			标准化			阶段标记 重量 比例	微动机构
						1∶1	WDJG-00
审核							
工艺			批准			共　张　第　张	

(1)装配体名称为____________,共由________种零件组成,其中标准件共________种。

(2)外形尺寸为____________,长度方向调节范围为________,安装尺寸为________,配合尺寸 $8\frac{H9}{h9}$ ________制________配合,件9与件10配合属________制________配合。

(3)主视图采用________和________的表达方法,左视图采用________的表达方法,C—C 俯视图表达了________号件的________结构,B—B 称为____________图。

(4)M12 表示____________螺纹,公称直径为________,旋向为________。

(5)用1∶1画出件5、件6、件10的零件图。

9-13 读装配图回答问题(六)

(1) 齿轮油泵由________种共________个零件组成，其中有________种共________个标准件，标准件的名称规格是________。

(2) 齿轮油泵共用了________个图形来表达，其中主视图作了________剖视和________剖视，左视图采用了________画法，并有________处作了________，图中 A，B 是________。

(3) 装配图中，尺寸 $\phi 15\frac{H7}{f6}$ 是________尺寸，尺寸 65 是________尺寸，尺寸 70 是________尺寸，尺寸 G3/8 是________尺寸，尺寸 110，86，96 是________尺寸。

(4) 尺寸 $\phi 35\frac{H7}{f6}$ 中，$\phi 35$ 是________，H7 是，f6 是________，它们属于________制的________配合。$\phi 14\frac{H7}{p6}$ 属于________制的________配合。

(5) 件 7 垫片的材料是________，件 8 填料的材料是________，它们在油泵中起________的作用。件 5 从动齿轮中间有上下两个小通孔，起________作用。

(6) 尺寸 G3/8 中的 G 表示________，3/8 表示________。

(7) 件 3 泵盖与件 1 泵体采用________联结，件 1 泵体与件 9 压紧螺母采用________连接。

(8) 拆画件 9 的零件图。

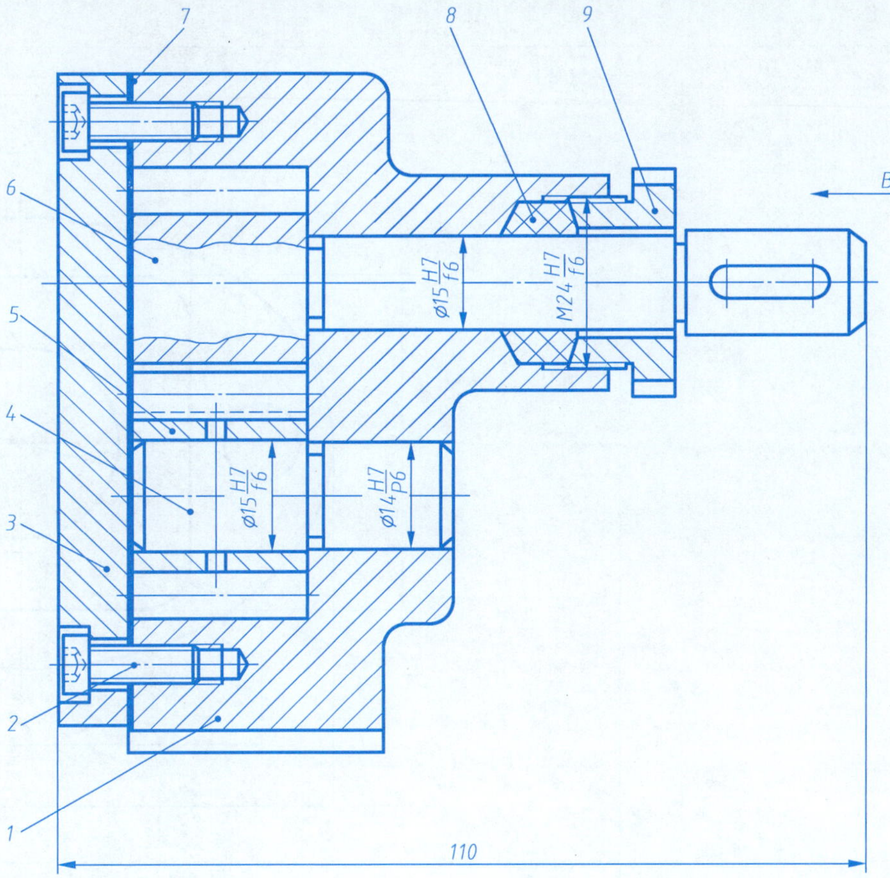

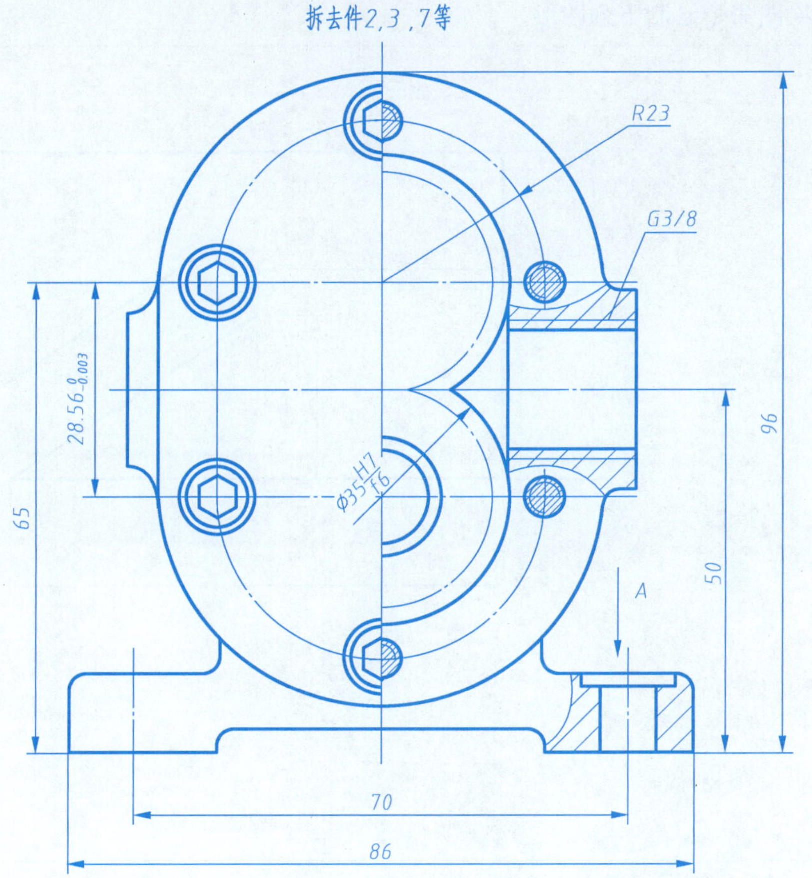

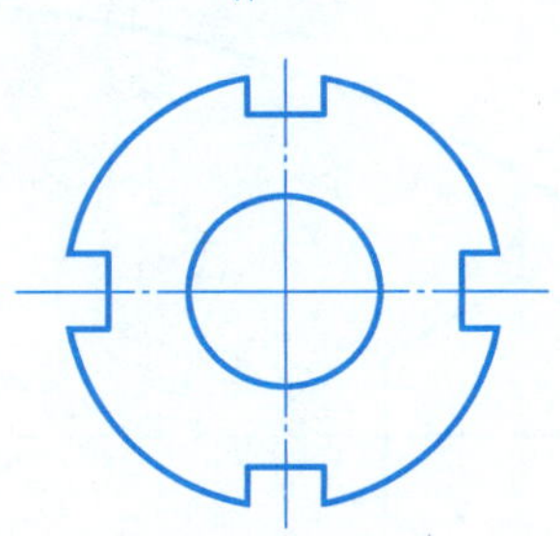

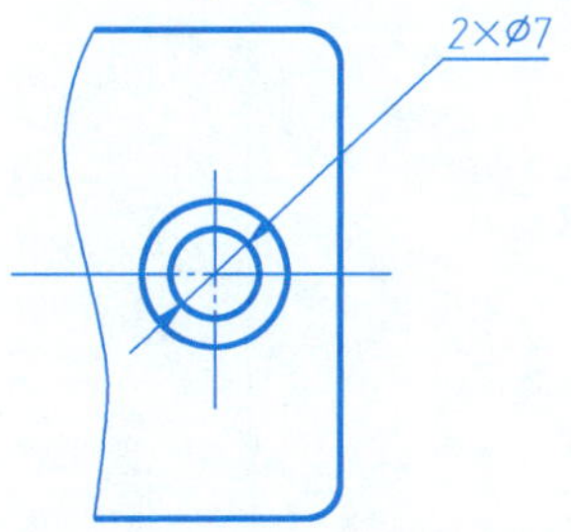

序号	代号	名称	材料	数量	备注
9		压紧螺母	Q235	1	
8		填料	毛毡	1	
7		垫片	工业用纸	1	
6		主动齿轮轴	45	1	
5		从动齿轮	45	1	
4		轴	45	1	
3		泵盖	HT150	1	
2	GB/T 70.1—2000	螺钉 M6×16	35	6	
1		泵体	HT150	1	

标记	处数	分区	更改文件号	签名	年月日		重庆理工大学
设计			标准化			阶段标记　重量　比例	齿轮油泵
审核						1:1	CLYB-00
工艺			批准			共　张　第　张	

用绘图命令绘制下列图形。

(1)

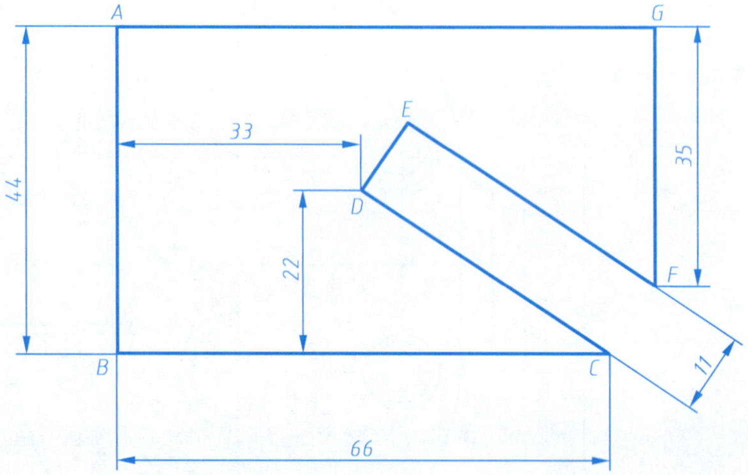

(2)

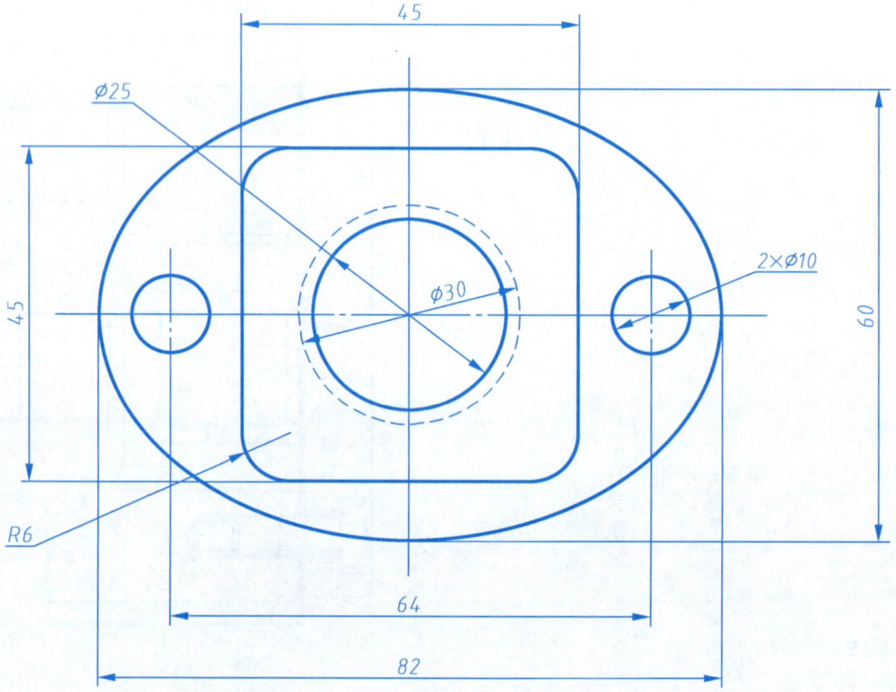

(3)

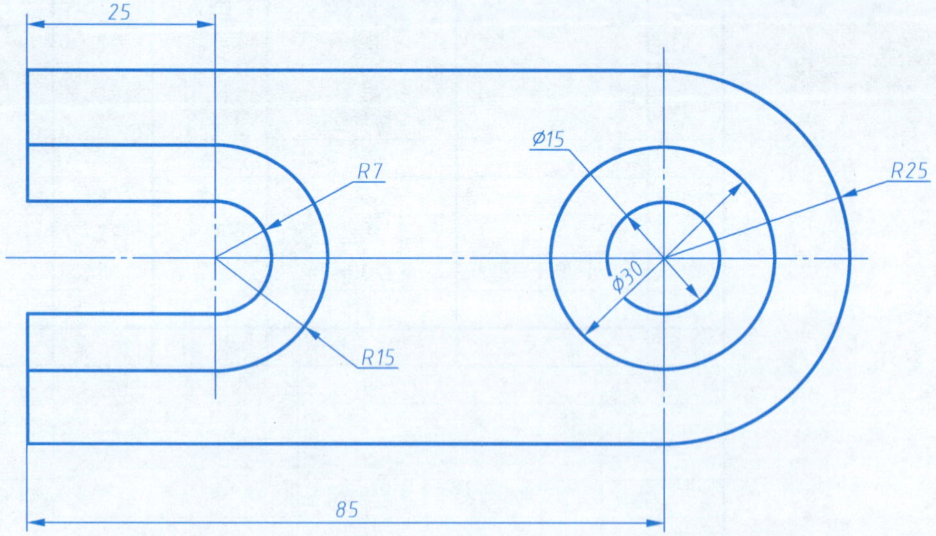

(4)

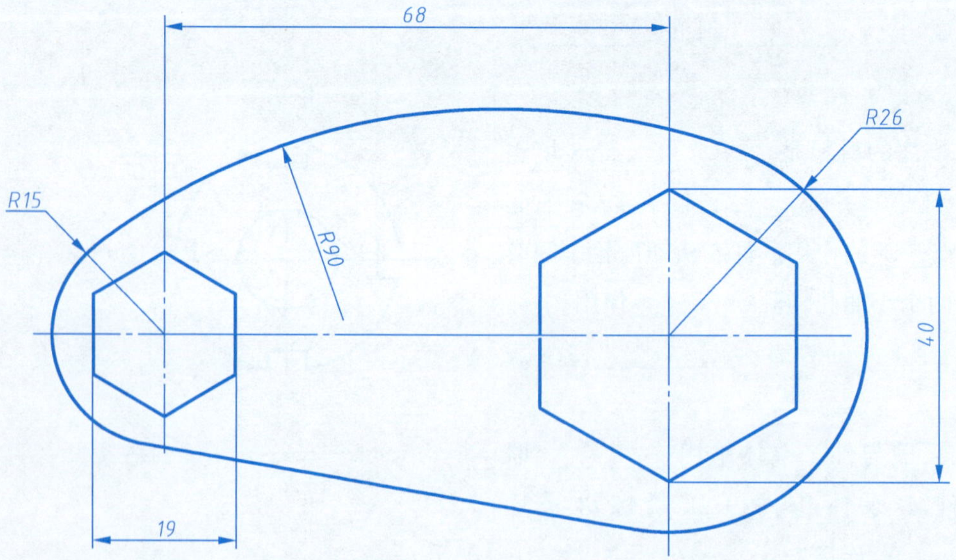

10-2 编辑命令

姓名		班级		学号		

用常用的图形编辑命令绘制下列图形。

(1)

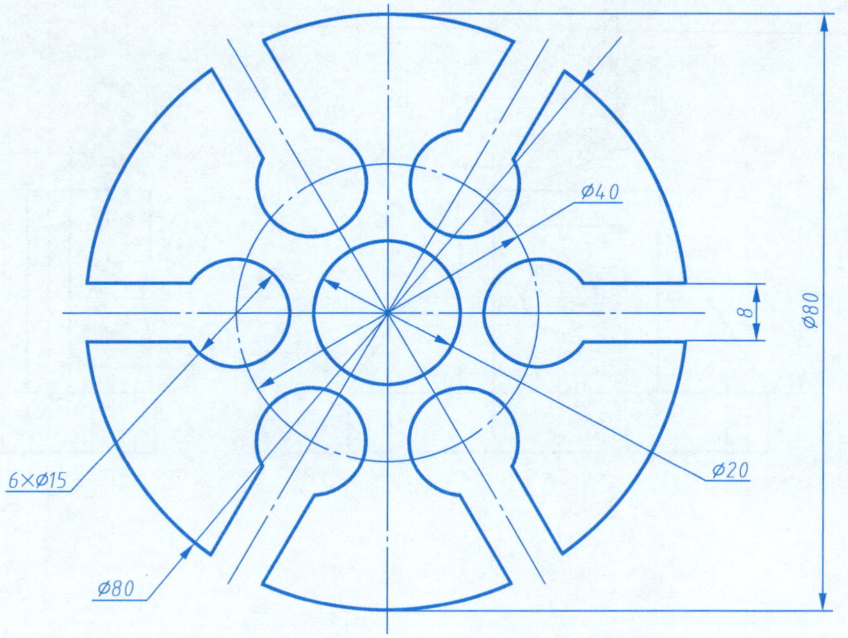

(2)

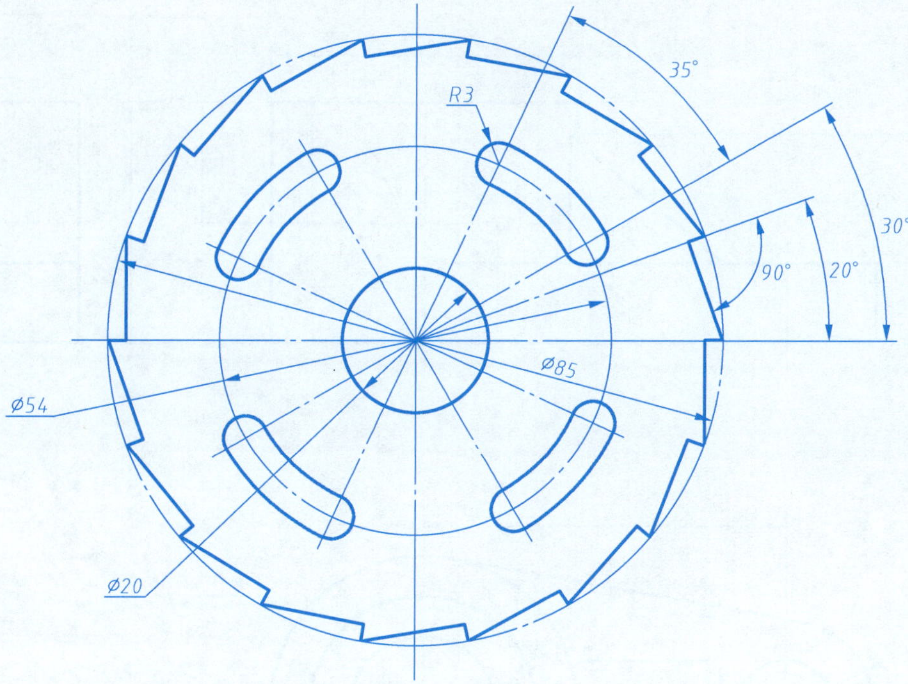

(3)

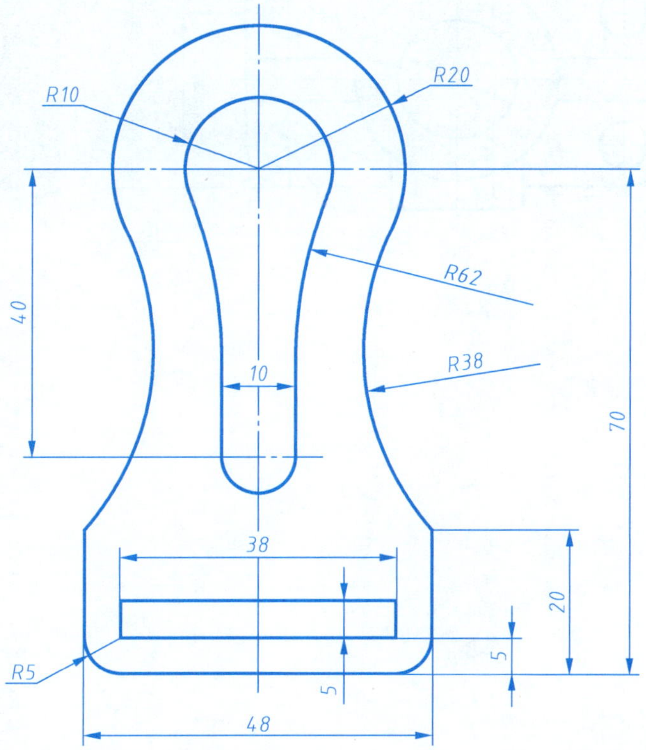

(4)

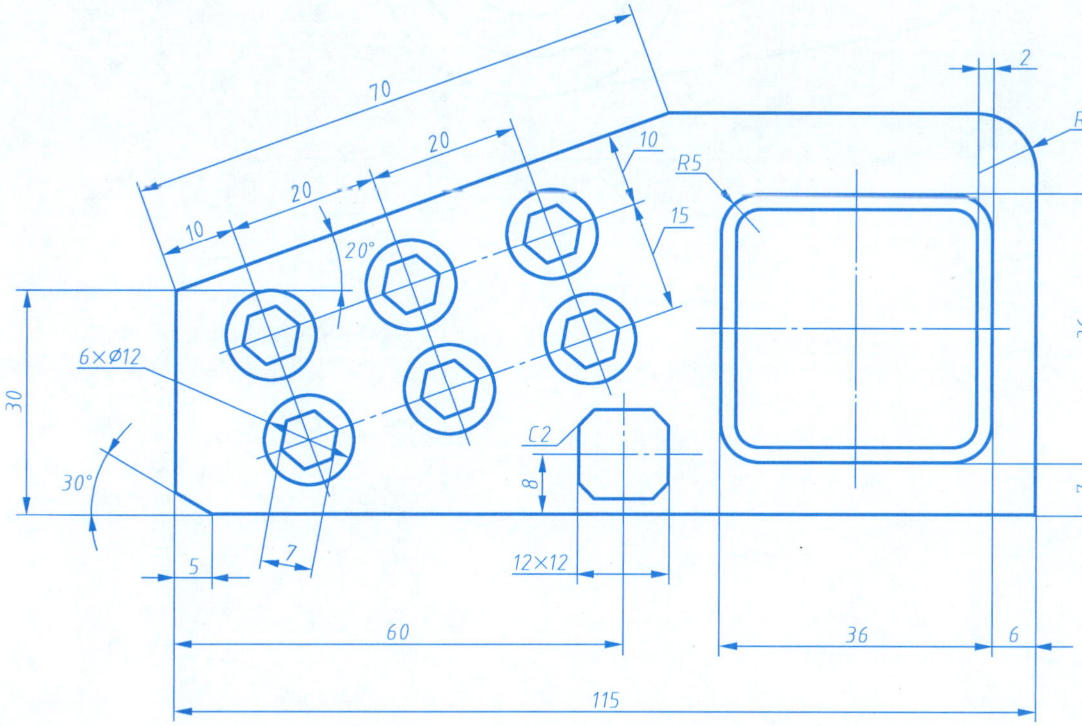

78	姓名		班级		学号		10-3 组 合 体

用 AutoCAD 画组合体的视图。

（1）

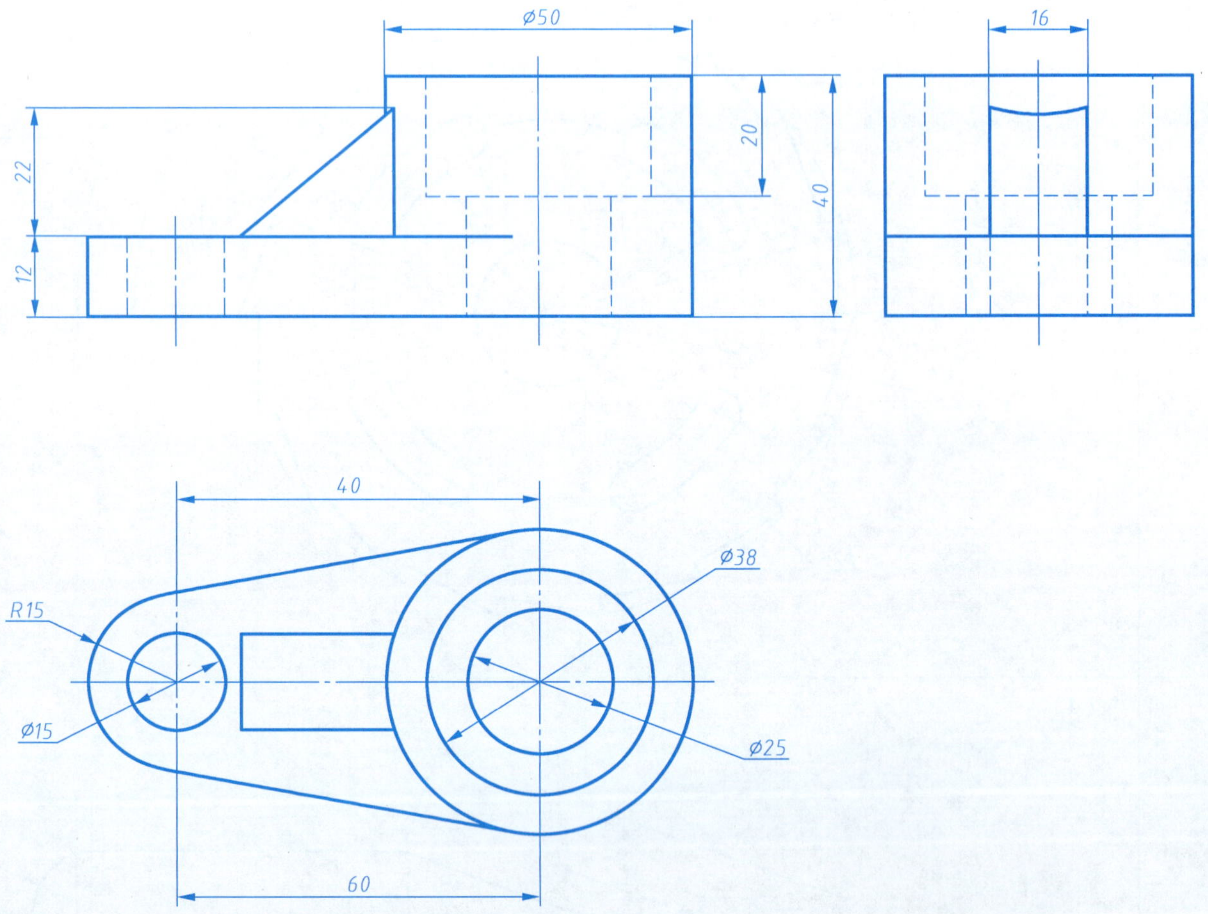

（2）

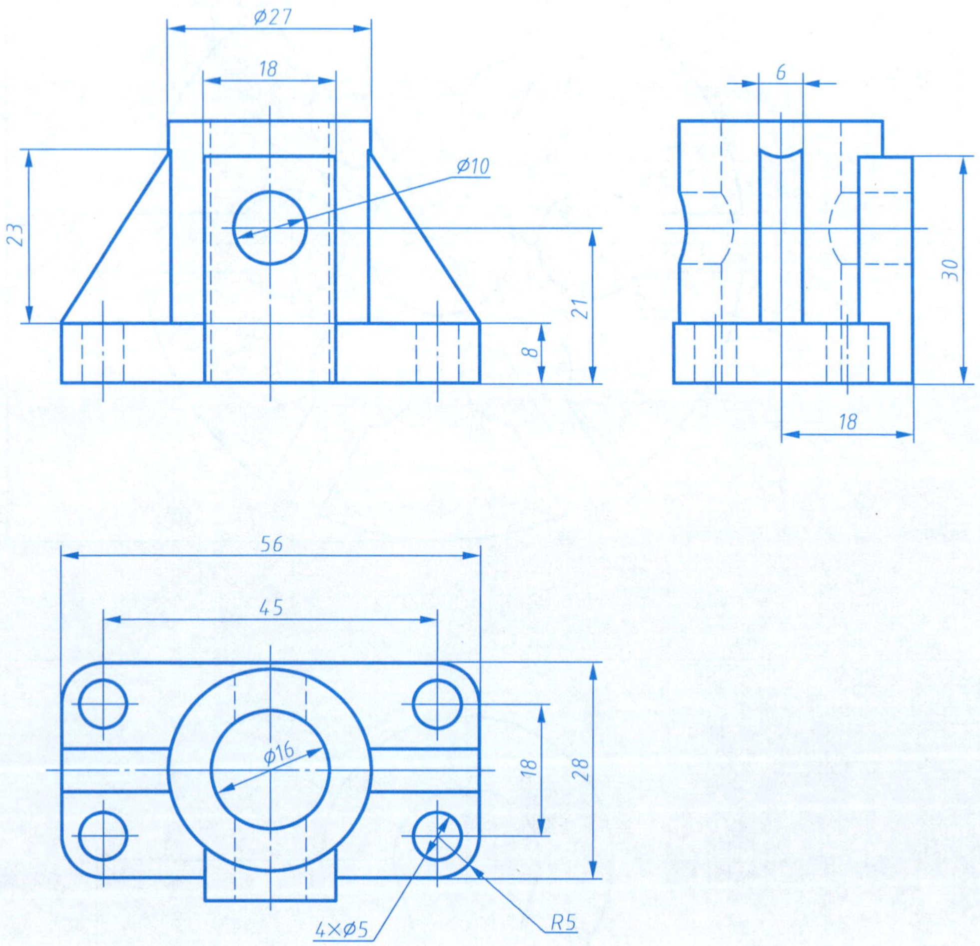

10-4 剖 视 图

姓名　　　　班级　　　　学号

用 AutoCAD 绘制剖视图。

（1）

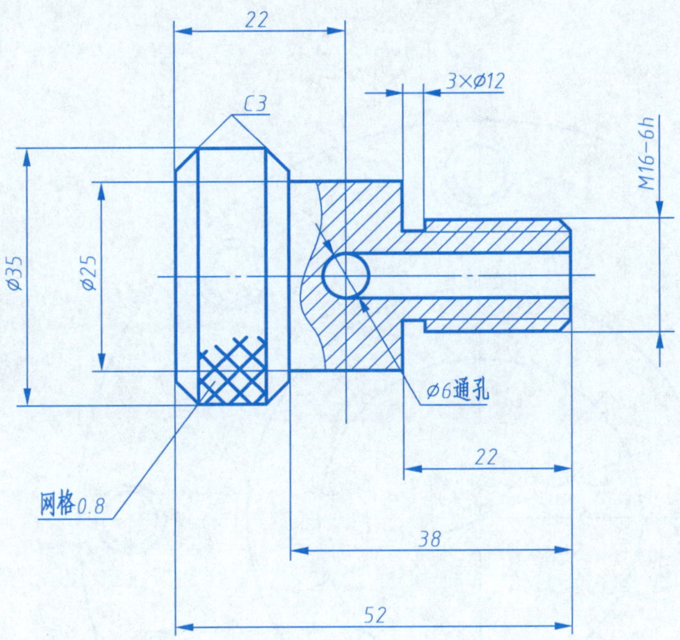

（2）

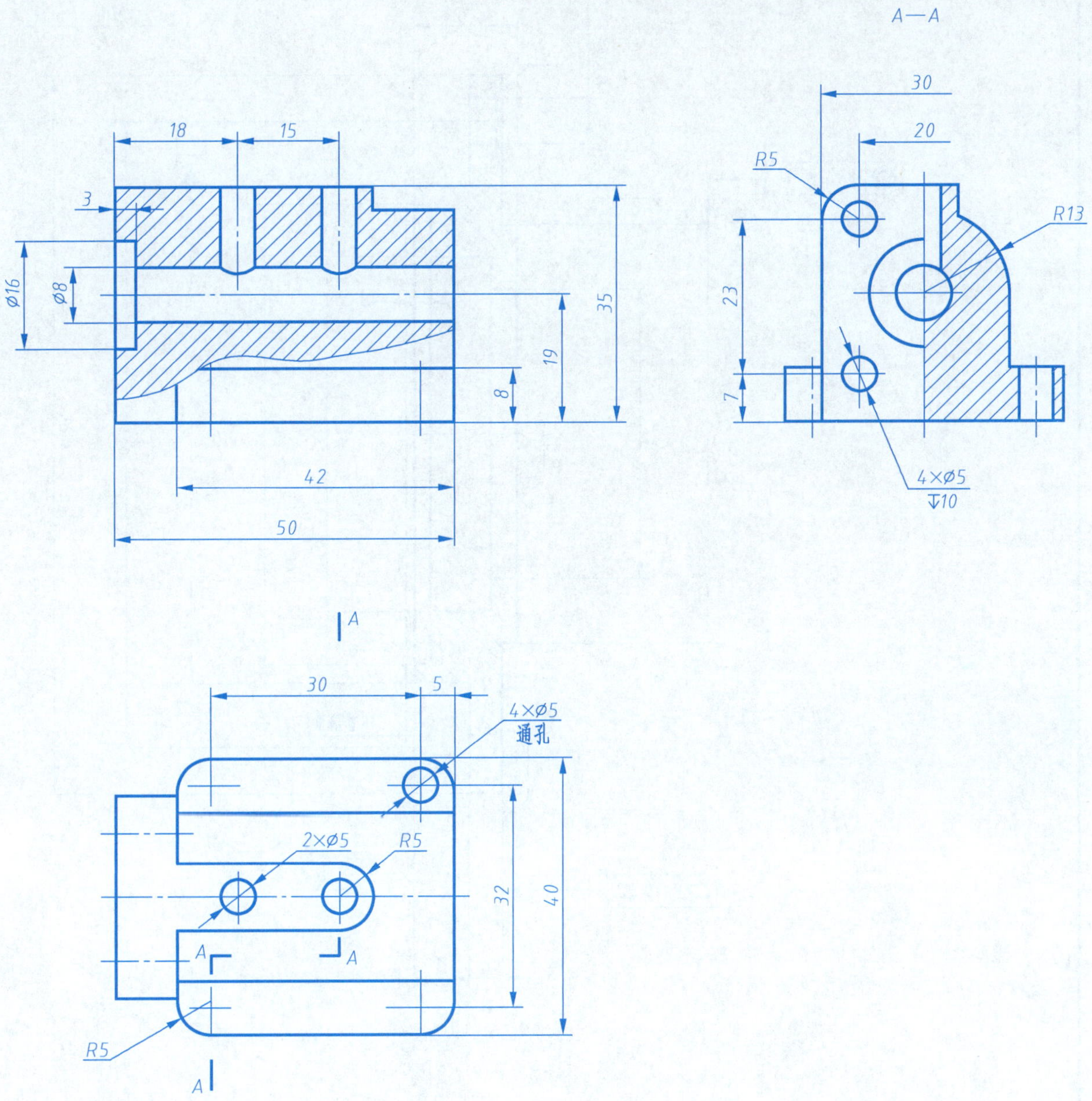

10-5 零件图

用 AutoCAD 绘制零件图。

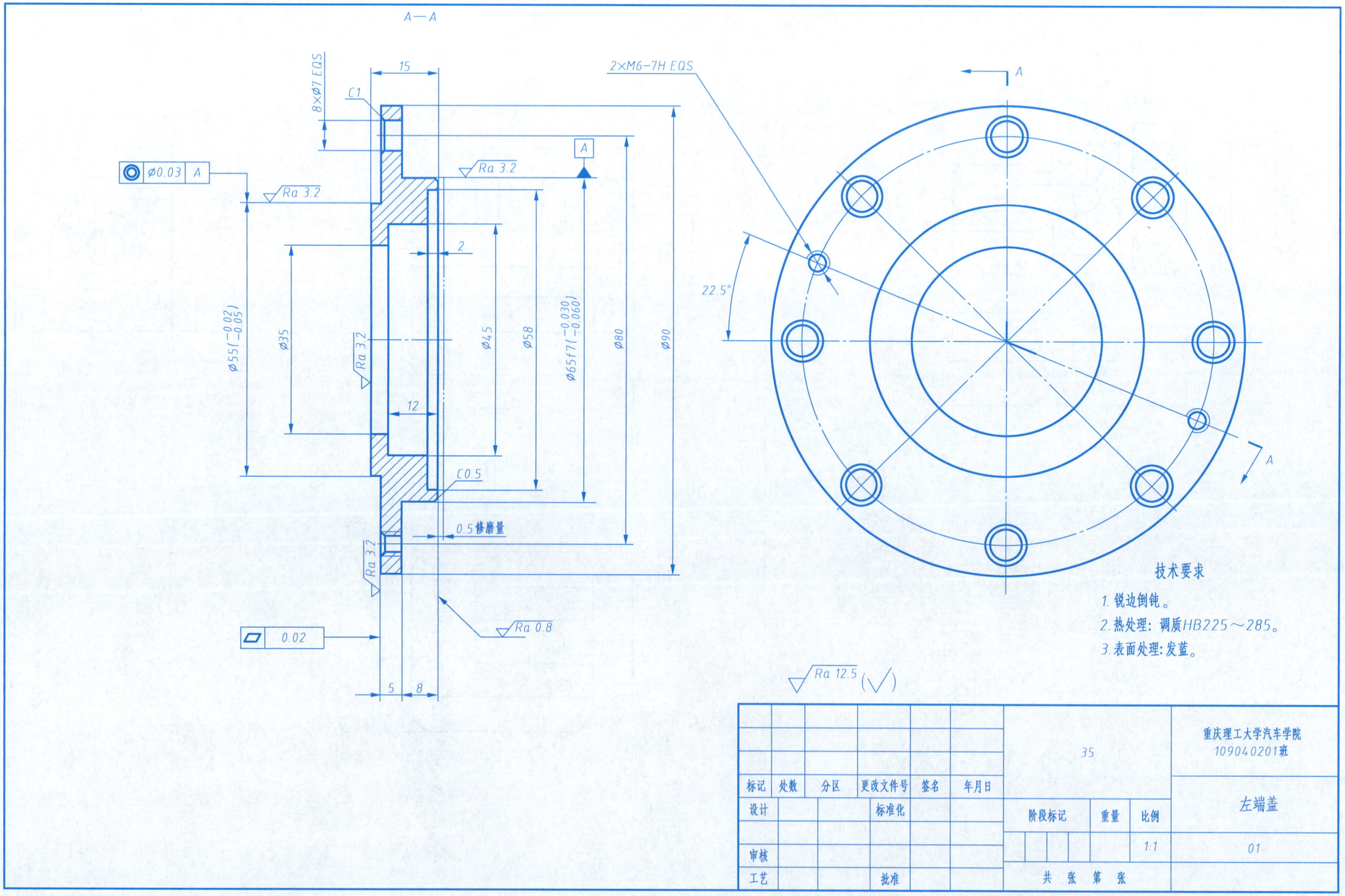

用 AutoCAD 绘制装配图。

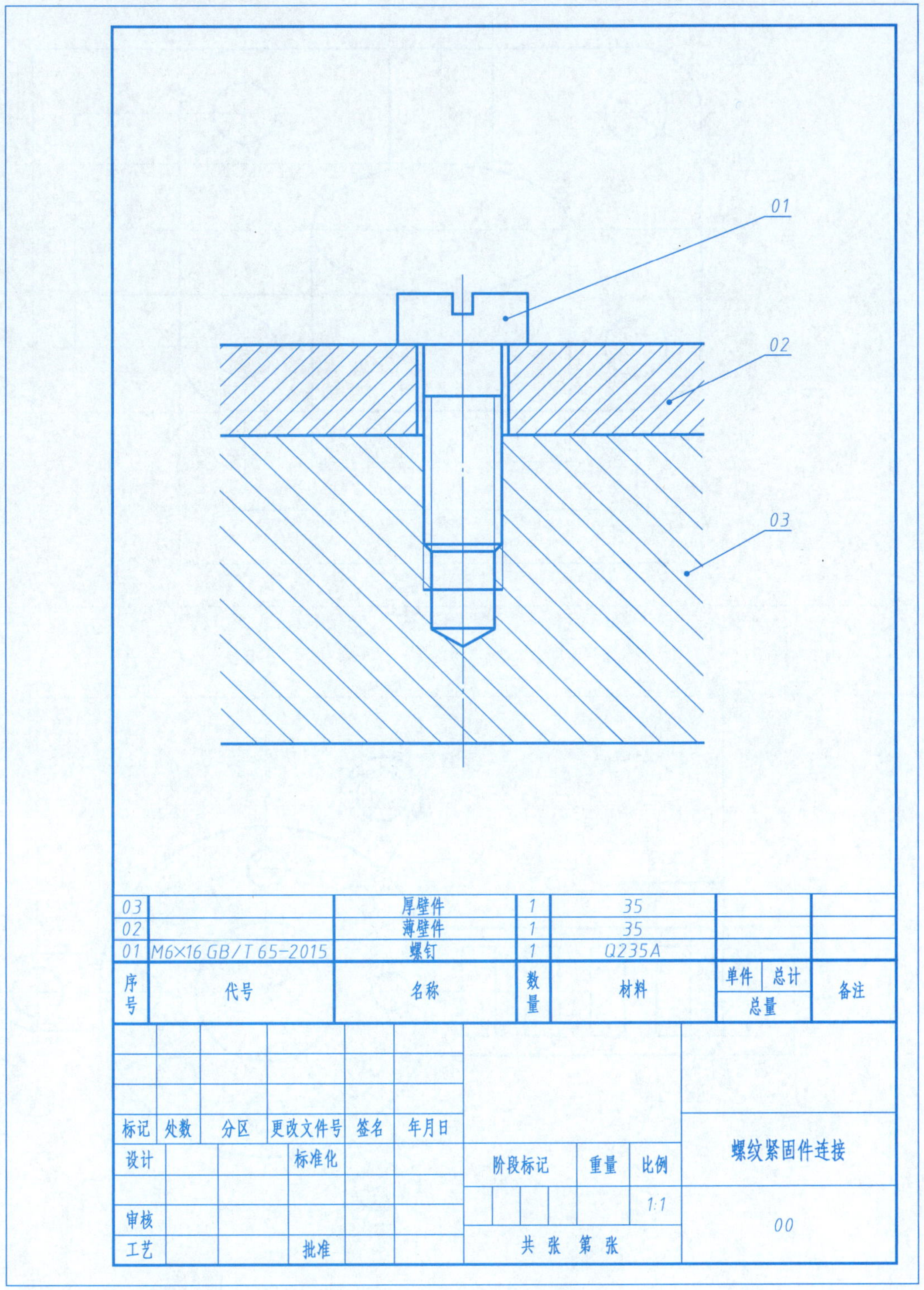

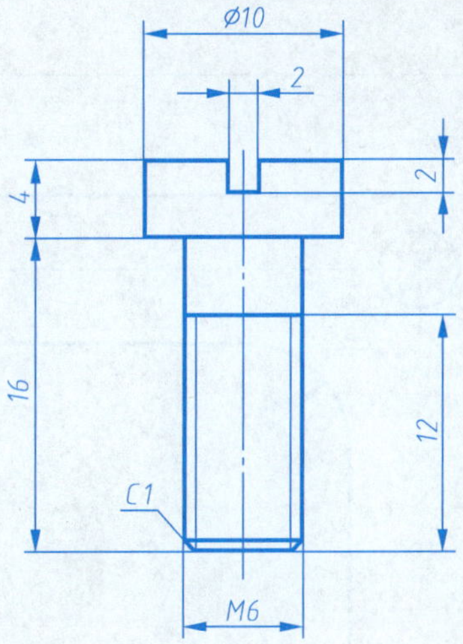

螺钉	比例	数量	材料	序号
	2 : 1	1	Q235A	01

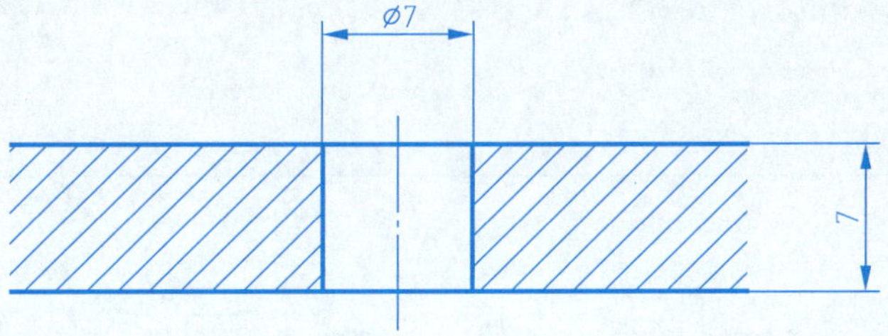

薄壁件	比例	数量	材料	序号
	2 : 1	1	35	02

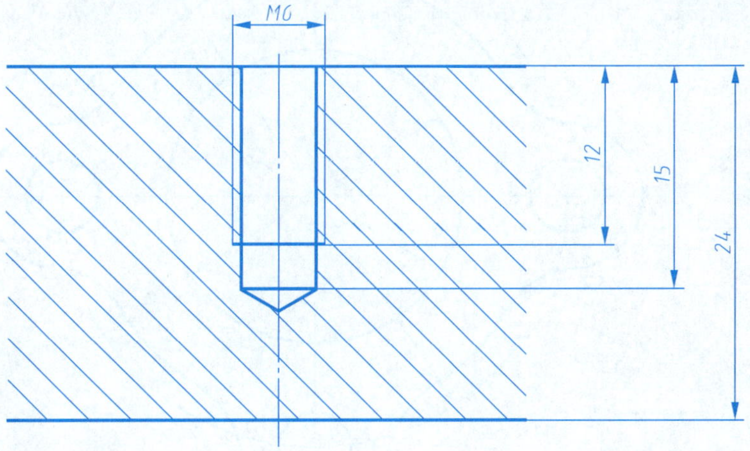

厚壁件	比例	数量	材料	序号
	2 : 1	1	35	03

用草绘命令绘制下列平面图形。

(1)

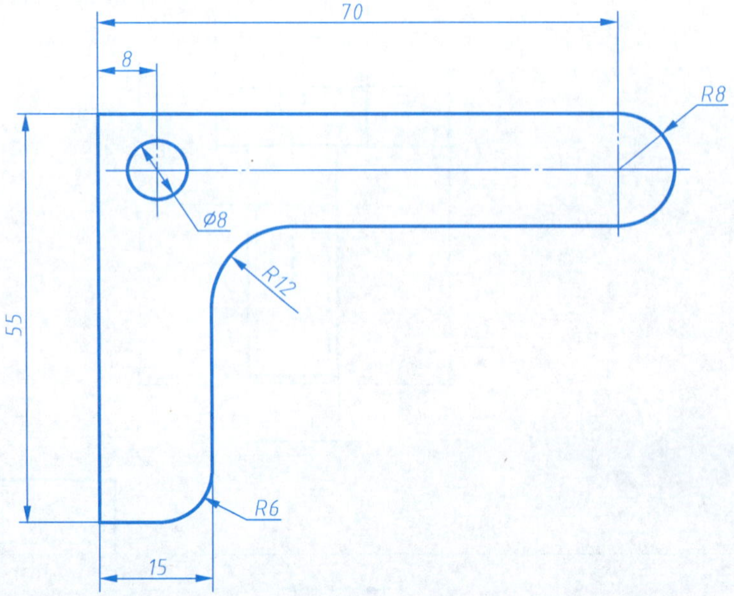

(2)

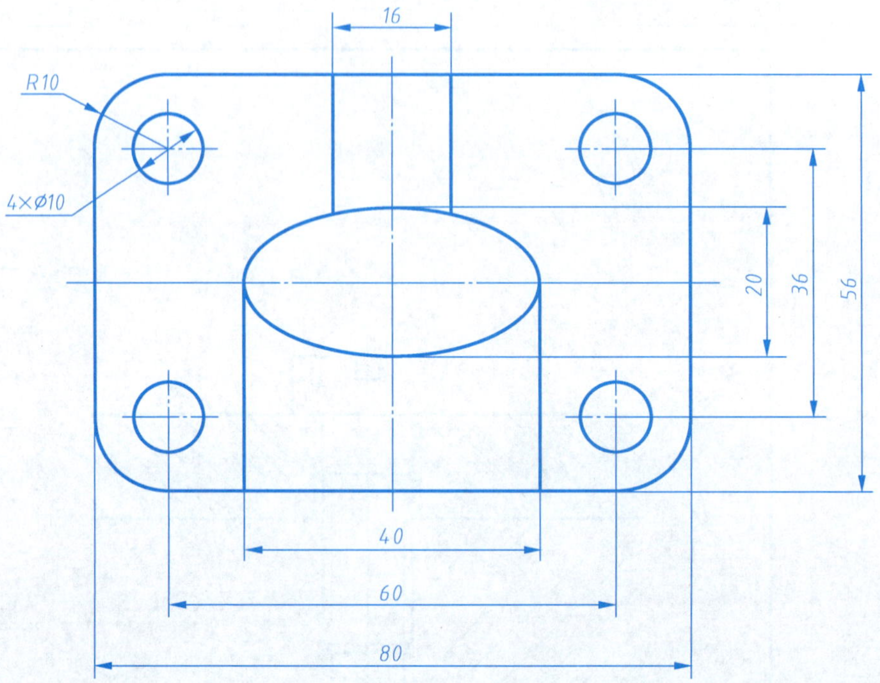

(3)

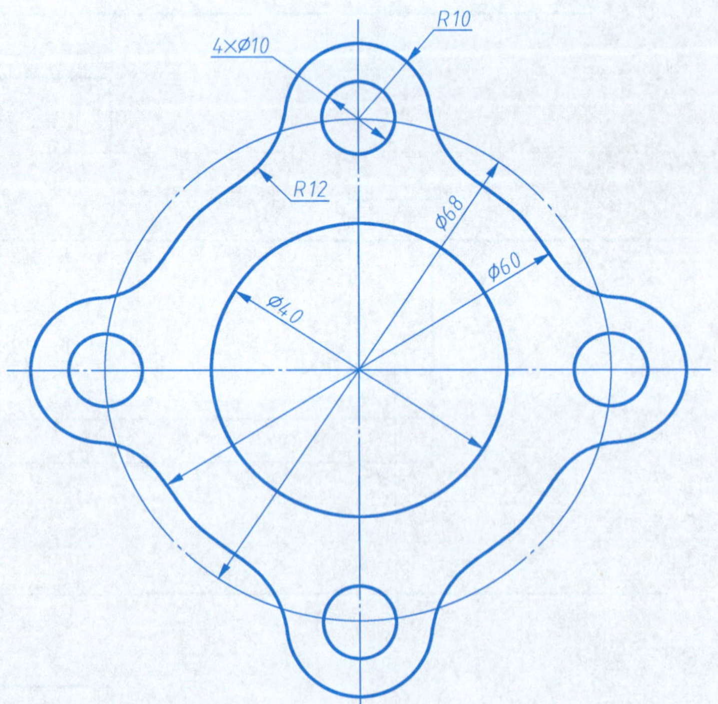

(4)

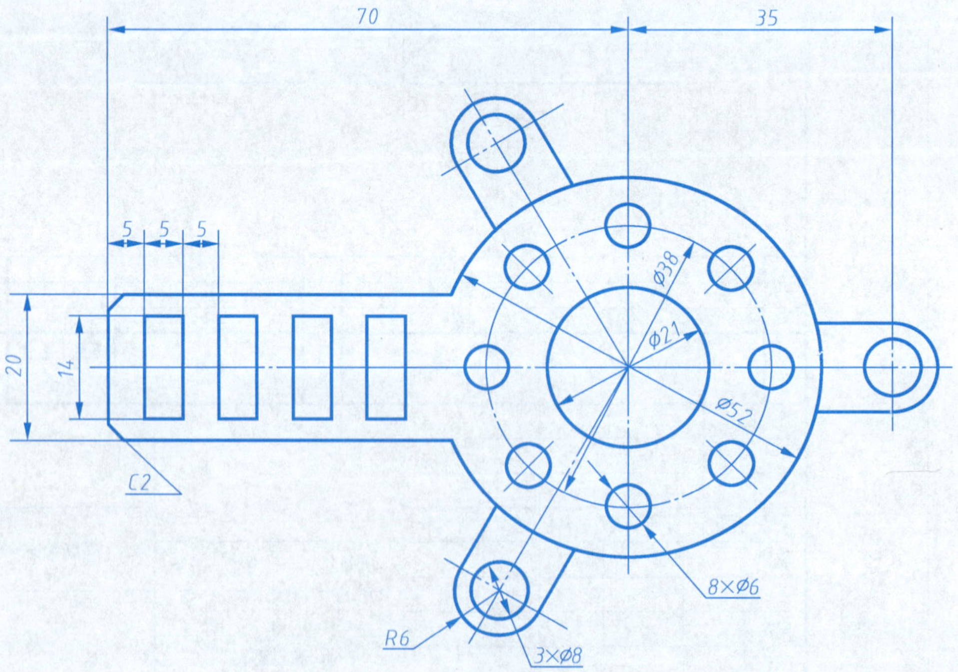

用实体建模命令完成下列图形三维模型的绘制。

(1)箱体。

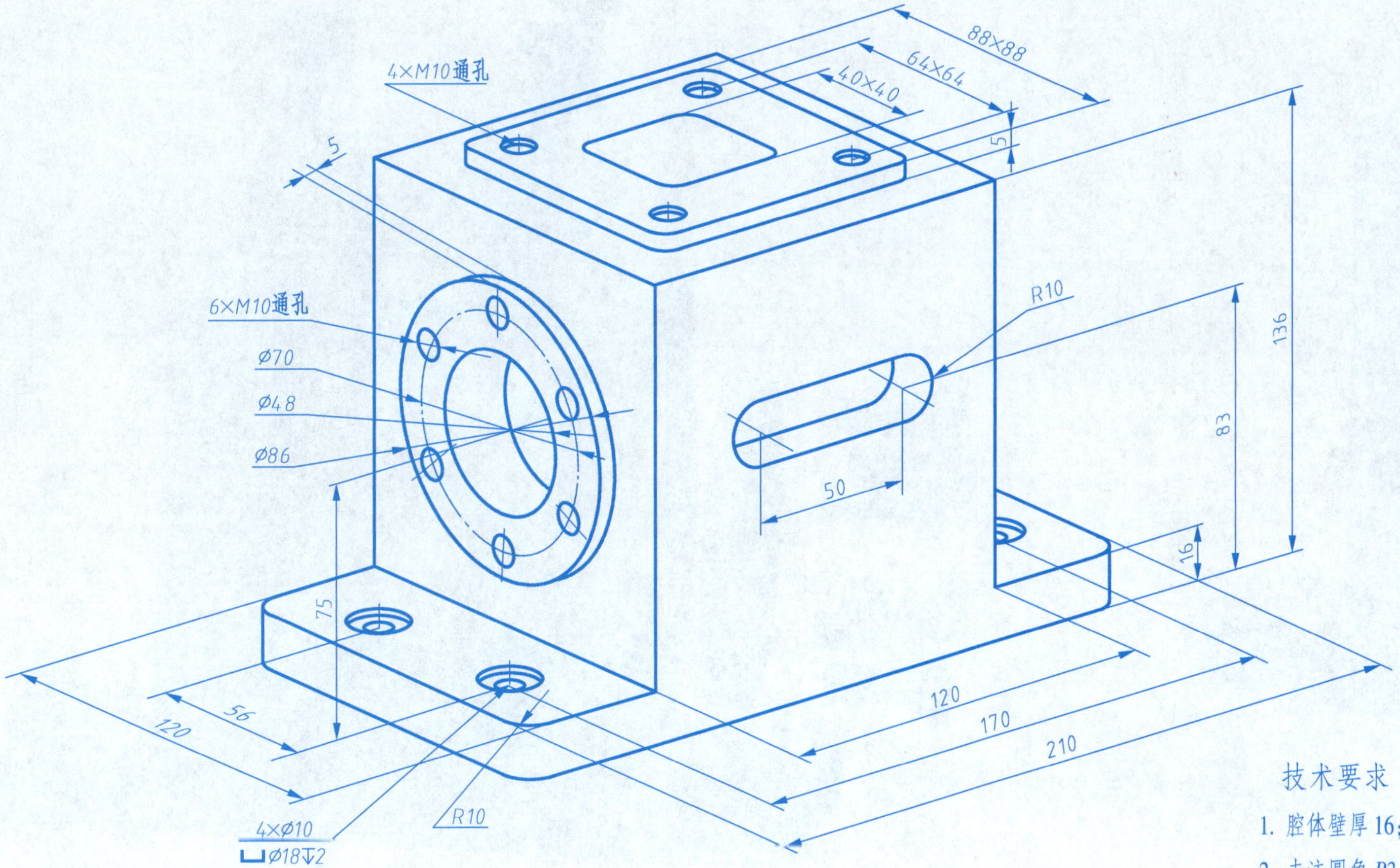

技术要求

1. 腔体壁厚 16;

2. 未注圆角 *R*3。

(2)左端盖。

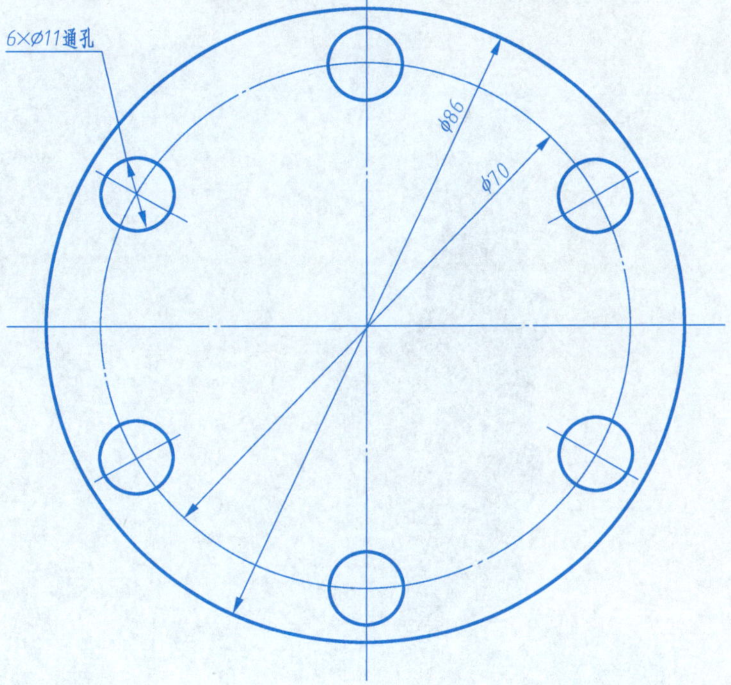

技术要求

零件厚度 10。

(3)上端盖。

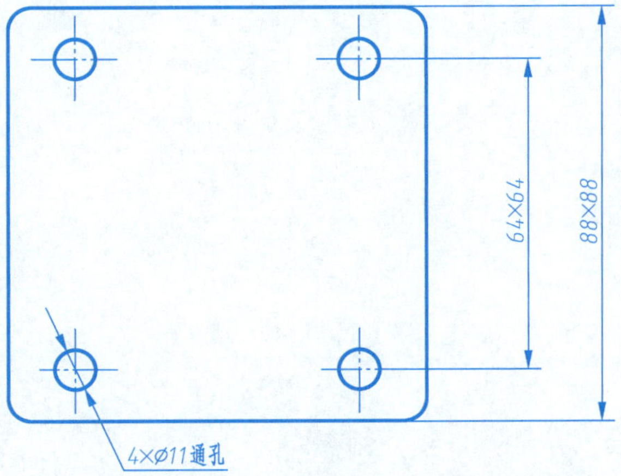

技术要求

1. 零件厚度 10;

2. 未注圆角 *R*3。

(4)六角头螺栓。

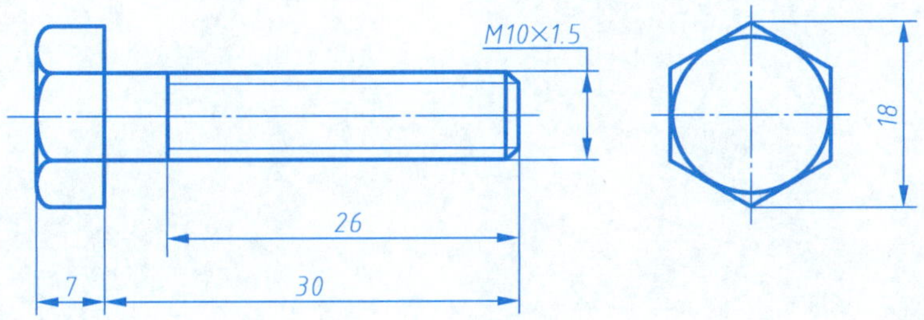

技术要求

未注倒角 *C*2。

84	姓名		班级		学号		11-3　装配建模、工程图

(1)参照本图完成上一节中零件的装配建模。

(2)参照下图生成爆炸图。

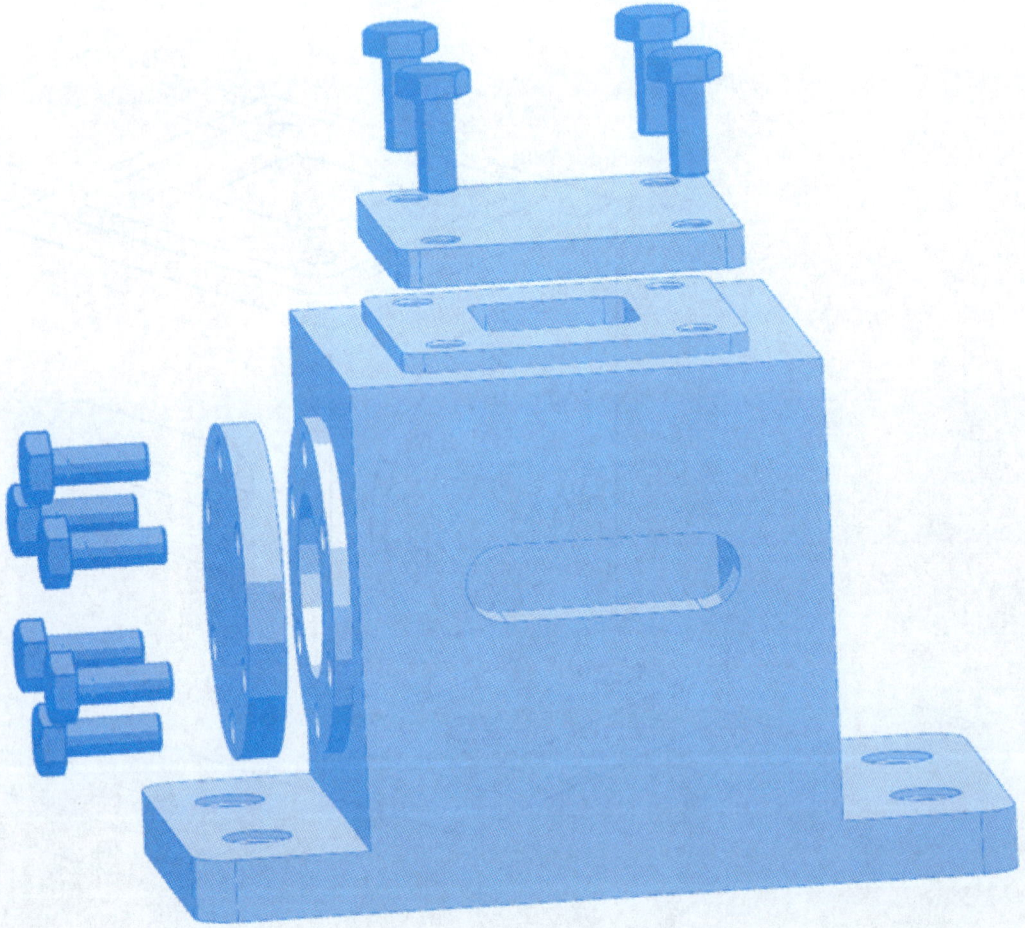

(3)参考下列视图,绘制上一节中箱体零件的工程图。

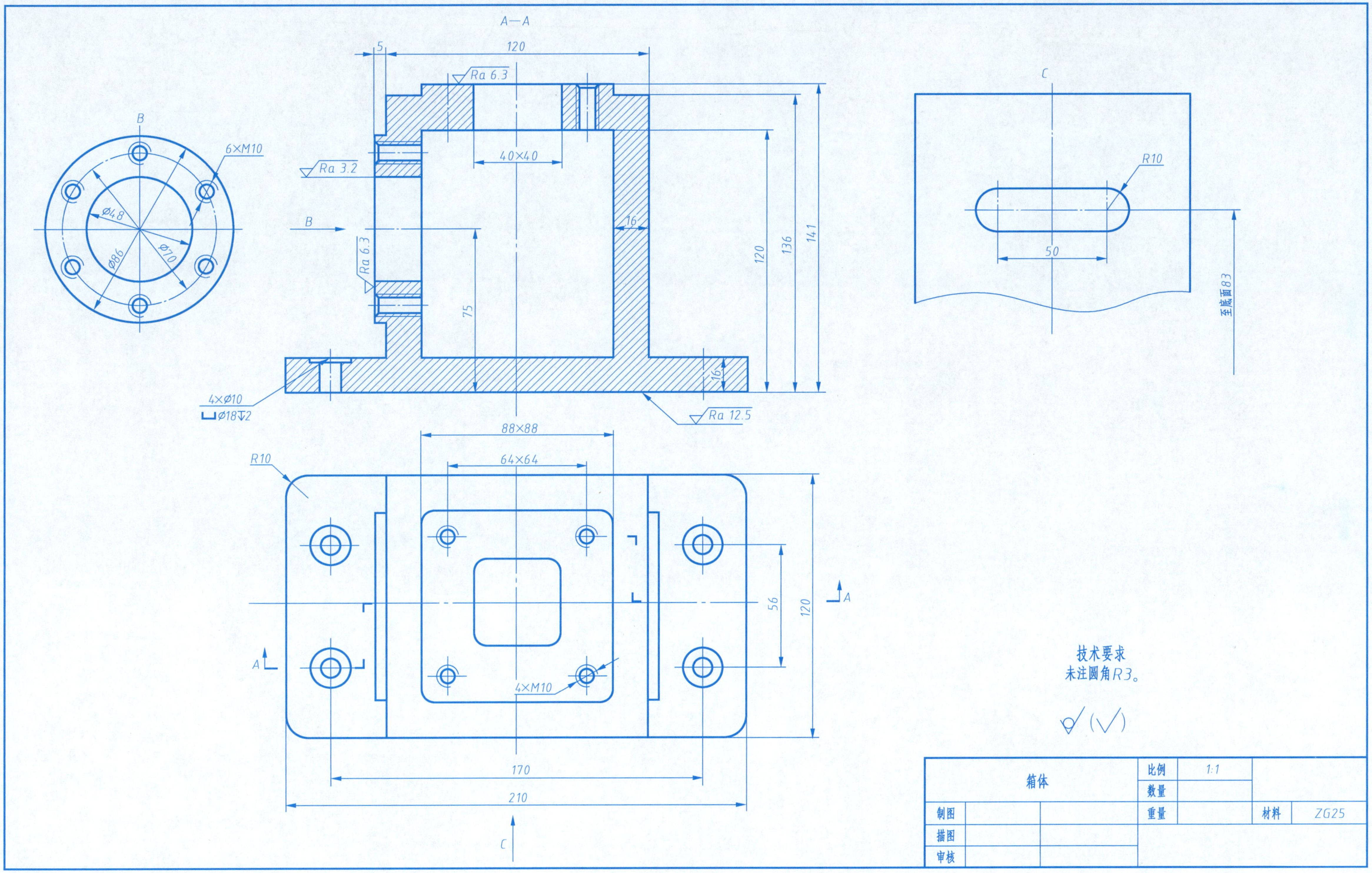